AF579292

ENCRUCIJADAS
EN LOS CAMINOS DE LA FE

ENCRUCIJADAS EN LOS CAMINOS DE LA FE

Tomo IV
La fe en un mundo germánico

Justo L. González

EDITORIAL CLIE
C/ Ferrocarril, 8
08232 VILADECAVALLS
(Barcelona) ESPAÑA
E-mail: clie@clie.es
http://www.clie.es

ENCRUCIJADAS EN LOS CAMINOS DE LA FE
Tomo IV. La fe en un mundo germánico
ISBN: 979-13-87625-35-1
Depósito legal: B 4710-2026
Teología cristiana / Historia
Historia de la iglesia
REL067080

Impreso en Estados Unidos de América / *Printed in the United States of America*

26 27 28 29 30 31 32 TRM 8 7 6 5 4 3 2 1

Acerca del autor

Justo L. González es autor de docenas de libros sobre historia de la iglesia y teología cristiana. Su *Historia del cristianismo* es un libro de texto estándar en las Américas y en todo el mundo. Justo L. González, profesor jubilado de teología histórica y autor de los muy elogiados tres volúmenes de *Historia del pensamiento cristiano*, asistió al Seminario Unido en Cuba y fue la persona más joven en obtener un doctorado en teología histórica en la Universidad de Yale. Ha enseñado, entre otras instituciones, en el Seminario Evangélico de Puerto Rico y en la Universidad de Emory, en Atlanta, Georgia. Durante los últimos treinta años se ha enfocado en desarrollar programas para la educación teológica de los hispanos y ha recibido cuatro doctorados *honoris causa*. Es fundador de la AETH (Asociación para la Educación Teológica Hispana), que busca potenciar el trabajo teológico en español desarrollado por la comunidad académica latina.

Índice general

Abreviaturas

ANF	*The Ante-Nicene Fathers*
BAC	*Biblioteca de Autores Cristianos*
CVHR	*Concilios visigóticos e hispano-romanos*, ed. José Vives
CCSG	*Corpus Christianorum, Series Graeca*
CCSL	*Corpus Christianorum, Series Latina*
DAL	*Dictionnaire d'Archaeologie et de Liturgie*
DTC	*Dictionnaire de Théologie Catholique*
HE	Eusebio de Cesarea, *Historia eclesiástica*, edición de CLIE (excepto cuando se trata de otras historias eclesiásticas, en cuyo caso se provee el nombre del autor)
LCL	*Loeb Classical Library*
LN	*Leges Novellae Imperatorum Theodosii junioris et Valentiniani III*
Mansi	*Sacrorum Conciliorum Amplissima Collectio*
MGH	Monumenta Germaniae Historica
NPNF1	*Nicene and Post-Nicene Fathers*, Series 1
NPNF2	*Nicene and Post-Nicene Fathers*, Series 2
PG	Migne, *Patrologia graeca*
PL	Migne, *Patrologia latina*
PO	Paulo Orosio, *Historia contra los paganos*, Barcelona: Puvill libros

Nota aclaratoria: En algunos casos, las citas de otros autores en diversas lenguas han sido traducidas con ayuda de inteligencia artificial, y entonces corregidas por el autor. Esto se señala en la referencia bibliográfica añadiendo [IA]. Por ejemplo: (*De los principios*, 2.3.1; ANF 4, p. 271 [IA]).

En agradecimiento por adquirir este libro
he preparado contenido exclusivo para usted
sobre la serie *Encrucijadas en los caminos de la fe*.

Tome su dispositivo móvil
y podrá acceder a esta información:

Muchas bendiciones,
Dr. Justo González

También dispone de un mapa al final para
contextualizar geográficamente este libro.

1
Introducción: el camino sigue, pero no es el mismo

Las conquistas romanas se detienen

El Imperio romano —como todo imperio— se había construido a expensas de sus vecinos, en un proceso que comenzó cuando derrotaron a los etruscos y otros pueblos. Este proceso se detuvo —o más bien perdió impulso— aproximadamente un siglo después del tiempo de Augusto César. A partir de entonces, aunque con constantes, pero efímeras variaciones, las líneas generales de las fronteras romanas estaban establecidas. Toda la costa norte de África estaba en manos romanas. En toda la región desde Marruecos hasta Egipto, la frontera sur eran las montañas y los desiertos del interior del continente. En Egipto, el territorio romano se extendía más hacia el sur, hasta las primeras cataratas del Nilo. Al este estaban los territorios de los persas, constantes enemigos de los romanos, de modo que las fronteras variaban de tiempo en tiempo, pero por lo general llegaban a los bordes de Mesopotamia. En Europa, las líneas divisorias eran los ríos Danubio y Rin. De esta forma, en términos generales, lo que estaba al norte del Danubio o al este del Rin no era territorio romano, aunque los romanos sí lograron retener algunos territorios más allá de esos dos ríos. Lo que hoy es Inglaterra fue añadido al imperio en el 43 d. C. En todas esas regiones —en África, en Hispania, en Galia, en Italia, en la ribera derecha del Danubio, en los Balcanes, en Asia Menor, en Siria y en Egipto— vivían pueblos conquistados y a medias romanizados por los conquistadores.

Las poblaciones más allá de esas fronteras eran mayormente hostiles. A grandes rasgos se puede decir lo siguiente. En África, desde Marruecos hasta Libia, los vecinos de los romanos eran mayormente bereberes que no tenían la capacidad militar para conquistar y retener tierras romanas, pero sí para conducir rápidas expediciones que penetraban sus provincias, tomaban algún botín y regresaban a sus propias tierras. Más al este, al sur de Egipto, al sur de las cataratas del Nilo, estaba Etiopía, que aún no se había consolidado como el reino unido que después fue. Al este, la frontera con Persia sí requería constante vigilancia militar. Ya hemos visto que Valeriano fue capturado por los persas, y humillado como cautivo y puesto en servidumbre por el resto de sus días. Y vimos también que fue una lanza persa la que le costó la vida al emperador Juliano.

Los romanos sabían poco acerca de esos pueblos —excepto de los persas, quienes habían sido sus enemigos por largo tiempo—. Aparte de cierto comercio muy limitado en algunas de las fronteras africanas y europeas, los romanos se interesaban en esos bárbaros únicamente cuando amenazaban invadir, o de hecho invadían, los territorios del imperio. Además, esos pueblos creaban alianzas que unas veces resultaban en la creación de un nuevo pueblo, y otras eran efímeras. Como resultado, en los documentos más antiguos hay numerosos nombres de pueblos de los que prácticamente nada se sabe, o que tal vez se refieran a un pueblo que conocemos bajo otro nombre, o a una coalición efímera que no dejó otra huella. Desafortunadamente, con la notable excepción de los godos, la mayoría de ellos no tenía modo de escribir en su propia lengua. Por tanto, casi todo lo que sabemos acerca de ellos es principalmente lo que escribieron autores latinos o griegos, no siempre bien informados. A esto se añaden descubrimientos arqueológicos de tiempos recientes que frecuentemente parecen contradecir lo que escribieron los cronistas grecorromanos. En el próximo capítulo, al tratar acerca de los godos, veremos un ejemplo de esa situación.

Conquistadores amenazados

En las fronteras europeas —el Danubio y el Rin— la situación era diferente que en las fronteras con los persas o en las fronteras con los bereberes. Allí había pueblos relativamente numerosos, capaces, si no de arrebatarles tierras a los romanos, sí de cruzar los límites fronterizos en masa y amenazar los territorios más próximos a ellos. Durante el siglo primero esos pueblos asentados más allá de los límites romanos no parecían ser una gran amenaza. Siempre había alguna banda armada que cruzaba la frontera, saqueaba alguna región y regresaba a sus propias tierras. Para combatirlas, los romanos establecieron puestos militares en las regiones fronterizas, e hicieron pactos con algunas tribus, que se aliaban con el imperio y ayudaban a defenderlo contra las posibles incursiones de otras tribus o pueblos.

Fue a mediados del siglo segundo, particularmente durante el reinado de Marco Aurelio, que tuvo lugar la primera invasión seria. En el 169, una confederación de marcomanos y cuados (dos pueblos germánicos generalmente procedentes de lo que hoy es la República Checa) —posiblemente empujados por otros pueblos que querían tomar posesión de sus tierras— derrotó a los romanos. Al año siguiente cruzaron el Danubio y penetraron en el imperio hasta el norte de Italia. En respuesta a esta seria amenaza, Marco Aurelio reclutó sus legiones y marchó al encuentro de los invasores, a los que derrotó. Cruzó entonces el Danubio, llevó la destrucción a las tierras de los invasores y regresó con enorme número de cautivos, con la esperanza de que su acción bélica hubiera escarmentado a los marcomanos.

El pánico que los romanos sintieron al ver a los marcomanos llegar tan cerca de su capital había amainado cuando, más de medio siglo más tarde, hubo una serie de invasiones germánicas. Por algún tiempo, varias tribus al este del Rin fueron formando la coalición que hoy llamamos "francos". Uno de los muchos episodios de inestabilidad interna del imperio fue cuando el general romano Póstumo se declaró jefe del Imperio gálico. Entonces, los francos hicieron uso de la ocasión para cruzar las fronteras y conducir una larga expedición de saqueo que los llevó a través de toda Galia y hasta lo que hoy es España, antes de regresar a sus tierras natales. Lo mismo hicieron poco después los alamanes, quienes se dirigieron hacia Italia y penetraron hasta cerca de Milán.

Por la misma época (en el año 251) los godos vencieron en batalla a Decio y le dieron muerte. Puesto que entonces residían en las costas del Mar Negro, los godos se dedicaron también a ataques por mar y, acompañados por los hérulos, llegaron incluso a saquear Atenas y Bizancio antes de ser detenidos por los romanos en el 268. Pero ya para esa fecha los godos habían logrado echar a los romanos de buena parte de sus territorios más allá del Danubio. En el 271, los alamanes se encontraban otra vez en Italia. El emperador Aureliano, tras derrotarlos, vio la vulnerabilidad de Roma e hizo construir las murallas que llevan su nombre; estas todavía son objeto de atención por parte de los turistas. Poco después, los francos y los alamanes volvieron a invadir la Galia.

Fue en respuesta a esas constantes amenazas que Diocleciano reorganizó las defensas fronterizas, como explicamos en el tercer tomo de esta serie, al tratar sobre el régimen de Diocleciano. Esa reorganización tuvo cierta medida de éxito, pues durante el régimen de Diocleciano las incursiones que hubo no eran tan masivas, y fueron detenidas con relativa facilidad. En la frontera del Rin, los francos y los alamanes hicieron varias incursiones, como las hicieron también los sármatas y cuados en la frontera del Danubio, pero no lograron penetrar al corazón del imperio y se vieron obligados a replegarse. Los mismos pueblos continuaron sus incursiones esporádicas durante el régimen de Constantino y de sus hijos.

Cuando Constancio nombró a su sobrino Juliano como César bajo su autoridad, lo hizo en parte porque no podía ocuparse directamente de la frontera del Rin. La principal amenaza eran los alamanes, que habían penetrado en Galia y derrotado repetidamente a quienes intentaban hacerles frente. Juliano empezó deteniendo el avance de los alamanes en una serie de breves y rápidas campañas. Por fin se enfrentó a ellos en una gran batalla en las afueras de Argentoratum (hoy

Estrasburgo). El número de guerreros alamanes era al menos el doble de las tropas romanas; pero, tras una serie de maniobras inesperadas, Juliano logró la victoria. La retirada de los alamanes fue tan rápida y desorganizada que muchos de ellos murieron ahogados en el Rin, mientras su jefe fue hecho cautivo. Aquello no solamente detuvo las incursiones de los alamanes y otros por unas dos décadas, sino que también le ganó a Juliano enorme prestigio entre las tropas. Ese prestigio fue un factor importante cuando se convirtió en dueño de todo el imperio.

Alianzas defensivas

Pero el mismo Juliano sabía que con las tropas con las que contaba no podría detener las constantes incursiones e invasiones de los pueblos vecinos. Por eso combinó la fuerza con la negociación. Para asegurarse de que los alamanes no volvieran a cruzar las fronteras, firmó tratados con varios de sus jefes y tomó de ellos rehenes que garantizarían su cumplimiento. Además, les concedió territorios dentro de las fronteras romanas tanto a algunos alamanes como a algunos francos, que se asentaron allí como pueblos "federados" (*foederati*). Ese era el título que tradicionalmente recibían los pueblos autónomos establecidos dentro del Imperio romano, que se declaraban obedientes a este y, a cambio de conservar su autonomía interna, se comprometían a apoyar los esfuerzos militares de Roma.

Ahora Juliano empleó el mismo término, pero con un significado algo más amplio. Ya no lo utilizó solo para referirse a pueblos autónomos que conservaban sus propias tierras y se comprometían a apoyar a los romanos. El término pasó a incluir también a pueblos a los que el imperio concedía tierras dentro de sus fronteras y que mantenían cierto grado de autonomía. Estos asumían, asimismo, la obligación de defender el imperio frente a invasiones externas y de aportar tropas que combatirían junto a los romanos bajo sus propios jefes. Los asentamientos autorizados por Juliano sentaron un precedente de importancia, pues pronto otros pueblos fueron invitados a entrar en territorio romano bajo el estatus de federados.

Como veremos más adelante con mayor detenimiento, esa política se aplicó y amplió en otros casos. El más notable de ellos fue el asentamiento que el emperador Valente prometió a los godos, permitiéndoles cruzar el Danubio y establecerse como *foederati* en el territorio romano de Tracia, hoy parte de Bulgaria y otros territorios hacia el sudeste. Pero aquello fue un desastre. La corrupción y el maltrato de los godos por parte de los romanos los condujo a la sublevación armada. A los primeros godos que habían atravesado el Danubio (los que luego se llamaron "visigodos"), se unieron ahora otros (los que ahora llamamos "ostrogodos"). Cuando Valente intentó detenerlos en la batalla de Adrianápolis (378), no solo perdió decisivamente, sino que también murió, según algunos, cuando intentaba huir luego de ser vencido. Los godos se pasearon por la región cometiendo tropelías y dejando estropicios por doquier.

De manera semejante a como Constancio había antes hecho César a Juliano, ahora (en el 379) el emperador Graciano le dio a Teodosio I el título de Augusto y le encomendó el conflicto con los godos. Teodosio emprendió contra los godos una campaña que no parecía tener fin. Unas veces vencidos, y otras vencedores, ni los godos ni los romanos lograron derrotar al enemigo de manera decisiva. Por fin, en el 382, Teodosio y los líderes godos —la mayoría de ellos visigodos, pero también algunos ostrogodos— llegaron a un pacto que los recibía en territorios romanos como *foederati*. Hubo una importante diferencia pues ahora, por primera vez, el pacto establecía que los godos se gobernarían a sí mismos, y no estarían bajo el gobierno local romano, sino bajo el suyo propio.

Los aliados se sublevan y los vecinos invaden

Como veremos más adelante en el capítulo dedicado a los visigodos, aquello no fue el fin del problema, sino más bien el comienzo de una gran debacle. Aquellos godos, primero "invitados" y luego explotados y oprimidos por las autoridades romanas, fueron los que pronto salieron de las tierras que les habían asignado, sembraron el terror en la población circundante, marcharon hacia Italia y saquearon a Roma en el año 410. Aquello fue un acontecimiento tan alarmante e inesperado que causó consternación en todo el imperio. La memoria de esa fecha quedó profundamente grabada en la conciencia de toda la civilización occidental. De esta forma, cuando muchos de nosotros estudiamos historia escuchamos, casi como un dogma, que la Antigüedad terminó en el 410, y que a partir de entonces fue la Edad Media. Como si el paso de una era a otra fuera tan tajante que pudiéramos darle fecha exacta. Lo que aquel acontecimiento sí hizo fue infundir vigor al argumento pagano que achacaba a los cristianos la culpa de todo cuanto de malo acontecía. Según ese argumento, los cristianos habían llevado a Roma a abandonar los dioses que la hicieron grande. Por ello, los dioses abandonaron a Roma. Todo esto fue lo que llevó a San Agustín a producir una de sus más impactantes obras: *La ciudad de Dios*.

Pero no fueron solamente los godos los que primero sacudieron, y a la postre derribaron, ese edificio que era el Imperio romano. Desde tiempos antiquísimos, los vándalos vivían en lo que hoy es Polonia. Como parte de las grandes migraciones que tenían lugar en todo el norte de Eurasia, hacia fines del siglo tercero los vándalos empezaron a moverse hacia Panonia (Hungría). De allí se trasladaron hacia el noroeste, hasta las riberas del Rin. El invierno del 406 resultó muy frío, y la última noche de ese año los vándalos cruzaron en masa sobre el río helado, de modo que el año 407 amanecieron en territorio romano, en lo que hoy es Francia. Eran tiempos de guerras internas en Roma. Esto les permitió a los vándalos —con sus aliados suevos y alanos— moverse libremente a lo largo del norte de Galia. Tres años luego de atravesar el Rin, cruzaron también los Pirineos y se adentraron en España. Allí sus aliados suevos se asentaron en Galicia, y los alanos en Portugal (entonces Lusitania).

Por un tiempo se inmiscuyeron en la política romana, apoyando a uno de los muchos pretendientes al poder. Sin embargo, luego se volvieron contra sus aliados romanos. Entonces, cruzaron el estrecho entre los Pilares de Hércules —Gibraltar— e invadieron las provincias romanas de la costa africana. Como vimos en el tercer tomo de esta serie, habían llegado hasta las cercanías de Hipona cuando Agustín murió en esa ciudad. Nueve años más tarde tomaban y saqueaban Cartago. Eso hizo a los vándalos dueños de la cuenca occidental del Mediterráneo, especialmente cuando se establecieron también en Sicilia, frente a Cartago. Se volvieron una potencia naval, y en el año 455 tomaron y saquearon Roma.

Su reino desapareció cuando, en el siglo sexto, el emperador bizantino Justiniano envió tropas al mando del general Belisario. Los bizantinos aplastaron a los vándalos, y las antiguas provincias romanas volvieron a ser parte del Imperio romano, aunque no ya el Imperio romano de Occidente, que había desaparecido, sino el Imperio romano de Oriente o Imperio bizantino. Un siglo después, los árabes derrotaron y expulsaron a los bizantinos de estos territorios. Nuestra lengua guarda aún la memoria de aquel pueblo y de su larga y violenta peregrinación, llamando "vandalismo" a la violencia desbocada, aparentemente sin otro propósito que el daño mismo. También a este pueblo aguerrido que es parte de nuestra historia le dedicaremos un capítulo en este tomo.

Varios otros invasores merecen más atención en el resto de este tomo, por lo cual dedicaremos capítulos a algunos de ellos. Tal es el caso de los francos, a quienes los romanos habían conocido por largo tiempo como uno de los principales pueblos —o confederación de pueblos— al otro lado del Rin. Estos aprovecharon las luchas internas de los romanos hacia fines del siglo tercero para cruzar el Rin repetidamente, casi siempre en rápidas incursiones en busca de botín, pero otras de manera más organizada. De este modo, al menos en una ocasión, tras atravesar toda la Galia, cruzaron los Pirineos y penetraron en España. Constantino siguió con algunos de ellos la política de establecerlos en territorios romanos como *foederati*. Más tarde Juliano asentó a otros francos, también como aliados federados, en los Países Bajos. A la postre, los francos se apoderaron de buena parte de Galia —que por eso vino a ser "Francia"— y hacia fines del siglo octavo su poder fue tal, que el papa le dio a uno de sus reyes, Carlomagno, el título de emperador, restaurando así el Imperio romano de Occidente.

Los borgoñones, quienes nos interesan particularmente por su adaptación del antiguo derecho romano a las nuevas condiciones, fueron derrotados y absorbidos por los francos. En Italia se establecieron primero los ostrogodos, y luego los longobardos; y en Gran Bretaña, los sajones.

En fin, una multitud de pueblos, casi todos de un linaje común que se designa hoy con el nombre de "germánicos", se establecieron en los antiguos territorios occidentales del Imperio romano. Allí se adaptaron principalmente a las costumbres de los conquistados, pero les dieron nuevas formas.

Todo aquello tuvo y sigue teniendo enormes consecuencias. En cuanto a la lengua, un resultado fueron las varias lenguas romances que muchos de nosotros hoy hablamos, en las que hay numerosas palabras de origen germánico; y, como contraparte, la presencia de gran número de palabras de origen latino en idiomas de origen germánico tales como el inglés, el danés y el alemán. En cuanto al orden social y los sistemas legales, los pueblos invasores combinaron sus costumbres tradicionales con la jurisprudencia y el derecho que aprendieron de los romanos —particularmente del *Codex Theodosianus*— para producir sus propias leyes.

Por último, en cuanto a lo religioso, que es el centro de nuestro interés aquí, veremos que algunos de esos pueblos eran ya cristianos, aunque de persuasión arriana. Esto le dio un auge e importancia al arrianismo que nunca había tenido en las regiones occidentales del antiguo imperio. Pero la mayoría de los pueblos germánicos eran "paganos", palabra que no nos dice mucho acerca de sus creencias y prácticas religiosas y que tendremos que aclarar en el resto de este tomo.

Diversas perspectivas sobre las invasiones

Desde el punto de vista de los romanos, la principal razón por la que los bárbaros invadían sus tierras era que querían gozar de las riquezas de Roma. Unos lo hacían mediante rápidas incursiones en busca de botín y de cautivos, que no devolverían a los suyos hasta tanto pagaran un rescate. Otros llevaban a cabo invasiones más permanentes en busca de tierra; estas eran sancionadas comúnmente por el gobierno romano convirtiendo en *foederati* a los invasores.

Probablemente esos pueblos que los romanos veían como invasores entenderían la situación de otra manera. Sus constantes incursiones dentro de los territorios romanos no se debían solamente a su deseo de disfrutar de las tierras y las costumbres romanas, sino también a que se veían presionados hacia el oeste por sus vecinos orientales —pueblos germánicos o no (como los hunos)—.

Por su parte, los hunos y otros habitantes de las estepas de Mongolia, en su mayoría pueblos nómadas, vivían en medio de cambios climáticos que guiaban sus movimientos. Estos se veían limitados, al norte, por la tundra, demasiado fría y con escasos pastos, y, al sur, por la seca esterilidad del Gobi y la inhóspita muralla que defendía China. Cuando, hacia el 250 a. C., de manera casi imperceptible, el clima empezó a cambiar, volviéndose más frío y reseco, esos pueblos nómadas tendieron a desplazarse hacia el oeste. Ese movimiento, a su vez, obligaba a sus vecinos a desplazarse. El resultado era el llamado "efecto dominó", en el que cuando una ficha de una larga línea cae, tumba a su vecina, y así sucesivamente.

No obstante, cualesquiera que hayan sido las causas de las invasiones germánicas y de la desaparición del Imperio romano de Occidente, lo cierto es que la fe cristiana se vio ahora en la necesidad —y también la oportunidad— de continuar en contextos radicalmente nuevos. En esos contextos se vio obligada a explorar nuevos caminos, a ajustarse a sus nuevas condiciones y a dejar su sello en cada una de ellas. Todo eso es parte de nuestra herencia. Tener conocimiento de estas encrucijadas nos ayuda a entender el camino en el que nos ha tocado andar.

2
Los godos hasta la muerte de Alarico

Los orígenes

A mediados del siglo sexto había pasado casi siglo y medio luego de que los visigodos tomaron y saquearon a Roma. Por esta época, las tropas bizantinas del emperador Justiniano derrotaron a los ostrogodos establecidos en Italia y causaron la desaparición de su reino. Casi al mismo tiempo, un escritor conocido como Jordanes compuso una *Historia de los orígenes y acciones de los godos* (*De Gestarum sive Gothorum origine et rebus gestis*). Según el propio Jordanes, era un resumen de lo escrito treinta años antes por Casiodoro, que no ha llegado a nuestros días. Hay indicios de que Jordanes era de descendencia goda, al menos parcialmente. En cualquier caso, no cabe duda de que parte de su propósito es recalcar el valor de las tradiciones de los godos, sobre todo luego de la derrota ante Justiniano. Jordanes quería asegurarse de que la historia y las virtudes de los godos no fueran olvidadas.

Hoy los historiadores dudan de la veracidad de lo que Jordanes cuenta acerca del origen de los godos, que no concuerda con los datos de la arqueología o con otras fuentes escritas. Sin embargo, aunque lo dudemos como dato histórico, no debemos olvidar que Jordanes tuvo contacto directo con las tradiciones godas. Por tanto, haya sucedido como él lo cuenta o no, esto era lo que creían los godos acerca de sus propios orígenes.

Jordanes dice que los godos habían salido de una "isla" que parece ser la península escandinava:

> Volvamos ahora a la situación de la isla de Escandia, que antes habíamos dejado a un lado [...]. Se encuentra en el océano del norte una gran isla, llamada Escandia, con forma de hoja de cedro, estrecha en su inicio y ensanchada hacia los lados después de un largo recorrido [...]. De esta isla de Escandia, pues, como si fuera un taller de pueblos o, más bien, el vientre de las naciones [*vagina nationum*], se cuenta que en otro tiempo salieron los godos con su rey Berig. (*De origine actibusque Getarum*, 2-4; PL 69, pp. 1253-54)

Según Jordanes, el pueblo dirigido por Berig navegó a un lugar en la desembocadura del Vístula llamado Godescandia. Allí se multiplicaron y expulsaron a los habitantes originales. Entonces marcharon hacia el sur, hasta por fin asentarse en la costa norte del Mar Negro.

Si comparamos todo esto con lo que la arqueología y otros recursos nos dicen, vemos que efectivamente puede haber existido cierta relación entre los godos y algunos pueblos escandinavos, pero no hay prueba definitiva de que los godos hayan venido de Escandinavia. Sí parece ser verdad que el pueblo que después se llamó godo se estableció en las cercanías de la desembocadura del Vístula, y que de allí marcharon hacia el Mar Negro. Todo esto quiere decir que, en términos generales, y descontando lo claramente legendario (por ejemplo, la historia del origen de los hunos, que contaremos en otro capítulo), el marco general de la historia de Jordanes es al menos creíble.

Lo más importante de su relato que los historiadores modernos ponen en duda, sin que haya consenso entre ellos, es la cuestión del origen de la distinción entre los visigodos y los ostrogodos. Jordanes cuenta que había dos grupos entre los primeros godos, los tervingi y los greuthungi, y luego hace de los visigodos y los ostrogodos los descendientes de esos dos grupos. Sin embargo, es posible que esta antigua distinción realmente haya surgido como resultado de las distintas respuestas de los godos frente a la presión de los hunos.

Aparentemente, antes de la invasión de los hunos, todos los godos estaban unidos bajo un solo régimen. Pero la invasión obligó a una parte de los godos a cruzar el Danubio y adentrarse en territorio romano, mientras otra parte de ellos permaneció en sus tierras hasta la disolución del poderío huno, casi inmediatamente después de la muerte de Atila (año 453). Los que marcharon primero —y nos ocuparán en el resto de este capítulo— son los visigodos. Los que avanzaron tras la destrucción del poderío huno son los ostrogodos, de quienes nos ocuparemos al tratar sobre Italia.

Ulfilas

Hacia el año 311, poco antes del Edicto de Milán y en medio de la más cruel de las persecuciones dentro del Imperio romano, nació un niño llamado Ulfilas, que significa "lobato". Su familia era cristiana y originaria de Capadocia, aunque se encontraba entonces cautiva entre los godos. Por razón de las circunstancias de su nacimiento, Ulfilas era bilingüe, hablaba griego y godo. Nada se sabe acerca de su juventud, aunque sí sabemos que pronto fue respetado entre los godos tanto por su conocimiento como por su devoción cristiana; aparentemente había entre los godos una comunidad cristiana formada principalmente entre los cautivos cristianos y sus descendientes. También podemos decir que conocía el latín, pues en su traducción de la Biblia, hecha principalmente del griego de la Septuaginta, se nota también el uso de la antigua versión de la Biblia latina: la *Vetus Latina*.

Los datos que los más antiguos autores nos dan acerca de la vida de Ulfilas presentan dificultades cronológicas. Sin entrar en ellas, lo que presentamos a continuación parece ser la opinión de la mayoría de los estudiosos, pero debemos advertir que es posible que el orden de los acontecimientos haya sido otro.

Como ya hemos mencionado, Ulfilas nació en tierras godas, es decir, al norte del Danubio. Según el historiador arriano Filostorio, su trasfondo griego venía de sus abuelos; de ahí su bilingüismo. Además, recibió una educación excelente. Esto, unido a su uso del latín, lleva a algunos historiadores a sugerir que debe haber estudiado al otro lado del Danubio, en tierras romanas, bajo preceptores cristianos, y que tras esa educación regresó a tierras godas.

Ulfilas fue parte de una legación goda ante el emperador Constancio —de quien ya hemos tratado, pues fue decidido patrón y propulsor del arrianismo—, quien se interesó en él por las habilidades que mostraba. Posiblemente en el año 341, Ulfilas fue consagrado "obispo de los godos" en Constantinopla (o quizás en la cercana Nicomedia), por el líder del partido arriano y patriarca de Constantinopla Eusebio de Nicomedia. No se sabe si antes había tenido algún cargo eclesiástico, pero parece que había sido lector.

En todo caso, tras su consagración, Ulfilas regresó a las tierras godas donde había nacido, al norte del Danubio. Allí se dedicó no solamente a las tareas que podríamos esperar de un obispo misionero, creando y organizando iglesias, sino también y sobre todo a producir una traducción de la Biblia al godo. La labor era enorme, pues el godo no tenía lenguaje escrito, y lo primero que Ulfilas y sus colegas tuvieron que hacer para poder producir una Biblia en godo era idear un sistema para escribir esa lengua. Crearon un alfabeto godo, tomado principalmente del griego, pero con algunos signos derivados de las antiguas inscripciones rúnicas de los pueblos germánicos. Es muy posible que, mientras no había un alfabeto godo, los creyentes aprendieran de memoria algunos salmos y otros textos litúrgicos, y que esos fueran el trasfondo de la traducción escrita. Otro dato interesante es que se dice que Ulfilas no tradujo los "cuatro libros de Reyes" (1 y 2 Reyes, y 1 y 2 de Crónicas) por su énfasis en la guerra, pues consideraba que esto no era lo que necesitaban los godos en ese momento. Pero eso es una tradición que no hay modo de confirmar, pues buena parte de la traducción de Ulfilas, sobre todo la del Antiguo Testamento, ha desaparecido.

Cualquiera que haya sido el orden de los acontecimientos, todo esto hizo de Ulfilas un obispo arriano, que transmitió a sus discípulos godos esa fe. No obstante, en su *Historia eclesiástica*, Sócrates Escolástico parece dar a entender que antes había sido niceno: «Ulfilas, el obispo de los godos, afirmó este credo [un documento arriano], aunque antes había seguido el de Nicea» (Sócrates, HE, 2.41; NPNF2 2, p. 72). Lo mismo dice Sozómeno (HE, 4.24; NPNF2 2, p. 319).

Ulfilas regresó a Constantinopla poco después del Concilio de Constantinopla que, en el año 381, había reafirmado la fe de Nicea. Aparentemente estaba allí para participar de una conferencia en torno a ese tema, en defensa de los arrianos moderados, cuando murió, según el testimonio de su discípulo Auxencio de Durostorum.

Los godos como *foederati*

Las relaciones entre los godos y el Imperio romano fueron inestables y complejas por largo tiempo. Las incursiones por parte de los godos que penetraban y saqueaban tierras y poblaciones dentro del imperio nunca cesaron. Pronto aquello se convirtió en una guerra abierta entre godos y romanos, hasta que, cansados y debilitados por un conflicto en el que ninguno de los dos grupos podía vencer, ambos llegaron a un acuerdo en el año 382. Los detalles de ese tratado y de sus consecuencias no están del todo claros. Por una parte, los godos se rendían ante los romanos, y prometían pagarles tributo y apoyarlos en sus guerras aportando fuerzas militares. Por otra parte, los romanos proveían tierra cultivable para el asentamiento de los godos que eran parte del pacto, y prometían que los godos gozarían de autonomía y gobierno propio, así como de la libertad para continuar las costumbres de sus ancestros.

Sabemos que los godos cumplieron con sus obligaciones militares para con los romanos tanto en el caso de la rebelión de Máximo como en la de Eugenio. Máximo era un general de origen español estacionado junto a sus tropas en Gran Bretaña. Cuando llegaron noticias de la muerte del emperador Graciano, las tropas de Máximo lo declararon emperador. Con ellas, Máximo se posesionó de buena parte de España y Galia. Puesto que no veía otra solución, Teodosio I lo reconoció como emperador supeditado a él, hasta que Máximo intentó ampliar sus territorios invadiendo Italia, que estaba bajo el gobierno de otro colega emperador. Teodosio respondió con fuerzas armadas y en la batalla de Aquilea (388) capturó a Máximo, a quien mandó ejecutar.

Todo esto nos interesa porque en esa batalla los godos pelearon junto a Teodosio, aunque no como soldados bajo oficiales romanos, sino como unidades al mando de sus propios oficiales, lo cual es indicio de que se respetaba lo que se había prometido en cuanto a su autonomía.

Los godos no eran estrictamente súbditos de los romanos, sino aliados al servicio del emperador. El caso de Eugenio, unos pocos años más tarde, fue semejante. Cuando murió Valentiniano II, el franco Arbogasto hizo nombrar emperador a Eugenio, quien no era soldado ni en realidad gobernaba, pues Arbogasto era el poder tras el trono. Teodosio marchó contra Eugenio y Arbogasto, acompañado por un fuerte contingente godo. El primer día de la batalla fue desastroso para las tropas de Teodosio, produciendo gran número de bajas, particularmente entre los godos. Pero el próximo día las cosas cambiaron. Sozómeno da a entender que, inesperada y hasta milagrosamente, las tropas que Arbogasto había escondido para atacar la retaguardia de Teodosio se pasaron a su bando:

> Al descender de las alturas de aquellas montañas, [Teodosio] percibió ante sí una llanura cubierta de infantería y caballería, y al mismo tiempo se dio cuenta de que algunas de las tropas enemigas estaban tendidas en emboscada detrás de él, entre los repliegues de las montañas. La vanguardia de su ejército atacó a la infantería apostada en la llanura, y se entabló un combate desesperado y muy incierto. Además, cuando el ejército lo rodeó, [Teodosio] consideró que había caído en poder de los hombres y que no podía ser salvado ni siquiera por aquellos que lo desearan, puesto que los que habían sido apostados a su retaguardia estaban tomando las alturas. Cayó rostro en tierra y oró con lágrimas, y Dios le respondió de inmediato; pues los oficiales de las tropas apostadas en emboscada en lo alto enviaron

> a ofrecerle sus servicios como aliados, con la condición de que les asignara puestos honorables en su ejército. (Sozómeno, HE, 7.24; NPNF2 2, p. 393)

Luego, todo parece indicar que, al menos en la mayoría de los casos, los godos permanecieron fieles a su compromiso con el imperio. Pero hay también indicios de que algunos entre los romanos más tradicionales no veían con buenos ojos la presencia y amparo de las costumbres góticas. Así, por ejemplo, Sinesio de Cirene, obispo de Ptolemais —cerca de su ciudad natal en la costa africana—, se quejaba de que los jóvenes godos «han sido criados de manera diferente, y no bajo las leyes romanas» (*De regno*, 19.43.5).

Las quejas de Sinesio reflejaban la causa profunda de las tensiones entre los godos y los grecorromanos. Para estos últimos, los godos eran bárbaros, y seguirían siéndolo hasta tanto no dejaran su herencia tradicional y aprendieran a pensar, hablar y actuar como si se hubieran formado en medio del imperio. Ya hemos citado al obispo cristiano Sinesio de Cirene. Igualmente podemos mencionar a Gregorio Nacianceno, uno de los más distinguidos teólogos en la segunda mitad del siglo cuarto. Este le escribe a un tal Modares, de alta alcurnia entre los godos, quien ocupaba el cargo de *magister militum* para ellos, es decir, el oficial militar designado por el imperio para dirigirlos. En su carta, lo elogia porque, aunque vive entre los godos, no se comporta como ellos. Por su parte, el pagano Eunapio, según lo cita Zósimo, pensaba que el establecimiento de los godos en tierras del imperio había sido la introducción de una infección. Consideraba que los godos secretamente se habían conjurado para engañar y traicionar a sus benefactores.

A esto se sumaba, en el caso de los godos, el conflicto teológico. Cuando los godos —en buena medida gracias a los esfuerzos de Ulfilas— decidieron abrazar la fe cristiana del Imperio romano, quien gobernaba ese imperio era Constancio, defensor del arrianismo. Luego, la fe que los godos adoptaron era arriana, aunque se trataba de un arrianismo mitigado que algunos historiadores llaman "semiarrianismo". Aparentemente, lo que los godos veían en sus diferencias teológicas con los grecorromanos no parece haber sido tanto una cuestión doctrinal, sino más bien una cuestión de identidad y de libertad. Si los godos se declaraban seguidores de la fe nicena, que ahora dominaba todo el imperio, sus iglesias quedarían sujetas a los obispos grecorromanos, mientras que, si insistían en su arrianismo, y rechazaban la fe nicena, tendrían sus propios obispos, y su iglesia no quedaría bajo la supervisión de la iglesia imperial. El *Codex Theodosianus*, una ley atribuida a Teodosio y su colega Graciano, explícitamente prohibía las reuniones de "herejes", o que se les diera a los edificios en que estos se reunían el nombre de "iglesias" (16.5.6). Pero, aparentemente llevado por realidades políticas, Teodosio no hizo aplicar esas leyes entre los godos sujetos al imperio como *foederati*.

Mientras Teodosio reinó, los acuerdos del año 382 se mantuvieron firmes; aunque hubo varios motines, linchamientos y otras manifestaciones de las tensiones entre godos y grecorromanos. También hubo quejas repetidas por parte de los godos. Algunas de ellas se referían a episodios antes del tratado del 382. Por ejemplo, antes del tratado, cuando se les prometió comida, los oficiales romanos a cargo de proveerla les dieron carne de perro y alimentos putrefactos, al parecer guardándose el dinero provisto para aquella operación. Después del tratado, la corrupción continuó. Contra lo estipulado, las autoridades romanas imponían impuestos a los godos, intervenían en su gobierno interno, y —en el sentir de los godos— no los trataban como aliados y federados, sino como siervos y esclavos. También había quejas de que, en las campañas militares en que los godos participaban como el pacto lo requería, las bajas entre los godos eran muy superiores a las de los romanos, y que esto se debía a que los generales romanos colocaban a las tropas godas en las posiciones más peligrosas y vulnerables.

La muerte de Teodosio causó desórdenes e intentos de usurpación semejantes a los que hemos visto anteriormente. Sobre esto y sobre la reacción de los godos, el historiador Jordanes dice:

> Pero después que Teodosio, amante de la paz y de la raza gótica, hubo pasado de las preocupaciones humanas, sus

> hijos comenzaron a arruinar ambos imperios con su vida lujosa y a privar a sus aliados —es decir, a los godos— de los dones acostumbrados. El desprecio de los godos hacia los romanos pronto aumentó, y, temiendo que su valor se destruyera con una paz prolongada, nombraron a Alarico como rey sobre ellos. (*De origine*, 26.146; PL 69, p. 1270)

Hasta aquí, nuestra principal fuente para lo que hemos dicho acerca de los godos ha sido Jordanes, cuya posible descendencia goda ya hemos señalado. En términos generales, la narración de Jordanes subraya la fidelidad de los godos y contrapone a ella la volubilidad de las autoridades romanas. Estas aparecen como responsables de la hostilidad de Alarico hacia Roma y, en última instancia, del saqueo de la ciudad en el año 410.

Pero hay otra versión de aquellos acontecimientos. El principal exponente de esa otra versión es el historiador pagano Zósimo. Su obra *Nueva historia*, que —al menos como ha llegado hasta nuestros días— quedó inconclusa, empieza en los tiempos gloriosos de Augusto César, cuando según Zósimo, Roma alcanzó su más alta gloria como recompensa de su devoción a sus antiguas divinidades. Termina poco después del saqueo de Roma por los godos bajo el mando de Alarico, en el 410. La tesis fundamental de toda esta obra es que la decadencia del Imperio romano se debe a que abandonó a los antiguos dioses, por lo que ellos le han retirado el apoyo que lo hizo grande. Como parte del trasfondo de todo lo ocurrido, Zósimo subraya las duplicidades, disensiones y subterfugios que socavaban al imperio, que ocurrían entre las autoridades cristianas que lo gobernaban.

Zósimo dedica largos párrafos a Estilicón, general al servicio de Honorio, heredero junto a su hermano Arcadio del trono de su padre Teodosio el Grande. La historia, tal como Zósimo la cuenta, nos presenta a Estilicón como un intrigante sin escrúpulos ni otro propósito que alcanzar el poder a toda costa. En todo esto, sin embargo, hay que tener en cuenta que Zósimo, uno de los últimos grandes defensores de la antigua religión romana, estaba convencido de que el que hubiera emperadores cristianos era señal de la decadencia romana. Por ello, albergaba profundos prejuicios contra todo lo que fuera bárbaro. Por tanto, en toda esta historia, Zósimo se esfuerza por presentarnos a los hijos de Teodosio como débiles e incompetentes, y al vándalo Estilicón como un ambicioso intrigante.

Por otra parte, Estilicón era de origen vándalo. Zósimo sugiere que su intento de gobernar, no desde el trono, sino detrás de este, se debía a que sabía que los prejuicios contra los bárbaros se virarían en su contra. Por esta, o por otra razón que desconocemos, en lugar de reclamar para sí el trono imperial, se dice que lo reclamó para su hijo Eucerio, más romanizado que él. Lo dice el pagano Zósimo, y lo repite el historiador cristiano Sozómeno. Este admite el retrato de Estilicón como intrigante, y cuenta que las manipulaciones de Estilicón dieron como resultado la rebelión de Alarico, un importante jefe entre los godos. En un orden cronológico inverso, la narración de Sozómeno empieza con la muerte de Estilicón, y deja para después la rebelión de Alarico:

> Se sospechaba que Estilicón, el general de las tropas de Honorio, había conspirado para proclamar a su hijo Eucerio como emperador de Oriente y, en consecuencia, fue ejecutado por el ejército en Rávena. En un tiempo anterior, cuando aún vivía Arcadio, Estilicón había concebido un fuerte sentimiento de enemistad contra sus oficiales. Esto le impulsó a provocar un choque entre los dos imperios [el de Oriente y el de Occidente]. Hizo que Alarico, el jefe de los godos, se nombrara general de los romanos y le aconsejó apoderarse de Iliria; y, después de haber enviado por delante a Joviano, el prefecto designado, convino en reunirse pronto con él al frente de tropas romanas, para someter a sus habitantes al dominio de Honorio. Alarico abandonó la región bárbara limítrofe con Dalmacia y Panonia, donde había estado residiendo, y marchó a la cabeza de sus soldados hacia Epiro; después de permanecer algún tiempo en ese país, se retiró a Italia sin haber conseguido nada. (Sozómeno, HE, 9.2; NPNF2 2, p. 421)

Tras una serie de intrigas, Estilicón murió cuando sus propias tropas, convencidas de que su propósito era desposeer a los hijos de Teodosio, y aparentemente porque no estaban dispuestas a seguir a un emperador de origen bárbaro, se rebelaron contra él: lo asesinaron tanto a él como a su hijo Eucerio. Sobre la base de las fuentes que han llegado hasta nuestros días, es imposible determinar si en verdad Estilicón pretendía colocar a su hijo en el trono imperial, o si esto fue parte de una propaganda con el propósito de incitar la rebelión de sus tropas.

Los bárbaros amenazaban prácticamente todo el territorio y el corazón mismo del imperio. Sozómeno cuenta que el imperio oriental se salvó por un milagro, pues una fuerte invasión se detuvo inesperadamente:

> Cuando las circunstancias eran absolutamente desesperadas, Dios dio pruebas manifiestas de un favor especial hacia el presente reinado; pues, poco después, los asistentes inmediatos y los jefes de las tribus de Uldis estaban discutiendo sobre la forma de gobierno de los romanos, la filantropía del emperador y su prontitud y generosidad para recompensar a los mejores y más valiosos hombres. No fue sin la intervención de Dios que se inclinaron hacia el amor de los puntos así discutidos y se pasaron a los romanos, a cuyo campamento se unieron junto con las tropas que tenían bajo su mando. Viéndose así abandonado, Uldis escapó con dificultad a la orilla opuesta del río. Muchos de sus soldados fueron muertos; y, entre otros, toda la tribu bárbara llamada los Sciri. Esta tribu había sido muy numerosa antes de caer en esta desgracia. (Sozómeno, HE, 9.5; NPNP2 2, p. 422)

En cuanto al imperio occidental la situación fue más desafortunada. Sozómeno parece achacar ese infortunio, al menos en parte, a la muerte de Estilicón, que privó a los ejércitos romanos de su más hábil general:

> Así fue cómo el imperio de Oriente se preservó de los males de la guerra y fue gobernado con gran orden, contra toda expectativa, pues su gobernante aún era joven. Mientras

> tanto, el imperio de occidente cayó presa de desórdenes, porque surgieron muchos tiranos. Después de la muerte de Estilicón, Alarico, el caudillo de los godos, envió una embajada a Honorio para tratar de la paz; pero fue en vano. (Sozómeno, HE, 9.6; NPNP2 2, p. 422)

Esa cita continúa con palabras que marcarían un gran cataclismo en la historia de Europa; un hito de tal importancia que tendremos que referirnos a él repetidamente en el resto de nuestra historia. Dice Sozómeno que, al ver que no podía hacer la paz con Honorio, Alarico «marchó hacia Roma». Esto no se refiere directamente a la marcha contra Roma que llevó a la caída de la ciudad, sino a una incursión anterior de Alarico que tuvo lugar en el 401, y de la que daremos más datos más adelante. Por lo pronto, hagamos un alto para presentar a Alarico, quien será protagonista importante en el curso de nuestra historia.

Alarico

Nos hemos referido a Alarico anteriormente, al decir que Estilicón lo impulsó a la rebelión. Miembro de un distinguido clan entre los que más tarde fueron conocidos como visigodos, Alarico nació en el delta del Danubio. Era todavía niño —de unos siete u ocho años— cuando, junto a muchos otros, cruzó el Danubio. Después de esto, los godos derrotaron al ejército romano y mataron al emperador Valente en la batalla de Adrianápolis (378). Es de suponerse que Alarico, demasiado joven para participar en la campaña militar, oyó acerca de aquella inesperada victoria de los godos. Por fin, en el 382, los godos y los romanos concordaron en un tratado mediante el cual los visigodos podrían asentarse en territorio romano como *foederati*, con los privilegios y deberes que esto involucraba. Alarico era ya uno de los principales líderes de esa porción del pueblo godo. Como tal participó en la campaña militar contra el usurpador Eugenio, en la que lucharon también, como aliados de Teodosio el Grande (Teodosio I, padre de Honorio y de Arcadio), auxiliares de otros pueblos bárbaros. Los dos ejércitos se enfrentaron en la batalla del río Frígido en el 394.

La narración de Sócrates Escolástico parece interpretar la victoria de Teodosio sobre Eugenio en términos casi milagrosos. Según él, los dos ejércitos eran enormes. El conflicto entre las tropas romanas que luchaban entre sí parecía indeciso, pero los aliados germánicos de Teodosio retrocedían ante el empuje de Eugenio. Sócrates cuenta que, al ver que esa ala de su ejército se deshacía, «se arrojó con gran angustia al suelo e invocó la ayuda de Dios en aquella emergencia». En respuesta a aquella situación, «su principal oficial, inspirado de repente con un ardor extraordinario, se lanzó con su vanguardia hacia el lugar donde los bárbaros estaban más acosados, rompió las filas del enemigo y puso en fuga a aquellos que poco antes perseguían a los demás».

A esto añade Sócrates lo que llama «otra circunstancia maravillosa»:

> Se levantó de repente un viento violento, que devolvía contra sí mismos los dardos lanzados por los soldados de Eugenio, y al mismo tiempo impulsaba con mayor ímpetu los arrojados por las fuerzas imperiales contra sus adversarios. Tal fue el poder de la oración del emperador. (Sócrates Escolástico, HE, 5.25; NPNF2 2, pp. 135-36)

Alarico se distinguió en esa batalla. Pero lo molestó ver que Teodosio había desplegado a los godos en la posición más peligrosa en el campo de batalla, con el resultado de que las bajas entre ellos fueron enormes. Luego, aquella batalla, al tiempo que aumentó el prestigio de Alarico, también vino a ser parte de la queja de los godos contra los romanos, que parecían estar dispuestos a sacrificar a los godos para su propio provecho. Todo esto, añadido a las experiencias de su niñez y juventud, hicieron de Alarico un jefe respetado para los visigodos y un temido enemigo para los romanos que veían crecer su prestigio y poder. Además, la derrota y muerte de Eugenio, a quien los paganos apoyaban esperando que siguiera los pasos de Juliano más de un siglo antes —de restaurar el paganismo como religión oficial en sus territorios—, marcó el último de los intentos por parte de emperadores y pretendientes al trono de respaldar un resurgimiento de las antiguas religiones.

Alarico y Estilicón

Si es cierto lo que dice Zósimo en el sentido de que Alarico se rebeló por inspiración o ayuda de Estilicón, lo más probable es que esto haya acontecido en el 395 o poco después. Por tanto, al incitar a Alarico a la rebelión, Estilicón lo estaba haciendo por razón de la fama y prestigio que Alarico había alcanzado en la batalla de Frígido el año anterior.

Teodosio murió en el 395, unos meses después de esta batalla. Por su parte, los godos premiaron a Alarico nombrándolo rey de los visigodos. En el caos que siguió a la muerte de Teodosio, los políticos romanos se desentendieron de Alarico, a quien no dieron mando militar alguno. En vista de lo ocurrido en la batalla de Frígido, y del alto número de godos que dieron sus vidas como auxiliares de las tropas romanas, tanto Alarico como los visigodos que ahora lo veían como su rey tomaron lo que acontecía como un insulto y una injusticia.

A consecuencia de todo eso, Alarico y sus seguidores dejaron la región en Tracia que les había sido asignada por el convenio del 382. Marcharon hacia el sur, donde invadieron la zona de los Balcanes, cruzando Macedonia y penetrando profundamente en Grecia, donde tomaron y saquearon la ciudad de Corinto. Asimismo, obligaron a Atenas a pagarles tributo antes de continuar su marcha hacia el sur y penetrar en el Peloponeso. Sacudidas ante tales desastres, las autoridades romanas, encabezadas por Arcadio, quien reinaba sobre el imperio oriental, le dieron a Alarico el título de *magister militum per Illiricum*. Esto lo hacía general en jefe de las tropas en el Ilírico, una vasta región que cubría casi todos los países balcánicos de hoy. Estilicón, a quien el emperador Honorio había dado el mando de sus tropas, acudió a Grecia con el propósito de enfrentarse a los godos de Alarico. Casi atrapó a Alarico, pero este logró escapar. Unas fuentes, particularmente hostiles a Estilicón, dicen que lo dejó escapar a propósito. Sin embargo, lo más probable parece ser que haya escapado porque supo usar las condiciones del terreno mejor que Estilicón.

Alarico permaneció en aquella región por espacio de cuatro años, reorganizando su ejército, que en teoría y legalmente era romano, pero que en realidad era visigodo. Por fin, en el año 401, decidió invadir Italia. Alarico y sus tropas, desobedeciendo abiertamente las órdenes imperiales, cruzaron los Alpes y llegaron hasta las afueras de Milán, a la que sitiaron. El emperador Honorio, quien había pensado detener el avance visigodo, se vio en peligro de captura, pero logró escapar. Las tropas romanas, ahora dirigidas por Estilicón, se enfrentaron y vencieron a los godos en dos ocasiones, pero ninguna de esas dos batallas fue decisiva. En el primer caso —la batalla de Polencia en el 402— el resultado fue lo suficientemente dudoso como para que el cronista Jordanes lo declarara una gran victoria de los godos:

> Estilicón, digo yo, traicioneramente se apresuró hacia Polencia, una ciudad en los Alpes Cotios. Allí cayó sobre los godos desprevenidos en batalla, para ruina de toda Italia y para su propia deshonra. Cuando los godos lo vieron de repente, al principio se aterraron. Pero pronto recobraron el valor y, animándose unos a otros con valientes gritos, como es su costumbre, pusieron en fuga a todo el ejército de Estilicón y casi lo exterminaron. (*De origine*, 30.154-55; PL 69, pp. 1272-73)

La segunda batalla, cerca de Verona en el año 403, fue una victoria más decidida para Estilicón, lo que obligó a Alarico a regresar al Ilírico, aunque en una retirada organizada. Los godos sencillamente se retiraron en buen orden y se dedicaron a reorganizar sus fuerzas.

A esto siguió un período de confusión y, en ocasiones, de conspiración. Estilicón buscaba la manera de utilizar a Alarico y a sus tropas para que al menos una parte de Ilírico, territorio que tradicionalmente había pertenecido al imperio de Oriente, pasara a depender del de Occidente. De ese modo quedaría bajo su control, pues Estilicón era entonces *magister militum*, es decir, general en jefe de todo Occidente.

Por fin, en el 407, Alarico invadió lo que ahora es Austria, reclamando que el gobierno romano le debía una fuerte suma por servicios prestados. Estilicón, viéndose al momento incapaz de detener el avance visigodo, presionó al Senado para que pagara lo que Alarico requería. En el Senado, la oposición a su sugerencia fue fuerte, y dejó a muchos disgustados con Estilicón y sus políticas. Posiblemente hayan dudado incluso de su lealtad.

Fue en medio de todo eso que surgieron primero los rumores y luego las amenazas a las que ya nos hemos referido, en el sentido de que el propósito de Estilicón era colocar a su hijo en el trono imperial. Todo aquello condujo al desastre en el año 408, cuando, tras la muerte del emperador Arcadio, su hermano, el emperador Honorio, persuadido de que lo que se decía de Estilicón era verdad, lo hizo arrestar y ejecutar por haber conspirado con los godos y contra el gobierno establecido. Todo parece indicar —y Zósimo lo afirma sin ambages— que quien convenció a Honorio de la deslealtad de Estilicón fue cierto Olimpio, chambelán en la corte imperial, quien sostenía que Estilicón conspiraba con los godos para posesionarse del trono.

A mediados de agosto del año 408, Estilicón y su ejército estaban en Ticinium, en las cercanías de Pavía, cuando las insinuaciones y la propaganda de Olimpio tuvieron el resultado deseado. Zósimo cuenta que cuando los principales seguidores de Estilicón estaban reunidos en una plaza, Olimpio dio una señal previamente acordada, que desató una enorme matanza. Según él nos cuenta, Estilicón no estaba en Ticinum, sino en la cercana Bononia. Allí se reunió con todos los jefes de las tropas bárbaras, en su mayoría godos, para decidir lo que sería su respuesta. Se decía que entre los muertos estaba el emperador. Ciertamente, Honorio se vio en medio de los amotinados a tal punto que una de las víctimas murió abrazado a sus piernas. Si, como se decía, también Honorio había sido asesinado, el curso a seguir sería que todos los bárbaros se aliaran para atacar a los romanos, y así vengar a sus muertos. Pero si el emperador todavía vivía se colocarían a su servicio para que se hiciera justicia.

Pronto se supo que Honorio había sobrevivido, y que las tropas romanas lo seguían; pero él no daba indicios de querer castigar a los amotinados. La narración de Zósimo continúa:

> Olimpio, que se había adueñado ya de la voluntad del emperador, envió un mandato imperial a los soldados en Rávena, ordenándoles que prendieran inmediatamente a Estilicón y lo retuvieran en prisión sin cadenas.
>
> Cuando Estilicón lo supo, se refugió de noche en una iglesia cristiana cercana. Sus bárbaros y otros allegados, que junto con sus siervos estaban todos armados, al verlo comprendieron lo que se avecinaba. Al amanecer, los soldados entraron en la iglesia y juraron ante el obispo que tenían orden del emperador de no matar a Estilicón, sino mantenerlo bajo custodia. Sacado de la iglesia y puesto bajo la vigilancia de los soldados, llegaron otras cartas entregadas por el mismo mensajero que trajo la primera, en las cuales se decretaba la pena de muerte contra Estilicón, por sus crímenes contra la República.

Zósimo termina su relato de este episodio alabando el carácter y la fortaleza de Estilicón:

> Fue el más moderado y justo de todos los hombres que poseyeron gran autoridad en su tiempo. Pues, aunque estaba casado con la sobrina del primer Teodosio, había sido encargado de los imperios de ambos hijos de este, y había sido comandante durante veintitrés años, nunca confirió grados militares por dinero, ni convirtió en provecho propio el estipendio de los soldados. Padre de un solo hijo, le ofreció únicamente el cargo de tribuno de los notarios, y lo limitó para que ni deseara ni intentara obtener ningún otro cargo o autoridad. (*Historia nova*, 5.34)[1]

1 Las citas en todo este capítulo de la *Historia nova* de Zósimo fueron tomadas de https://www.livius.org/sources/content/zosimus/.

De vuelta a Alarico

Zósimo explica la reacción de Alarico y de los godos como sigue:

> Después de esto, Olimpio persuadió al emperador de dar la orden de que las esposas e hijos de los auxiliares bárbaros fueran masacrados en todas las ciudades de Italia. Cuando se ejecutó esta medida, los bárbaros —unos treinta mil en número— que habían servido en los ejércitos romanos abandonaron las ciudades y se pasaron a Alarico. Así reforzado, se sintió con ánimo de emprender grandes empresas contra los romanos. (*Historia nova*, 5.35)

Zósimo atribuye todo esto al abandono de la religión tradicional de los romanos:

> Pero, como si todas estas circunstancias no fueran suficientes para satisfacer al genio maligno que mantenía a los hombres encadenados en la iniquidad y confundía todas las cosas por el descuido de las observancias sagradas, los anteriores desastres fueron aumentados con otro más, que aconteció así: los soldados que estaban en la ciudad, al oír la noticia de la muerte de Estilicón, cayeron sobre todas las mujeres y los niños de la ciudad que pertenecían a los bárbaros. Habiendo, como por señal concertada, exterminado a cada uno de ellos, los despojaron de todo lo que poseían. Cuando esto fue conocido por los parientes de los asesinados, se reunieron de todas partes. (*Historia nova*, 5.36)

La muerte de Estilicón y de los oficiales y soldados bárbaros en su ejército, y las matanzas de godos y otros bárbaros que se produjeron en diversos lugares, llevaron a los *foederati* godos —así como a algunos otros bárbaros— a unirse a Alarico. Zósimo nos lo cuenta:

> Muy indignados contra los romanos por una ruptura tan impía de las promesas hechas en presencia de los dioses, todos resolvieron unirse a Alarico y ayudarlo en la guerra

> contra Roma. Habiéndose reunido así hasta el número de treinta mil hombres, se establecieron donde mejor les pareció. (*Historia nova*, 5.36)

Alarico, tras persuadirse de que Honorio no le haría justicia, invadió Italia por segunda vez. Zósimo nos da su ruta bastante detalladamente:

> Pasó por Aquilea y las demás ciudades situadas más allá del Po, a saber, Concordia, Altino y Cremona. Una vez que hubo cruzado aquel río, como si estuviera en alguna festividad, y no teniendo enemigo que lo detuviera, llegó a un castillo de Bononia llamado Occuparia. Desde allí, atravesando toda la Emilia y dejando atrás a Rávena, avanzó hasta Arímino, gran ciudad de la Flaminia. Pasando también rápidamente por esta, y por todas las demás ciudades de aquella provincia, llegó al Piceno, situado en el extremo del golfo de Jonia. Desde allí, marchando hacia Roma, saqueó todas las fortalezas y ciudades en su camino. (*Historia nova*, 5.37)

Al llegar a la venerable capital, Alarico le puso sitio. Detuvo los envíos de trigo, y se apoderó del puerto de Ostia, con lo que cortó todos los suministros a la ciudad. Tras una serie de negociaciones, el Senado romano accedió a pagar un elevado rescate en plata, oro, sedas y otros artefactos de valor y Alarico se retiró. Así terminó el primer asedio de Roma por Alarico, en el año 408, el mismo año de la muerte de Estilicón.

Alarico y Honorio trataron de llegar a un acuerdo mediante una serie de discusiones en Rávena, pero sin éxito. Alarico marchó de nuevo contra Roma, y le puso sitio por segunda vez. Una vez más, la narración más detallada nos viene de Zósimo, quien nos cuenta que quienes defendían la ciudad esperaban que se levantara el sitio y se retirara.

Pero eso no fue lo que sucedió. Alarico se apoderó del río Tíber, de modo que era imposible hacer llegar suministros a Roma. Los defensores, esperando recibir refuerzos y suministros del gobierno en Rávena, se prepararon para un sitio breve. Pero los auxilios no llegaban. El hambre se hacía cada vez más intensa. Zósimo dice que «la hambruna fue seguida, como era de esperarse, por la peste, y todos los lugares se llenaron de cadáveres. Como los muertos no podían ser sepultados fuera de la ciudad —pues el enemigo poseía todas las avenidas—, la ciudad misma se convirtió en su sepulcro» (*Historia nova*, 5.40).

El Senado, incapaz de hacer otra cosa, aceptó las demandas de Alarico, deponiendo a Honorio, colocando en su lugar a uno de los senadores —Prisco Átalo, quien contaba con el apoyo de Alarico— y dándole a Alarico el mandato general del ejército romano. Una vez más, Alarico se retiró de Roma, terminando así el segundo asedio de la ciudad (409).

Al ver que Prisco Átalo no lograba hacer valer su título de emperador, Alarico lo declaró depuesto y reanudó sus negociaciones con Honorio. Cuando esas gestiones no dieron resultado, Alarico marchó hacia Roma y le puso sitio por tercera y última vez. Luego, aunque generalmente se habla de la toma y saqueo de Roma por Alarico, en realidad él y sus tropas asediaron Roma tres veces. La primera de ellas fue en el 408, casi inmediatamente después de la muerte de Estilicón; la segunda, en el 409, cuando Alarico logró que el Senado romano se doblegara a su voluntad; y la última, en el 410, que culminó con la toma y saqueo de Roma.

Este tercer sitio se prolongó en medio de la complicada política romana. Honorio tenía que negociar por una parte con Alarico y, por otra, con el pretendiente al trono Constantino. Dentro de Roma el hambre llevó a la pestilencia. Puesto que no era posible enterrar a los numerosos muertos fuera de la ciudad, como la ley requería, los cadáveres insepultos aumentaban la pestilencia. Honorio, por su parte, acudió a los odiados hunos para que reforzaran sus tropas. Según Zósimo, Alarico le escribió a Honorio, rogándole que llegara a un acuerdo que salvara a «esa noble ciudad, que por más de mil años gobernó sobre la mayor parte del mundo» (*Historia nova*, 5.50).

Pero todo fue en vano. En la noche del 24 de agosto del 410, aparentemente con el propósito de darles entrada a los godos, alguien abrió una de las puertas en la muralla romana. Una vez que los godos entraron a la ciudad, era imposible detenerlos. Y así, con la toma y saqueo de la ciudad, terminó aquel último asedio de Roma por Alarico —y, según los esquemas cronológicos tradicionales, hoy bastante criticados— terminó la Antigüedad y empezó la Edad Media.

El impacto del saqueo de Roma

Aquella noticia fue recibida e interpretada de diversas maneras. Ese será el punto de partida de nuestro próximo capítulo. Pero antes, dada la importancia de lo acontecido, debemos decir al menos unas pocas palabras acerca del saqueo mismo: cómo fue, cómo se comportaron los vencedores, etc.

Tenemos testimonio de las noticias que llegaban de Roma en las cartas de Jerónimo, quien se encontraba en la lejana Belén. Escribiendo a la virgen Principia, Jerónimo le cuenta:

> Llega de Occidente una noticia espantosa: Roma estaba cercada y la vida de los ciudadanos se redimía a precio de oro, si bien, despojados, volvían otra vez a ser sitiados, para perder a par hacienda y vida. La voz se me pega al paladar y los sollozos interrumpen las palabras que dicto. Es tomada la urbe que tomara antes al orbe entero, o, por mejor decir, antes perece por hambre que a punta de espada, y apenas si el vencedor pudo hallar unos pocos que hacer prisioneros. El furor de los hambrientos los arrojó a manjares abominables: se despedazaban unos a otros los miembros, la madre no perdonó al niño de pecho y volvió a recibir en su seno al que poco antes había echado al mundo. (*Ep.* 127; BAC 220, p. 638)

En la misma carta, Jerónimo continúa contando acerca de los atropellos que cometieron los vencedores entrando en casas privadas y abusando de los habitantes. Y el mismo tema se repite en otras de sus cartas.

Uno de los autores más cercanos cronológicamente, Paulo Orosio, discípulo de Agustín, nos da una visión algo diferente, aunque sin negar la tragedia y el dolor:

> Alarico [...] siembra el pánico, y, por último, entra en la horrorizada Roma, Pero no sin antes ordenar que los que se refugiaran en los santos lugares, en particular en las basílicas de los apóstoles Pedro y Pablo, no fueran maltratados, y que permanecieran seguros; se evitaría, en cuanto fuera posible, el derramamiento de sangre, aunque ansiaban el saqueo. Sucedió que el bienaventurado Inocencio, obispo de la ciudad de Roma, así como el justo Lot fue salvado de Sodoma, también él, por la oculta providencia de Dios, se encontraba entonces en Rávena, y no vio la destrucción del pueblo pecador. Todo lo cual es prueba de que el asalto a Roma se debió más a la ira de Dios que al valor del enemigo. (*Historiarum adversus paganos*, 7.39; PO, p. 335)

Jordanes, más favorable hacia los godos, parece suavizar el saqueo, al que no dedica más que unas pocas palabras: «Cuando finalmente entraron en Roma, por orden expresa de Alarico, se limitaron a saquearla; no prendieron fuego a la ciudad, como suelen hacer los pueblos bárbaros, ni permitieron que se causara un daño grave a los lugares sagrados» (*De origine*, 30.156; PL 69, p. 1273)

Esa noticia, de la caída y saqueo de Roma, sacudió todo el antiguo —y ahora claramente decadente— Imperio romano. Por espacio de ocho siglos, Roma había florecido, volviéndose cada vez más poderosa. Esa historia contaba ciertamente con muchos descalabros y tragedias, ¡pero ninguno como este! ¿Cómo explicarlo? ¿A quién culpar por tal debacle? Ese será el tema de nuestro próximo capítulo.

Pero, antes de eso, despidámonos de Alarico, personaje central en el drama que acabamos de relatar. Cuenta Jordanes que, tras el saqueo de Roma, Alarico y sus tropas, cargadas de botín, marcharon hacia el extremo sur de Italia con el propósito de trasladarse por mar a África. Jordanes nos despide de él con las siguientes palabras:

> A este lugar llegó Alarico, rey de los visigodos, con las riquezas de toda Italia que había tomado como botín, y

desde allí, como hemos dicho, pensaba pasar por Sicilia a la tranquila tierra de África.

Pero como el ser humano no puede hacer nada que desee sin la voluntad de Dios, aquel temible estrecho [entre la península italiana y Sicilia] hundió varias de sus naves y sembró la confusión entre todos.

Alarico se sintió abatido por este revés y, mientras deliberaba qué debía hacer, fue repentinamente alcanzado por una muerte prematura y partió de los afanes humanos. Su pueblo lo lloró con el más profundo afecto.

Entonces desviaron el curso del río Busento, cerca de la ciudad de Consentia —pues este arroyo corre con aguas saludables desde la falda de una montaña cercana a dicha ciudad— y llevaron a un grupo de cautivos al lecho del río para excavar un lugar donde hacer su tumba. En lo hondo de este foso enterraron a Alarico, junto con muchos tesoros, y luego devolvieron las aguas a su cauce. Y para que nadie conociera jamás el lugar, dieron muerte a todos los que lo habían cavado. (*De origine*, 30.156; PL 69, p. 1273)

3
Agustín: del desastre a la esperanza

Las *Retractaciones* y *La ciudad de Dios*

Agustín escribió varias obras que merecen el calificativo de excepcionales, no solamente por su contenido, sino también por su singularidad. Ya hemos dicho que sus *Confesiones* tienen el mérito de ser la primera autobiografía espiritual. En este capítulo nos ocuparemos principalmente de *La ciudad de Dios*, cuyo valor, erudición y creatividad no pueden exagerarse. Pero hay otra obra de Agustín, frecuentemente olvidada, que es también única, y que no se menciona con la frecuencia de las *Confesiones* o *La ciudad de Dios*. Me refiero a las *Retractaciones*. Ese título no ha de tomarse exclusivamente en el sentido de corregir lo dicho anteriormente —aunque hay una buena medida de eso en esta obra—, sino también en el sentido de volver a andar (*re-tractar*) por un camino antes andado. Agustín se tomó el trabajo de volver a examinar buena parte de su enorme producción literaria, y comentar sobre ella desde una perspectiva formada por largos años de experiencia y reflexión.

Allí, en las *Retractaciones*, Agustín nos dice por qué y cuándo escribió sus obras, y cómo organizó el contenido de algunas de ellas. En cuanto a *La ciudad de Dios*, expresa:

> En el entretanto, Roma fue destruida por la invasión e ímpetu arrollador de los godos, acaudillados por Alarico. Los adoradores de muchos dioses falsos, cuyo nombre, corriente ya, es el de paganos, empeñados en hacer responsable de dicho asolamiento a la religión cristiana, comenzaron a

> blasfemar del Dios verdadero con una acritud y un amargor desusado hasta entonces. Por lo cual, yo, ardiendo en celo por la casa de Dios, tomé por mi cuenta escribir estos libros de *La ciudad de Dios* contra sus blasfemias o errores. La obra me tuvo ocupado algunos años, porque se me interponían otros mil asuntos que no podía diferir, y cuya solución me preocupaba primordialmente. (*Retractaciones*, 2.43.1; BAC 171-172, p. 56)

En cuanto a la otra pregunta, cómo los organizó, la respuesta de Agustín es bastante más larga; pero puede resumirse como sigue, unas veces en las palabras de él y otras en las nuestras. Los cinco primeros van dirigidos contra aquellos «que pretenden una prosperidad tal para las cosas humanas, que estiman necesario para ello el culto de los innumerables dioses que suelen adorar los paganos. Y sostienen que esos males surgen y abundan porque se les prohíbe tal culto». Los próximos cinco libros van dirigidos a quienes piensan que el mal y el bien son unas veces mayores o otras menores, y «añaden que el culto politeísta es útil y provechoso por la vida que ha de seguir a la muerte».

Todo el resto de la obra —los otros doce libros— son una segunda parte, que difiere de la anterior porque, siempre que el orden de lo que dice se lo permitiera, en los primeros diez libros Agustín trató principalmente de las posturas ajenas, y poco de la suya, mientras que en esta segunda parte trata de su propio pensamiento. De estos doce libros que son la segunda parte, «los cuatro primeros libros [...] versan sobre los orígenes de las dos ciudades, de la ciudad de Dios y de la ciudad del mundo». Los próximos cuatro tratan sobre el «proceso y desarrollo» de esas dos ciudades; y los últimos cuatro «sobre sus fines propios y merecidos» (*Retractaciones*, 2.43.1-2; BAC 171-173, pp. 56-57). Todo esto nos ayuda, porque *La ciudad de Dios* es una obra voluminosa, una especie de enciclopedia sin el orden alfabético de las enciclopedias, sino más bien organizada según un orden unas veces cronológico y otras lógico (aunque algunas partes parecen carecer de orden alguno).

En todo caso, lo más importante de todo esto es que, mientras Jerónimo y otros se lamentaban por el desastre ocurrido en Roma, y los paganos, al tiempo que se dolían de lo ocurrido, se lo achacaban a los cristianos, Agustín se hacía la pregunta más profunda de por qué ocurrió aquello. ¿Dónde estaba el germen de la corrupción y decadencia de Roma? Esta era una pregunta paralela a la que se había hecho de joven, acerca del origen del mal, y que los filósofos neoplatónicos le ayudaron a responder. Sin embargo, ahora era una pregunta más amplia, en la que se planteaba la cuestión de por qué es que en la historia de la humanidad los grandes imperios y las grandes civilizaciones aparecen y desaparecen. Por otra parte, mientras que en su juventud la cuestión se había planteado como una lucha interior —la necesidad de reconciliarse con un Dios que permite la existencia del mal—, ahora se trataba de una confrontación abierta y externa. Era necesario refutar a quienes sostenían que Roma había caído por haber abandonado a los dioses que la habían engrandecido, un argumento ya conocido y que había servido, tiempo atrás, como justificación de la persecución durante el reinado de Decio.

La ciudad de Dios: los primeros cinco libros

Agustín dirige su obra a Flavio Marcelino, un oficial de la corte de Honorio que admiraba a Agustín y le pidió que refutara lo que se decía: que la causa de la caída y saqueo de Roma —así como de todos los otros males y peligros que acechaban al imperio— eran los cristianos y el consiguiente abandono de los dioses. Por tanto, hay que señalar que esta obra, que frecuentemente alabamos diciendo que es toda una filosofía de la historia —y lo es—, en su propósito original era una apología, una defensa de la fe contra sus detractores.

Por esa razón, inesperadamente, al principio mismo de esta magna obra, Agustín empieza a cambiar el tono del debate. Señala que lo nuevo y, por tanto, sorprendente no es que Roma fuera saqueada, pues eso es lo que sucede en cualquier acción bélica, sino más bien el que hubiera, aun en medio del saqueo, otro estilo, otro modo de responder, que era verdaderamente nuevo e inusitado:

> Por consiguiente, todo lo que tuvo lugar en el último saco de Roma —ruina, sangre, robo, fuego y aflicción— es obra del estilo bélico. Empero, lo que se realizó con un estilo nuevo como el elegir y determinar las espaciosísimas basílicas que había de llenar el público agraciado con el perdón, donde no se matase a nadie ni a nadie se robase, adonde eran conducidos muchos por los piadosos enemigos para librarse y de donde no era sacado ninguno para verse en manos de los enemigos crueles, esto debe ser atribuido al nombre de Cristo y a los tiempos cristianos. (*La ciudad de Dios*, 1.7; BAC 171-172, p. 73)

De ahí pasa Agustín a mostrar que el hecho de que alguno tenga una vida tranquila y sin mayores calamidades no quiere decir que sea mejor que los demás. Su argumento es esencialmente que, si Dios no respondiera a veces con liberalidad a las peticiones humanas, podríamos decir que Dios nada tiene que ver con la vida presente o con las cosas materiales. Y si, en lugar de eso, Dios concediera todo lo que se le pide, caeríamos en el error de servirle solamente para que nos dé lo que le pedimos. Dentro del contexto de la obra toda, esto quiere decir que el hecho de que Roma haya sido grande en un tiempo y ahora haya caído, no es prueba del favor de Dios en los buenos tiempos, ni de su ira en los más recientes.

Según Agustín bosqueja *La ciudad de Dios* en sus *Retractaciones*, su propósito en estos primeros cinco libros es también mostrar que los males que han caído sobre Roma no se deben al abandono del culto a los dioses antiguos que se les prohíbe a los romanos. En el segundo libro, Agustín señala que los dioses romanos, en lugar de promover la virtud y el buen gobierno, fomentaban el vicio y la deslealtad. Lo hace en parte mediante referencias a las tradiciones y leyendas acerca de los dioses, y de los vicios y maldades que en ellas se les atribuyen. En el libro tercero, Agustín refuta la idea de que en tiempos anteriores todo le iba mejor a Roma. Su argumento se anuncia al principio de este libro: «Cuando el humano linaje se vio afligido en diversos tiempos y por diversos lugares y calamidades, algunas de ellas increíbles, ¿qué otros dioses que estos adoraba el mundo?» (*La ciudad de Dios*, 3.1; BAC 171-172, p. 200). Todo este libro se vuelve entonces un rápido resumen de las calamidades que afectaron a Roma a lo largo de los años, cuando todavía servía a los dioses antiguos, para terminar con una palabra de desafío: «Acusen a sus dioses de tamaños males quienes se muestran desagradecidos a Cristo por tantos bienes» (*La ciudad de Dios*, 3.31; BAC 171-172, p. 260).

Todo esto no desdice la grandeza de Roma y de su imperio. Al respecto, Agustín afirma: «Veamos ahora cuál sea la razón de que osen atribuir tamaña grandeza y duración del imperio romano a esos dioses» (*La ciudad de Dios*, 4.3; BAC 171-172, p. 272). Aquí repasa muy brevemente algunas de las conquistas de Roma, subrayando su violencia; pero en fin de cuentas termina diciendo que las acciones de Dios en la historia siguen secretos designios divinos que los humanos somos incapaces de comprender:

> Este Dios, autor y dador de la felicidad, porque solo él es el verdadero Dios, solo él distribuye los reinos terrenos a los buenos y a los malos. Y esto lo hace no temeraria, ni fortuitamente, ya que es Dios, no fortuna, sino según un orden de cosas y de tiempo, oculto para nosotros y conocidísimo para él. (*La ciudad de Dios*, 4.23; BAC 171-172, p. 323)

Todo el libro quinto se dedica principalmente a refutar tanto el fatalismo de unos como la visión de un mundo en el que todo es fortuito; en otras palabras, a interpretar la historia humana como producto de la providencia divina:

> La causa de la grandeza del Imperio romano ni es fortuita ni fatal, según la sentencia u opinión de aquellos que dicen que es fortuito lo que o no tiene causa o, si la tiene, no procede de algún orden razonable, y que es fatal lo que sucede por necesidad de cierto orden al margen de

> la voluntad de Dios y de los hombres. (*La ciudad de Dios*, 5.1; BAC 171-172, p. 332)

Los primeros capítulos de ese libro se centran en la astrología, lo que lleva a Agustín a una larga discusión y refutación de esta disciplina. Aunque resulta interesante, no es necesario abordarla aquí.

Más importante parece ser el otro tema central de este quinto libro: la relación entre la providencia divina y el albedrío humano, cuestión a la que Agustín se enfrentó, y sobre la que reflexionó ampliamente a lo largo de toda su vida. Su importancia para el argumento radica en que, si el poder y sabiduría de Dios son tales que no hay libre albedrío humano, tenemos que concluir que la humanidad no es responsable de su propia vida e historia. En cambio, si nos vamos al extremo contrario, disminuimos el poder y la sabiduría de Dios. Agustín no resuelve esta cuestión —como tampoco lo hace en el resto de sus escritos—, sino que, habiendo exaltado la importancia de la providencia divina en el curso de la historia y de todas las personas, muestra que es necesario darle un lugar al albedrío humano.

Es un tema que discutió con más detenimiento en sus escritos contra los pelagianos, pues aquel debate lo exigía. Aquí, en *La ciudad de Dios*, se limita a aclarar que el concepto de la providencia divina no implica que todo cuanto hacemos lo hacemos por "necesidad" y no por decisión propia:

> Si se entiende por necesidad nuestra lo que no está en nuestra potestad, sino que, aunque no queramos, ejercita su poder, como la necesidad de la muerte, es evidente que nuestras voluntades, con que vivimos bien o mal, no están dominadas por tal necesidad. Porque hacemos muchas cosas que, si no quisiéramos, no las haríamos. A este género pertenece en primera línea el querer mismo, porque, si queremos, existe, y si no queremos, no existe, ya que querríamos si no quisiéramos. Y si se define la necesidad como cuando decimos que es forzoso que algo sea así, no sé por qué tememos que nos quite el albedrío de la voluntad. (*La ciudad de Dios*, 3.10.1; BAC 171-172, p. 355)

En este mismo libro quinto, Agustín se plantea la pregunta de las razones que Dios pudo tener para darles a los romanos el poder que les dio. Es una pregunta que se impone si el poder de Dios no se ejerce únicamente sobre los cristianos, sino sobre toda la humanidad: «Consideremos por qué costumbres de los romanos y por qué causa se dignó prestar su auxilio para aumentar el imperio el Dios verdadero, bajo cuyo poder están también los reinos de la tierra» (*La ciudad de Dios*, 5.12.1; BAC 171-172, p. 359).

Ya ha demostrado que el poderío romano no se debe entender como bendición de los dioses falsos, ni como resultado fortuito de un hado caprichoso. La historia misma nos enseña, dice, que todos los antiguos pueblos, excepto los hebreos, adoraron a dioses falsos. Agustín reconoce que hubo entre los antiguos romanos un "amor a la alabanza" y otros vicios que, con todo, tienen el valor positivo de evitar otros males. Esos vicios que limitan vicios peores fueron un factor decisivo en los primeros tiempos, cuando Roma floreció. Dios decidió aumentar su poder, no porque fueran buenos, sino porque sus vicios vencerían otros males en los que habían caído otros pueblos:

> Por eso, habiendo brillado ya por largo tiempo los reinos de oriente, quiso Dios se constituyera también el occidental, que fuera posterior en el tiempo, pero más floreciente en la extensión y grandeza del imperio. Y lo concedió para amansar los graves males de muchas naciones a través de sus hombres, que mediante el honor, la alabanza y la gloria velaban por la patria, en la que buscaban la gloria propia. No dudaron en anteponer a su propia vida la salud de la patria, aplastando por este único vicio, o sea, por el amor a la alabanza, la codicia del dinero y muchos otros vicios. (*La ciudad de Dios*, 5.13; BAC 171-172, p. 366)

Esos vicios que tienen la extraña virtud de limitar otros vicios necesitan también ser limitados. Por eso la antigua Roma, tras dejar a un lado los reyes, estableció el principio de tener dos gobernantes principales que tenían el título de cónsules, quienes eran elegidos para tal cargo por un tiempo limitado. La razón de tal práctica es que hay una diferencia importante entre el deseo o "cupididad" de la gloria y el deseo de dominio:

> Existe, en realidad, diferencia entre la cupididad de gloria humana y la cupididad de dominación. Aunque es fácil que el que se deleite demasiado en la gloria humana sea también ardientemente aficionado a dominar, con todo, los que ansían gloria verdadera, aunque sea de alabanzas humanas, ponen empeño en no desplazar a los que aprecian rectamente. Hay gran número de bienes morales, de los cuales muchos juzgan bien, aun cuando los posean pocos [...]. El que es menospreciador de la gloria y está ávido de dominación aventaja a las bestias por los vicios de la crueldad o de la lujuria. Tales fueron algunos romanos. Perdida la preocupación por la gloria, no se vieron privados del deseo de dominación. De que muchos fueron tales, da fe la historia. (*La ciudad de Dios*, 5.19; BAC 171-172, pp. 381-82)

Todo esto quiere decir que, aunque no debemos «atribuir el poder de dar el imperio y el reino sino al Dios verdadero» (*La ciudad de Dios*, 5.121; BAC 171-172, p. 386), no se sigue que algún imperio terrenal —como el romano— sea libre de toda maldad. Sí quiere decir, en cambio, que se ha de reconocer el bien que Dios ha hecho y hace a través de tales reinos e imperios temporales. Pero todo eso no es sino gloria pasajera, como los imperios mismos, y ciertamente no conduce al galardón eterno:

> A los que Dios no había de dar vivir eternamente con sus santos ángeles en la ciudad celestial, a cuya compañía conduce la piedad verdadera, [...] no premiará sus buenas artes [...]. De estos, que parecen hacer algún bien únicamente para que los glorifiquen los hombres, dice también el Señor: *en verdad os digo que ya recibieron su galardón*. (*La ciudad de Dios*, 5.15; BAC 171-172, p. 370)

La ciudad de Dios: del sexto libro al décimo

Si ahora pasamos al sexto libro de *La ciudad de Dios*, conviene recordar lo que Agustín dice acerca de los libros 6 al 10 en sus *Retractaciones*. Estos responden a quienes dicen que las mismas maldades han existido antes, y que el politeísmo es una buena preparación para la vida futura. Estos próximos cinco libros (6–10) no requieren que abordemos mucho acerca de ellos. En el sexto, Agustín critica particularmente lo que el famoso erudito romano Marco Terencio Varrón, quien vivió en el siglo I a. C., había escrito acerca de la religión de los romanos. Agustín critica particularmente lo que hoy llamaríamos una "religión cívica", es decir, una religión al servicio del orden sociopolítico. En el séptimo libro, Agustín continúa su crítica a la religión tradicional romana, subrayando sus contradicciones internas. El noveno trata particularmente sobre los demonios. Niega que estos tengan función de mediadores entre Dios y los humanos. Por el contrario, declara que son más bien agentes del mal, y que solo hay un mediador entre Dios y la humanidad. Por último, en el décimo libro, Agustín reafirma la postura cristiana ante todo esto. Termina cerrando esta primera parte de su obra resumiendo lo dicho hasta aquí:

> En estos diez libros, aunque menos de lo que la intención de algunos esperaba de mí, con todo, he satisfecho el deseo de otros, con la ayuda del Dios verdadero y del Señor, refutando las contradicciones de los impíos, que prefieren sus dioses al fundador de la ciudad santa, sobre la que nos propusimos disertar. De estos diez libros, los cinco primeros los escribí contra aquellos que juzgan que a los dioses se les debe culto por los bienes de esta vida; y los cinco últimos, contra los que piensan que se les debe por la vida que seguirá a la muerte.

Y continúa prometiendo que en lo que sigue tratará sobre las dos ciudades:

> En adelante, como prometí en el libro primero, diré, con la ayuda de Dios, lo que crea conveniente decir sobre el origen, sobre el desarrollo y sobre los fines de las dos ciudades, que, como he dicho también, andan en este siglo entreveradas y mezcladas la una con la otra. (*La ciudad de Dios*, 10.32.4; BAC 171-172, p. 705)

La ciudad de Dios: del libro undécimo al decimocuarto

Es en el libro undécimo, donde comienza la segunda parte de su obra, que Agustín introduce el tema de las "dos ciudades", el elemento más conocido e influyente de toda esta obra. Aunque frecuentemente asociamos este tema de las dos ciudades con el nombre de Agustín, es preciso mencionar al menos dos importantes e influyentes predecesores. El primero de ellos es obviamente el Apocalipsis de Juan, donde el tema de las dos ciudades aparece repetidamente. Una es la gran ramera, la ciudad asentada sobre las siete colinas y borracha con la sangre de los mártires. La otra es la nueva Jerusalén, que desciende del cielo como esposa ataviada para su novio.

El segundo precursor, mucho menos conocido, pero más cercano a Agustín, tanto en el espacio como en el tiempo, es Ticonio. En cuanto al tiempo, Ticonio era contemporáneo de Agustín, aunque mayor, pues murió a fines del siglo cuarto, y Agustín murió en el 430. En cuanto al espacio, ambos eran norafricanos. En cuanto a religión, mientras Agustín escribió contra los donatistas, Ticonio era donatista. Pero su donatismo era moderado, pues no pensaba que la única iglesia verdadera fuera la de los donatistas, y mostraba una actitud crítica hacia el rigorismo moralista de la mayor parte de este grupo. Agustín, por su parte, se mostraba respetuoso hacia la obra de Ticonio. En su tratado *Sobre la doctrina cristiana*, dice de Ticonio que «a pesar de ser él donatista, escribió infatigablemente contra los donatistas, y en esto demostró su extraña ceguera al no querer separarse por completo de ellos» (*Sobre la doctrina cristiana*, 3.30.42; BAC 168, p. 239). En esa obra dedica ocho capítulos a discutir las reglas hermenéuticas de Ticonio, unas veces criticándolas y otras afirmando en ellas algo de valor.

En todo caso, Ticonio había retomado el tema de las dos ciudades que se encuentra en el Apocalipsis. Aunque su comentario sobre el Apocalipsis se ha perdido, puede reconstruirse en parte gracias a las citas que de él hacen autores posteriores. A diferencia de Agustín, Ticonio no emplea la imagen de las dos ciudades para distinguir entre el orden terrenal y el celestial, sino más bien para referirse a la distinción, dentro de la iglesia visible, entre los verdaderos cristianos, que son la "ciudad de Dios", y los falsos cristianos, que constituyen la "ciudad del diablo". Recordemos que, al usar la palabra *civitas* y no *urbs*, tanto Ticonio como Agustín no están hablando de un centro urbano, o de un lugar distinguido por la densidad de la población. Por el contrario, se refieren más bien a un orden social, de un sistema de valores y de gobierno; en fin, lo que hoy llamaríamos un "Estado" más bien que una "ciudad".

Con todo eso en mente, volvamos a Agustín y lo que escribe en *La ciudad de Dios*. Agustín introduce el tema al principio del libro undécimo, donde dice: «Existe una ciudad de Dios, cuyos ciudadanos anhelamos ser por el amor que nos inspiró el fundador de la ciudad santa». Y frente a esta se encuentran también «los ciudadanos de la ciudad terrena [quienes] dieron la primacía a sus dioses sobre el fundador de la ciudad santa» (*La ciudad de Dios*, 11.1; BAC 171-172, p. 715). De ahí pasa Agustín a discutir la creación (libro 12), la muerte como consecuencia del pecado (libro 13), y las pasiones (libro 14). Por fin, en el último capítulo del decimocuarto libro, entra de lleno en el tema de las dos ciudades:

> Dos amores fundaron, pues, dos ciudades [*facerunt itaque civitates duas amores duo*], a saber, el amor propio hasta el desprecio de Dios, la terrena; y el amor de Dios hasta el desprecio de sí propio, la celestial. La primera se gloría en sí misma, y la segunda en Dios, porque aquella busca la gloria de los hombres, y esta tiene por máxima gloria a Dios,

testigo de su conciencia. Aquella se engríe en su gloria, y esta dice a su Dios: «Vos sois mi gloria y el que me hace ir con la cabeza en alto». En aquella, sus príncipes y las naciones avasalladas se ven bajo el yugo de la concupiscencia de dominio, y en esta sirven en mutua caridad, los gobernantes aconsejando y los súbditos obedeciendo. (*La ciudad de Dios*, 14.28; BAC 171-172, p. 985-986)

La ciudad de Dios: del libro decimoquinto al decimoctavo

El decimoquinto libro se dedica a repasar e interpretar el relato bíblico comparando las dos ciudades, partiendo de una división de «la humanidad en dos grandes grupos: uno, el de aquellos que viven según el hombre, y otro, el de los que viven según Dios. Místicamente damos a estos grupos el nombre de ciudades, es decir, de sociedades de hombres» (*La ciudad de Dios*, 15.1.1; BAC 171-172, p. 995).

En este libro el relato llega hasta el diluvio. Luego sigue con la historia de la ciudad terrenal hasta el fin del capítulo 12 del decimosexto libro, donde se dedicará a la historia de la celestial, desde Abraham hasta los reyes de Israel. Esto continúa en el decimoséptimo libro, en el que narra y discute la historia de Israel y las promesas acerca de Cristo. En el decimoctavo vuelve a tratar de las dos ciudades, incluyendo los grandes imperios de la historia, desde el asirio hasta el romano, así como las pruebas que sufren en la ciudad terrenal quienes pertenecen a la celestial.

La ciudad de Dios: el libro decimonono

En el libro decimonono, Agustín se dirige más hacia las cuestiones escatológicas. Reseña y refuta diversas expectativas del fin del mundo, la mayoría de ellas tomadas de Varrón, de quien antes se había servido para una parte de su descripción de la antigua religión de los romanos. A primera vista, este libro parece ser simplemente la continuación de los argumentos de los anteriores, rechazando una vez más la religión antigua. Solo que ahora se ocupa particularmente del fin del mundo y del destino de las almas, lo que hoy llamamos "escatología".

En medio de este libro, Agustín se enfrenta una vez más a la cuestión de la justificación de la violencia, lo que actualmente se denomina "la guerra justa". Agustín había tenido que confrontar esta cuestión en el caso de los donatistas. El cisma donatista continuaba dominando la vida de la iglesia norafricana cuando Agustín fue hecho obispo de Hipona. Como tal, parte de su responsabilidad era refutar las doctrinas de los donatistas. Pero el donatismo no era solamente una doctrina y un movimiento cismático. Había un donatismo más extremo, el de los circunceliones, que acudía a la violencia. Posiblemente, para algunos de ellos, el donatismo se volvía una excusa para la rapiña y el saqueo. Como hemos visto en el caso de Ticonio, los donatistas más moderados los criticaban vehementemente.

Aquello llevaba ya largo tiempo cuando Agustín, ahora como obispo y pastor, entró en escena. Su preferencia hubiera sido tratar de persuadir a los donatistas de su error mediante el diálogo. Pero según se fue enfrentando a casos concretos de violencia, se convenció de la triste necesidad del uso de la fuerza. Ese proceso se manifiesta en su epistolario, donde se ve que al principio rechaza el uso de la violencia, y al final termina aceptándolo como una dolorosa necesidad.

Según una frase, que no aparece en todos los manuscritos antiguos, pero que sí parece ser parte del original: «No se emprenden guerras justas, sino con la autoridad para vengar injurias o cuando deben ser conducidas por los príncipes, de modo que la acción se lleve a cabo bajo la autoridad del soberano» (*La ciudad de Dios*, 19.6; CSEL 40, p. 633). Este es un punto importante, pues es necesario distinguir entre la guerra, por una parte, en el sentido doble de conflicto bélico con otra nación o en el sentido de acción policíaca para proteger el orden social; y la venganza privada o la *vendetta*, por otra parte. Pero fue también un principio que a través de toda la Edad Media se utilizó para aplastar cualquier protesta o revuelta popular.

En el capítulo 7 de este decimonono libro, Agustín señala la relación entre el imperialismo romano —aunque sin darle ese nombre— y la "necesidad" presente del uso de la violencia, aunque sea para suprimir o evitar otra violencia. Refiriéndose a la sociedad humana en todo el mundo, sugiere que somos como dos individuos que se encuentran en el mismo camino, pero no pueden comunicarse porque su lengua no es la misma. Lo que es más, uno de esos caminantes bien puede entenderse mejor con su perro que con su acompañante en el camino. Esto lleva a Agustín a referirse al esfuerzo imperial de lograr unidad mediante el uso de la fuerza:

> Se ha trabajado para que la ciudad imperiosa imponga no solo su yugo, sino también su lengua, a las naciones domeñadas por la paz de la sociedad. Esta paz ha motivado esa abundancia de intérpretes que vemos. Es verdad, pero eso ¡a costa de cuántas y cuán enormes guerras, de cuántos destrozos y de cuánto derramamiento de sangre se ha logrado! Pasaron estos males, y, sin embargo, su miseria no se acabó. Si bien es cierto que no han faltado, ni faltan, naciones enemigas extranjeras contra las cuales se ha librado siempre y se libran aún hoy guerras, sin embargo, la misma grandeza del imperio ha dado origen a guerras de peor laya, a las guerras sociales y a las civiles. El género humano padece con ellas tremendas sacudidas, tanto cuando se guerrea para conseguir la paz como cuando se teme un nuevo levantamiento. Si quisiera exponer como se merecen los mil estragos de esos males, sus duras e inhumanas crueldades, aunque por una parte me sería imposible pintarlo como exige, por otra, ¿cuál sería el fin de ese prolijo discurso? (*La ciudad de Dios*, 19.7; BAC 171-172, pp. 1385-86)

De ahí pasa a lo que algunos habían dicho: que es sabio quien sabe cuándo ha de librar guerras justas. Esto no convence a Agustín:

> ¡Como si el sabio, consciente de que es hombre, no sentirá mucho más verse obligado a declarar guerras justas,

> pues, si no fueran justas, no debería de aclararlas, y, por tanto, para él no habría guerras! La injusticia del enemigo es la causa de que el sabio declare guerras justas. Y esa injusticia, aunque no fuera acompañada de la guerra, simplemente por ser tara humana, debe deplorarla el hombre. Es evidente, pues, que quien considera con dolor males tan enormes, tan horrendos y tan inhumanos, reconoce en ellos la miseria. Y el que no los sufre o los considera sin dolor es mucho más miserable al creerse feliz, porque ha perdido el sentimiento humano. (*La ciudad de Dios*, 19.7; BAC 171-172, p. 1386)

En el capítulo 12 de este libro, Agustín incluye una interesante reflexión acerca de la paz como propósito y fin de la vida. Empieza diciendo que «así como no hay nadie que no quiera gozar, así no hay nadie que no quiera tener paz», y entonces lo explica:

> En efecto, los mismos amantes de la guerra no desean más que vencer, y, por consiguiente, ansían llegar guerreando a una paz gloriosa. Y ¿qué es la victoria más que la sujeción de los rebeldes? Logrando este efecto llega la paz. La paz es, pues, también el fin perseguido por quienes se afanan en poner a prueba su valor guerrero presentando guerra para imperar y luchar. De donde se sigue que el verdadero fin de la guerra es la paz. El hombre, con la guerra, busca la paz; pero nadie busca la guerra contra la paz. Aun los que perturban la paz de intento no odian la paz, sino que ansían cambiarla a su capricho.
>
> Su voluntad no es que no haya paz, sino que la paz sea según su voluntad. Y si llegan a separarse de otros por alguna sedición, no ejecutan su intento si no tienen con sus cómplices una especie de paz. Por eso los bandoleros procuran estar en paz entre sí, para alterar con más violencia y seguridad la paz de los demás. Y si hay algún salteador tan forzudo y enemigo de compañía que no se confíe a nadie y saltee, y mate y se dé al pillaje él solo, al menos tiene una especie de paz, sea cual fuere con aquellos a quienes

> no puede matar y a quienes quiere ocultar lo que hace. (*La ciudad de Dios*, 19.12; BAC 171-172, p. 1393)

En resumen, la paz es de tanto valor que todo conflicto tiene el propósito de alcanzarla; y el conflicto mismo tiene lugar en torno a la paz que se busca. En todo caso, hay que distinguir entre dos clases de paz —la que todos necesitamos y aquella que específicamente necesitan las personas de fe—:

> Mas los hombres que no viven de la fe buscan la paz terrena en los bienes y comodidades de esta vida. En cambio, los hombres que viven de la fe esperan en los bienes futuros y eternos, según la promesa. Y usan de los bienes terrenos y temporales como viajeros. Estos no los prenden ni desvían del camino que lleva a Dios, sino que los sustentan para tolerar con más facilidad y no aumentar las cargas del cuerpo corruptible que pesa sobre el alma. Por tanto, el uso de los bienes necesarios a esta vida mortal es común a las dos clases de hombres y a las dos cosas; pero en el uso, cada uno tiene un fin propio y un pensar muy diverso del otro. (*La ciudad de Dios*, 19.16; BAC 171-172, p. 1406-7)

En términos de la imagen de la totalidad de los creyentes como la ciudad de Dios en contraste con la terrena, Agustín dice lo mismo afirmando que tanto una ciudad como la otra buscan la paz. Pero mientras la ciudad terrenal busca la paz en lo concerniente a la vida mortal, la meta de la ciudad celestial es otra: la paz celestial. No obstante, mientras los ciudadanos de la ciudad eterna viven dentro de la ciudad terrenal tienen que hacer uso de los bienes de la ciudad en que viven. El creyente vive «como viajero cautivo en la ciudad terrena». Es en esa ciudad terrenal que «ha recibido la promesa de su redención y el don espiritual como prenda de ella». Por tanto, es partícipe responsable de la ciudad terrenal en la que está y obedece las «leyes que reglamentan las cosas necesarias y el mantenimiento de la vida mortal» (*Ibíd.*).

Todo esto lleva a los principios de la "guerra justa", muy discutidos y repetidamente aplicados durante el Medioevo.

Según esos principios, para que una guerra se justifique —lo que no la hace buena, lo cual es imposible, sino sencillamente justa— son: que sea por una causa justa, y no por meros deseos de conquista; que su base no sea el odio, sino la necesidad de corregir la injusticia y proteger a los agraviados; y que sea conducida por la autoridad apropiada.

Antes de pasar al resto de esta obra, cabe señalar que más adelante en este mismo libro 19 (en el capítulo 21), Agustín hará una crítica radical del orden existente. Basándose en unas palabras de Escipión en la obra de Cicerón *De la república*, Agustín concuerda en que, si es verdad que una república es "la cosa del pueblo", la llamada "República" romana nunca existió. Una verdadera república tiene que comportarse con justicia, pues «donde no hay verdadera justicia no hay verdadero derecho»; y «es imposible que se haga con derecho lo que se hace injustamente». Agustín llega así a la siguiente conclusión: «Por consiguiente, si la república es la cosa del pueblo y no hay pueblo que no esté fundado sobre derechos reconocidos, y no hay derecho donde no hay justicia, síguese que donde no hay justicia no hay república» (*La ciudad de Dios*, 19.21.1; BAC 171-172, p. 1414).

La ciudad de Dios: los últimos tres libros

Los últimos tres libros de esta magna obra tratan sobre la escatología. El libro 20 se ocupa del juicio final, cuando Dios separará la ciudad terrenal de la ciudad de Dios. Además de refutar a quienes dicen que no habrá tal juicio, Agustín advierte que no se debe tomar lo de mil años de manera literal, como si se tratara de diez siglos de paz y de abundancia en la tierra. Opina que quienes proponen esto «dicen que los resucitados se holgarán en inmoderados banquetes carnales, en los que la comida y la bebida carecerán de modestia y excederán el modo de los incrédulos. Y esto no pueden creerlo sino los carnales». Para él, el milenio es una metáfora para referirse, o bien al reposo de los santos, o bien a la plenitud de los tiempos pues mil es el número diez dándole tres dimensiones (10 x 10 x 10 =1000).

El libro 21 es la contraparte del 22, pues el primero se ocupa de los condenados en el juicio discutido en el 20, y el segundo trata de la eterna bienaventuranza de los justos. En este último, Agustín habla de la historia humana como siete edades. Las primeras seis incluyen toda esa historia que ha discutido a lo largo de toda la obra, por eso no cree que haya necesidad de decir más. Sobre la séptima, todo lo que se pueda decir es poco. Como de pasada, Agustín nos recuerda que para la iglesia antigua el "octavo día" de la semana era una referencia al fin de los tiempos, cuando el ciclo aparentemente inescapable de semana tras semana, día tras día, culminaría en la eternidad. Dice Agustín:

> Sería muy largo tratar ahora al detalle de cada una de estas edades. Baste decir que la séptima será nuestro sábado, que no tendrá tarde, que terminará en el día dominical, octavo día y día eterno, consagrado por la resurrección de Cristo y que figura el descanso eterno no solo del espíritu, sino también del cuerpo. Allí descansaremos y veremos; veremos y amaremos; amaremos y alabaremos. He aquí la esencia del fin sin fin. Y ¡qué fin más nuestro que arribar al reino que no tendrá fin! (*La ciudad de Dios*, 22.30.5; BAC 171-172, p. 1414)

4
Los visigodos tras la muerte de Alarico

Continuamos ahora con la historia de aquella parte del pueblo godo que, ante la invasión y amenaza de los hunos, cruzó el Danubio con el propósito de asentarse en territorio romano, como *foederati* del imperio, que les concedería tierras. Llamémosles de aquí en adelante "visigodos", para distinguirlos de los que quedaron detrás, y a quienes llamaremos "ostrogodos" cuando, en un capítulo posterior, los veremos como nuevos invasores de Italia.

La marcha hacia el norte

Tras la inesperada muerte de Alarico, los visigodos aclamaron a su cuñado Ataulfo para que los dirigiera. Ataulfo no tenía los motivos de resentimiento contra los romanos y sus instituciones que habían guiado a Alarico, y su política hacia el imperio fue más conciliadora. Indudablemente —aunque no se sabe hasta qué punto— un factor en esa política conciliatoria fue Gala Placidia.

Placidia, hija del respetado emperador Teodosio I y, por tanto, medio hermana del emperador Honorio, había sido tomada como cautiva durante el saqueo (según Jordanes, un segundo saqueo) de la ciudad. Nos dice Jordanes que «Ataulfo se sintió atraído por su nobleza, belleza y casta pureza, y se unió a ella en matrimonio legal» (*De origine*, 31.160; PL 69, p. 1273), y todo parece indicar que ella le hizo ver dimensiones positivas en el mundo grecorromano que Alarico no había visto. Además, Placidia proveyó las relaciones y garantías necesarias para una relación diplomática con la corte imperial, radicada en Rávena.

El resultado más notable de las gestiones diplomáticas de Ataulfo y Placidia fue que ahora, volviendo a recorrer toda la península italiana desde su extremo sur hasta los Alpes, los visigodos no marchaban como enemigos invasores, sino como aliados de los romanos, camino a los territorios en Galia donde se asentarían como *foederati*. No cabe duda de que el paso de aquella multitud causaría problemas y pérdidas, pero al menos los godos no causaban daños innecesarios por las regiones que ahora cruzaban. Ya no eran una horda de conquistadores y saqueadores, sino más bien unos aliados relativamente respetuosos. El emperador Honorio, en teoría soberano de los visigodos, así como de muchos otros pueblos, quedaba casi arruinado tras su invasión. Sin embargo, parecía satisfecho de que, puesto que su hermana era esposa de Ataulfo, no tendría que temer a ese supuesto vasallo posiblemente más poderoso que él.

Los visigodos llegaron a Galia en el 412, y allí constituyeron un pueblo en teoría sujeto al emperador romano, pero *de facto* cada vez más independiente. Fue poco después de llegar a esa región que, según Paulo Orosio, Ataulfo:

> Bajo juramento, cuando estaba contento, con buena salud y de buen humor, que, al principio, estaba ansioso de borrar el nombre romano y convertir todo el Imperio romano en el imperio exclusivo de los godos y llamarlo, en expresión popular, *Gothia* en vez de *Romania*, y que él, Ataulfo, sería lo que una vez fue César Augusto. Pero, cuando la experiencia le hizo descubrir que, por una parte, los godos, a causa de su desenfrenada barbarie, eran incapaces de vivir bajo leyes, y por otra, que no era posible abrogar las leyes sin las cuales el Estado no sería Estado, decidió buscar para sí mismo la gloria de ser el restaurador y acrecentador del nombre romano con las fuerzas de los godos, y ser tenido por la posteridad como el autor de la restauración de Roma, ya que no había podido ser el mudador de ella. Por esa razón, se esforzó en no hacer la guerra, sino en buscar

> la paz, siendo influenciado, en todo lo pertinente al buen gobierno, particularmente por la persuasión y el consejo de su esposa Placidia, mujer en verdad de aguda inteligencia y muy devota. (*Historia contra los paganos*, 7.43; PO, p. 342)

Tal declaración —haya sido en estos términos el sentir de Ataulfo o no— es un buen resumen de lo que aconteció con los visigodos: en teoría sujetos al imperio, en realidad se volvieron cada vez más independientes. Sin embargo, también se ocuparon de aprender de los romanos todo cuanto podían al respecto del orden legal, produciendo varios códigos inspirados en la ley romana, particularmente en el código teodosiano. A la postre se romanizaron al grado de abandonar tanto su arrianismo como casi toda su lengua original.

Los visigodos en Galia: Valia y Eurico

Ataulfo no pudo gozar por mucho tiempo de sus nuevas tierras, pues en el año 415, poco después de haberse establecido en ellas, murió asesinado en Barcelona. Allí se había replegado porque la presión de un pretendiente al trono imperial, de nombre Constancio, había interrumpido las comunicaciones y los abastecimientos de los visigodos.

A la muerte de Ataulfo siguió un período tumultuoso, hasta que el poder quedó en manos de Valia, quien devolvió la ahora viuda Placidia a los suyos. Por ello, logró mayor apoyo de la corte imperial en Rávena. Como aliado de Roma, Valia se enfrentó en España a los alanos y los vándalos que ocupaban la región. Pero el centro de sus territorios estaba todavía en Galia, con su capital en Tolosa. A su muerte lo siguió Teodorico I, yerno de Alarico, quien hizo del reino visigodo una potencia militar que —sirviendo como agente de los romanos, al menos en teoría— gobernaba la mayor parte de Galia, y se expandía cada vez más dentro de España.

Finalmente, bajo el reinado de Eurico (466–484), el reino visigodo se declaró independiente del Imperio romano de Occidente, cuyo último emperador, Rómulo Augústulo, fue depuesto en el 476. Como gesto diplomático, Eurico reconoció la supremacía —en realidad inexistente— del Imperio romano de Oriente, con su capital en Constantinopla.

Posiblemente lo más notable del régimen de Eurico fue la producción de un código legal inspirado, al menos en parte, en el teodosiano, que ya discutimos en el tercer tomo de esta serie. El *Código de Eurico* no se conserva en su totalidad, sino en forma fragmentaria, de modo que es posible reconstruir algo más de la mitad del texto original. Fue escrito en latín, aunque los godos todavía hacían uso del alfabeto producido por Ulfilas. Esto indica el propósito de Eurico, y otros, de romanizar las leyes. Por esa razón, al tiempo que refleja las tradiciones legales de los godos, este código sigue en general una estructura semejante al de Teodosio. Primero establece leyes al respecto de las propiedades, contratos y otros derechos y obligaciones, lo que incluye también leyes sobre la esclavitud muy semejantes a las romanas. De ahí pasa a la ley criminal, en la que se ve la tradición legal goda, de medir la gravedad de un crimen según el estatus social del agraviado. Esto es parte del sistema basado en el *Wergeld*, común entre los pueblos germánicos, que explicaremos más adelante. En resumen, el *Código de Eurico* da la impresión de ser ante todo un intento de expresar las tradiciones y prácticas de los godos en forma romana.

También es digno de mención el hecho de que este código, al tiempo que no prohíbe los matrimonios entre romanos y godos u otros, sí prohíbe el matrimonio entre una persona libre y otra esclava. Esto es muestra de que se le da más importancia a la diferencia de estatus social que a la diferencia de raza o cultura:

> Si un esclavo o una esclava contrae matrimonio con una persona libre, sea godo o romano, ordenamos que ambos sean azotados, porque los derechos de la libertad no admiten la servidumbre.
>
> Pero si un hombre libre toma por esposa a una mujer libre, no lo prohibimos, cualquiera que sea su nación, con tal de que celebren entre los suyos un matrimonio legítimo. (Fragmento 320; MGH, *Leges antiquiores*, 21 [IA])

Al ser el primer cuerpo legal desarrollado por un pueblo germánico, este código influyó profundamente en leyes posteriores, tanto visigodas como de otros pueblos. Por ello, aunque a menudo se pase por alto, los visigodos sentaron un precedente fundamental en la construcción de lo que hoy conocemos como "civilización occidental".

Los visigodos entre Galia y España: Alarico II

Eurico estableció la paz con los vándalos, de modo que su hijo Alarico II heredó un reino que incluía todo el sur de Galia, desde el Ródano hasta los Pirineos, y —al otro lado de los Pirineos— buena parte de lo que hoy es España. Esto último era el resultado de un largo conflicto entre los visigodos y los vándalos, que estaban ya en España, adonde habían llegado en el 409. Como dijimos antes, el Imperio romano, ahora gobernado desde Rávena, comisionó a los visigodos bajo Valia para que detuvieran el avance de los vándalos. Sobre esto volveremos en el próximo capítulo, dedicado específicamente a los vándalos. Lo que Alarico II heredó en el 484 era el reino más extenso en toda la Europa occidental. Recordemos que el último emperador romano de Occidente fue depuesto en el 476, de modo que, cuando Alarico II llegó al trono visigodo, el imperio occidental ya no existía. Alarico II era rey de buena parte del sur de lo que hoy es Francia, y prácticamente de toda la península ibérica; las principales excepciones eran el reino suevo de Galicia —con buena parte de lo que hoy es Portugal— y los territorios vascos.

La principal amenaza territorial a la que Alarico se enfrentaba venía de los francos, al norte de los territorios visigodos en Galia. Desde el sur, los vándalos, ahora fuertemente establecidos en la costa norte de África, conducían ataques esporádicos que en realidad no pasaban de ser molestos. Pero los francos se mostraban cada vez más fuertes. Esa amenaza se reforzó en el año 496, cuando el rey franco Clodoveo, antes pagano, se convirtió al cristianismo niceno —es decir, no arriano—, con lo cual se ganó el apoyo de los cristianos nicenos, numerosos en todos los antiguos territorios romanos.

En cuanto a religión, casi siempre los visigodos se habían mostrado tolerantes. El *Código de Eurico* respetaba a los nicenos, aunque naturalmente daba por sentado que el arrianismo sería la fe de los gobernantes y de la mayoría de la población. Algunos eruditos sugieren que la política de los godos era en parte un modo de proteger su propia identidad religiosa. Si se hacían nicenos, se colocarían en lo religioso bajo obispos y otros líderes eclesiásticos, que eran en su mayoría romanos o personas de cultura grecorromana. Luego, la tolerancia permitía y hasta fomentaba la existencia de una jerarquía eclesiástica goda sin apariencias de discriminación. En tal caso, las diferencias doctrinales, que posiblemente serían de gran importancia para los nicenos, eran vistas de otra manera por los godos.

Pero ahora la conversión de Clodoveo a la fe nicena —también llamada "ortodoxa" o "católica"— amenazaba con socavar la autoridad del gobierno godo de Alarico II, atrayéndose la simpatía de los cristianos nicenos en territorios visigodos, quienes eran numerosísimos. Además, la parte superviviente del Imperio romano, con capital en Constantinopla —y conocida por ello como Imperio romano de Oriente o Imperio bizantino—, respaldaba los esfuerzos de los francos por ganarse el apoyo de los cristianos nicenos en territorios arrianos, como los dominados por los visigodos.

En todo caso, a pesar de que su reino se extendía a buena parte de Iberia, el centro del gobierno de Alarico II estaba en Tolosa, en lo que hoy es Francia. Allí, así como en regiones más apartadas, la administración del gobierno y de sus recursos estaba en manos de una burocracia que era, en parte, grecorromana y nicena y, en parte, visigoda y arriana.

En medio de todo eso, Alarico II insistía en preservar la tolerancia que por lo general había sido la política de sus antecesores. Los obispos nicenos y la aristocracia grecorromana conservaban sus derechos y privilegios, y los arrianos gozaban del apoyo gubernamental.

Un resultado de todo eso fue un nuevo código legal, la *Ley romana de los visigodos —Lex romana visigothorum—* también llamada *Breviario de Alarico*, que data del año 506. El propósito de este código no era desplazar el euriciano, de promulgación relativamente reciente, sino proveer un instrumento para los romanos en medio del sistema godo. En otras palabras, mientras el *Código de Eurico* era principalmente para los godos, este de Alarico II era para los romanos. Buena parte del *Breviario de Alarico* —casi la mitad— es tomada del código teodosiano, y de las *Nuevas leyes* —*Leges novellae*— añadidas posteriormente. Esto llega al punto de tomar la siguiente *novella* de Valentiniano III, que evidentemente excluiría a los arrianos, e interpretarla como una ley de tolerancia para los nicenos. Dice la *novella*:

> Cualquiera que, dentro de la ciudad sacrosanta o dentro de otras ciudades, o en cualquier lugar de nuestras tierras que permanecen bajo nuestra autoridad, descubra reuniones de herejes —ya sea en casas, en el campo o en cualquier otro sitio— deberá, sin demora, ordenar que tales lugares o edificios donde se reúnen, si estaban establecidos públicamente, sean cerrados y destruidos.
>
> Los obispos de la religión católica, si hallaren algo de este tipo, no deberán tardar en informarnos, para que, mediante las autoridades públicas, sean suprimidas tales prácticas perversas e ilícitas.
>
> Asimismo, los bienes de las iglesias católicas deben permanecer bajo nuestra protección y la de la sagrada ley, de modo que ninguna persona, dignidad o poder se atreva a reclamarlos para sí o a convertirlos en uso propio. (*Novellae divi Valentiniani Augusti, tit. xvi*; LN, 96)

Es de suponerse que cuando esa ley fue promulgada, el debate teológico era entre arrianos y nicenos, y que entre los allí llamados "herejes" estaban los arrianos. Pero el *Breviario de Alarico* le da otro giro a la misma ley, estableciendo una diferencia a los "católicos" o "nicenos" y los "herejes", y dictaminando para los primeros una tolerancia que se les niega a los "herejes":

> Es evidente que este decreto se refiere únicamente a la religión católica. Los herejes, dondequiera que sean hallados,

deben ser expulsados de las ciudades; y si actúan en contra de esto, los lugares en que se reúnan han de ser destruidos. Por su parte, las iglesias de los católicos no deben ser defraudadas ni dañadas, ni por los jueces, ni por los clérigos, ni por ninguna otra persona. (*Lex Romana Visigothorum*, tit. xvii)

Los visigodos se concentran en España

En el año 507 los francos, al mando de Clodoveo, invadieron los territorios visigodos. Alarico II marchó con sus tropas para detener el avance de los francos, pero fue derrotado y muerto en una batalla cerca de Poitiers. Los francos inmediatamente marcharon contra Tolosa, a la que tomaron y saquearon. Con excepción de una estrecha franja de tierra, las posesiones visigodas al norte de los Pirineos quedaron en manos de los francos, razón por la cual la antigua Galia hoy se conoce como "Francia", es decir, la tierra de los francos.

Lo que quedaba del ejército visigodo, así como la mayoría de los visigodos al norte de los Pirineos, se refugió allende los Pirineos, en lo que hoy es España. El gobierno se trasladó de Tolosa —ahora parte del territorio de los francos— primero a Narbona, luego a Barcelona y, finalmente, a Toledo.

El hijo de Alarico II, Amalarico, era nieto por parte de su madre del rey ostrogodo Teodorico, conocido como "Teodorico el Grande", quien a la sazón reinaba sobre buena parte de Italia, como veremos en el próximo capítulo. Ante la muerte de Alarico II, un grupo de líderes visigodos propuso un nuevo rey de entre ellos. Pero Teodorico intervino militarmente, derrotó al pretendiente y se declaró protector y regente de su nieto Amalarico. Por espacio de quince años, Teodorico gobernó el reino visigodo desde su capital ostrogoda en Rávena, pero con un centro administrativo en Barcelona para el reino visigodo y un virrey nombrado por Teodorico.

En el 526, a la muerte de Teodorico, Amalarico vino a ocupar el poder directamente como rey de los visigodos. Para asegurarse contra posibles invasiones por parte de los francos,

Amalarico se casó con Clotilde, hija de Clodoveo. Este fue el mismo rey que había sido bautizado en el 496 y que después, en el campo de batalla, había causado la muerte de Alarico II, el padre de Amalarico. Pero Childeberto, hermano de Clotilde, recibió noticias de que Amalarico abusaba de ella, por lo que marchó contra su cuñado en defensa de su hermana. Amalarico trató de huir, pero sus propios soldados le dieron muerte.

Ante esa situación, los nobles visigodos declararon rey al antiguo virrey bajo el régimen ostrogodo, el general Teudis. Por tanto, puede decirse que Teudis fue el primer soberano del reino visigodo español. Teudis fue asesinado en el 548, en lo que Isidoro de Sevilla llama la acción de un loco, pero algunos historiadores modernos sugieren que fue en realidad el resultado de una conspiración.

Tras unos diecisiete años de gobierno eficaz de Teudis, aunque no distinguido, sobrevino un vacío que llevó a una guerra civil. Era el tiempo en que el Imperio bizantino, gobernado por Justiniano, gozaba de un período de gloria y resurgimiento. Uno de los contendientes por el trono visigodo, Atanagildo, pidió ayuda al Imperio romano de Oriente, o Imperio bizantino. Los bizantinos aprovecharon la ocasión para tratar de establecerse como poder permanente en España, donde permanecieron hasta la tercera década del siglo siguiente (aproximadamente el 625). Con el apoyo inicial de los bizantinos, Atanagildo logró reconstruir el reino visigodo, ahora con su capital en Toledo. Además, mediante hábil diplomacia, logró mantener la paz tanto con los francos como con los bizantinos que insistían en quedarse en la península.

Una vez más, a la muerte de Atanagildo siguieron la división y el caos, hasta que, en el 573, Leovigildo alcanzó el poder y comenzó un difícil tiempo de restauración y reforma. En cuanto a expansión territorial, lo más notable durante su reinado fue la victoria sobre los suevos, quienes reinaban en Galicia y eran el único otro reino germánico en la península. Leovigildo se ocupó de reorganizar el derecho promulgando el *Código revisado de Leovigildo*, que no se conserva. En lo religioso, siguió siendo arriano, aunque se mostraba tolerante hacia los nicenos. Para resolver ese antiquísimo conflicto teológico, acudió a la fórmula *homoiousion* —de sustancia semejante al Padre— que algunos habían propuesto ya desde el siglo cuarto (como vimos en otro tomo de esta serie); pero no tuvo éxito.

Aparentemente con la esperanza de evitar el caos que frecuentemente sucedía a un reinado de relativa paz, Leovigildo dividió sus territorios, nombrando al mayor de sus hijos, Hermenegildo, como cogobernante en el sur, y al segundo, Recaredo, como cogobernante en el norte. Pero, a pesar de sus esfuerzos, durante el reinado de Leovigildo la diferencia entre arrianos y nicenos llevó a la tragedia. Hermenegildo, el hijo mayor de Leovigildo, casado con una princesa nicena o católica, se convirtió a la fe nicena. En el 580, mientras gobernaba en el sur de lo que hoy son España y Portugal en representación de su padre Leovigildo, se proclamó rey (algunos sugieren que se hizo coronar en Sevilla). Para esto, contaba con el apoyo de los nicenos o católicos tanto en sus territorios como en el resto del reino visigodo, pero también con intereses políticos en las principales ciudades que se oponían a las políticas centralizadoras de Leovigildo. Además, acudió a los bizantinos, quienes todavía retenían sus territorios en la península, y a los suevos de lo que hoy son Galicia y el norte de Portugal, quienes se habían declarado católicos poco antes.

Leovigildo respondió con todas sus fuerzas militares, tomó varias ciudades importantes que apoyaban a Hermenegildo y, finalmente, le puso sitio a Sevilla, que se rindió en el 584. Hermenegildo se refugió en Córdoba; pero lo traicionaron, por lo que fue hecho cautivo por Leovigildo, quien primero lo desterró, después lo aprisionó y, por último, ordenó su ejecución. La más antigua crónica que ha llegado a nuestros días sencillamente narra la rebelión de Hermenegildo y su muerte, sin mencionar una motivación religiosa. Pero pronto Hermenegildo fue considerado mártir, muerto a causa de su fe nicena.

La conversión a la fe nicena

Isidoro de Sevilla continúa esta narración con palabras escuetas:

> En la era 624 [año 586 d. C.], en el primer año del emperador Mauricio, murió Leovigildo y su hijo Recaredo fue coronado rey. Era un hombre lleno de espíritu religioso y muy distinto de las costumbres de su padre, pues Leovigildo fue poco religioso y muy pronto para la guerra, mientras que Recaredo fue piadoso en la fe y célebre por su amor a la paz. Aquel engrandeció el poder del pueblo godo con la habilidad de las armas; este elevó a ese mismo pueblo con el triunfo de la fe.
>
> En los inicios de su reinado abrazó la fe católica y devolvió a todos los pueblos de la nación goda —que hasta entonces vivían manchados por el error arraigado del arrianismo— a la pureza de la fe verdadera. Triunfó en el resultado, pues ninguna provincia se resistió.
>
> Después convocó un sínodo de obispos de diversas provincias de Hispania y la Galia para condenar la herejía arriana. A este concilio asistió el propio y muy religioso rey, y confirmó sus decretos con su presencia y su firma, rechazando para siempre, junto con los suyos, la perversa doctrina que hasta entonces el pueblo godo había recibido de Arrio. Y proclamó que en Dios hay tres personas en una sola unidad; que el Hijo ha sido engendrado por el Padre con la misma sustancia; y que el Espíritu Santo procede inseparablemente del Padre y del Hijo, y es el único Espíritu de ambos, y que por eso los tres son uno. (*Historia Gothorum*, 52-53; PL 83, pp. 1071-72 [IA])

Aunque, como veremos, hubo cierta resistencia por parte de algunos arrianos, en términos generales la transición del arrianismo a la fe nicena fue relativamente tranquila. Esto se debió en buena medida a que, como se ha dicho anteriormente, para muchos de entre los visigodos, el hecho de declararse arrianos era un medio de retener el control de su vida religiosa, que de otro modo quedaría en manos de obispos y otros clérigos de tradición grecorromana. Luego, la relativa facilidad con la que Recaredo logró que la mayoría de sus súbditos, tanto clérigos como laicos, aceptara la fe nicena es señal de que comenzaba a surgir un pueblo a la vez visigodo y grecorromano. Esto, según los cronistas, era lo que había deseado Ataulfo más de un siglo antes.

Que la transición fue relativamente fácil lo muestran las actas del Tercer Concilio de Toledo, celebrado en el 589 y, por tanto, prácticamente al mismo tiempo que Recaredo se declaraba católico o niceno. En las actas de ese concilio se incluyen las palabras de exhortación de Recaredo, que no dejan lugar a dudas en cuanto a lo que esperaba del concilio:

> No creo, reverendísimos obispos, que desconozcáis que os he llamado a la presencia de nuestra serenidad con objeto de restablecer la disciplina eclesiástica. Y comoquiera que hace muchos años que la amenazadora herejía no permitía celebrar concilios en la iglesia católica, Dios, a quien plugo extirpar la citada herejía por medio nuestro, nos amonestó a restaurar las instituciones eclesiásticas conforme a las antiguas costumbres.
>
> Debéis, pues, estar contentos y gozosos de que las costumbres antiguas y canónicas, con la ayuda de Dios, vuelvan a los cauces antiguos mediante nuestra gloria. Sin embargo, ante todo os amonesto y exhorto igualmente que os entreguéis a los ayunos, vigilias y oraciones, para que el orden canónico que un largo y duradero olvido había hecho desaparecer del recuerdo episcopal, y el que nuestra edad confiesa ignorar, se os revele nuevamente por don divino. (CVHR, pp. 107-8)

Según las actas de aquella reunión, «todo el concilio prorrumpió en alabanzas y decretó en el mismo momento un ayuno de tres días» (*Ibíd.*). Cuando volvieron a reunirse, Recaredo se dirigió de nuevo a ellos con palabras semejantes. Después, les entregó «un pliego» para su aprobación. El acta del concilio llama a ese documento «el pliego de la fe sacrosanta que les presentaba el rey» (CVHR, p. 108). En respuesta al pliego de Recaredo, los obispos reunidos en Toledo declararon:

> Confesamos que el Padre es quien engendró de su sustancia al Hijo, igual a sí y coeterno y no que él sea a un mismo

> tiempo nacido y engendrado, sino que una es la persona del Padre que engendró, otra la del Hijo que fue engendrado, y que sin embargo uno y otro subsisten por la divinidad de una sola sustancia: El Padre, del que procede el Hijo, pero él mismo no procede de ningún otro. El Hijo es el que procede del Padre, pero en principio y sin disminución subsiste en aquella divinidad, en que es igual y coeterno al Padre. Del mismo modo debemos confesar y predicar que el Espíritu Santo procede del Padre y del Hijo, y que es de una misma sustancia; que hay en la Trinidad una tercera persona que es el Espíritu Santo, la cual, sin embargo, tiene una común esencia divina con el Padre y el Hijo. (CVHR, p. 109)

Excurso: El *filioque*

En esta declaración de fe del Tercer Concilio de Toledo, recién citada, hay unas palabras que llaman especialmente la atención. No lo hacen tanto por su formulación en sí misma, sino por lo que parecen anticipar acerca de una controversia posterior. A la larga, esta controversia se convertiría en una de las principales causas —o, al menos, en uno de los pretextos— de la ruptura definitiva entre la Iglesia occidental y la oriental en el año 1054: la cuestión del *filioque*, término latino que puede traducirse como «y del Hijo».

El credo aprobado en Constantinopla en el 381, que comúnmente se llama "niceno", aunque en realidad es niceno-constantinopolitano, decía que el Espíritu Santo «procede del Padre». En algún momento que no es posible determinar, pero probablemente en España, se empezó a intercalar la palabra *filioque* en el Credo. Esto se hizo posiblemente reflejando la antigua tradición occidental, que databa al menos de tiempos de san Agustín, según la cual el Espíritu Santo es el vínculo de amor entre el Padre y el Hijo. A principios del siglo noveno, en la capilla real de Aquisgrán, la capital de Carlomagno, unos monjes orientales, al oír en el credo la expresión «y del Hijo», se escandalizaron, y llevaron su queja a Constantinopla. Las tensiones que ya existían entre el Oriente y el Occidente le dieron al debate que siguió un tono álgido que, a la postre, llevó a la separación de las dos ramas principales de la iglesia cristiana.

Resulta sorprendente entonces ver, en fecha tan temprana como el 589, la expresión de los obispos reunidos en Toledo, declarando que «el Espíritu Santo procede del Padre y del Hijo». Si seguimos leyendo las actas de ese concilio, vemos que al citar el Credo niceno-constantinopolitano se incluye también la procedencia del Espíritu Santo tanto del Padre como del Hijo. Y el tercer anatema pronunciado por el concilio se dirige a «cualquiera que no crea en el Espíritu Santo, y no creyere que procede del Padre y del Hijo» (CVHR, p. 118). Algunos historiadores ven en esas palabras y su repetición una de las más antiguas afirmaciones del *filioque*. Pero también existe la posibilidad de que el texto del concilio de Toledo que nos ha llegado haya sido interpolado posteriormente, para hacerlo más conforme a lo que los teólogos occidentales afirmaban.

De vuelta al concilio de Toledo

Al leer las actas de aquel concilio, sobresalen dos hechos importantes. El primero es que quien dirige las discusiones y acciones del concilio es en última instancia el rey Recaredo. No solamente fue él quien presentó el pliego ya mencionado, sino que después continuó participando en las acciones del concilio y comentando acerca de ellas. El otro hecho notable es que aquel concilio se presenta como un momento de alegría y alborozo, con muy poca oposición.

Aun antes de la decisión formal del concilio, Recaredo se regocija en lo que el concilio decidirá, refiriéndose al regreso de los godos a la verdadera fe y la única iglesia:

> Presente está toda la ínclita raza de los godos, apreciada por casi todas las gentes, por su genuina virilidad, la cual, aunque separada hasta ahora de la fe por la maldad de sus

> doctores, y de la unidad de la iglesia católica, sin embargo, en este momento, unida conmigo de todo corazón, participa en la comunión de aquella iglesia que recibe con celo maternal a la muchedumbre de los más diversos pueblos y los nutre en sus pechos de caridad. [...] Por lo tanto, santísimos Padres, ofrezco al eterno Dios, por vuestra mano, como un santo y expiatorio sacrificio, a estos nobilísimos pueblos, que por nuestra diligencia se han ganado para el Señor, pues será para mí una inmarcesible corona y gozo en la retribución de los justos, si estos pueblos que por nuestros cuidados corrieron a la unidad de la iglesia permanecen firmes y constantes en la misma. Y así como por disposición divina nos fue dado a nosotros traer estos pueblos a la unidad de la iglesia de Cristo, del mismo modo os toca a vosotros instruirlos en los dogmas católicos, para que instruidos totalmente con el conocimiento de la verdad, sepan rechazar acertadamente el error de la perniciosa herejía y conservar por la caridad el camino de la verdadera fe, abrazando con deseo cada día más ardiente la comunión de la iglesia católica. (CVHR, pp. 110-11)

La decisión del concilio fue exactamente la que Recaredo esperaba y en realidad exigía:

> Habiendo, pues, sido establecidas por nosotros con toda diligencia y aplicación bajo todo respecto, estas cosas, determina el santo y universal concilio que a nadie le sea lícito proclamar otra fe, o escribir, anunciar, sentir o enseñar de otra manera. Y aquellos que se atrevan a exponer otra fe a los que desean dirigirse a la ciencia de la verdad, si fueren obispos o clérigos, pierdan el episcopado los obispos, y el clericato los clérigos, pero si fueren monjes o seglares, sean anatema. (CVHR, p. 116)

Y las actas del concilio, tras esta reafirmación de la fe nicena y anatematización de la arriana, terminan explicando: «Así se expresó el referido rey» (CVHR, p. 116).

En cuanto a los obispos y clérigos que habían servido como arrianos, si se mostraron dispuestos a declararse nicenos y a renunciar al arrianismo, la mayoría de ellos pudo continuar en sus cargos. No obstante, varios de los obispos arrianos en sedes en que había también un obispo niceno no podían continuar en sus posiciones, pues habría dos obispos ortodoxos en una misma sede.

Las actas del concilio, y las crónicas posteriores, dan a entender que todo esto se hizo sin mayor oposición. Esto se entiende, si recordamos lo dicho anteriormente, que para los visigodos su fe arriana no era tanto una cuestión teológica como un modo de reafirmar su identidad frente a una iglesia nicena y mayormente grecorromana. Según se fue creando una nueva identidad, en la que se incluían elementos tanto visigodos como grecorromanos, las diferencias entre visigodos y grecorromanos se fue opacando y, por tanto, disminuyó también el interés en mantener diferentes identidades religiosas.

Por otra parte, en medio de todos los testimonios en cuanto a la facilidad con que se hizo la reconciliación entre arrianos y nicenos, hay una excepción notable. Se trata de las *Crónicas* de Juan de Biclaro, un cristiano de fe nicena nacido en lo que hoy es Portugal. Tras hacer estudios en Constantinopla, Juan intentó regresar al reino visigodo, pero por razón de su fe nicena y su rechazo del arrianismo fue exiliado por Leovigildo. Cuando Recaredo se convirtió a la fe nicena —y con él se convirtió todo su reino— Juan regresó de su exilio, y fue abad de un monasterio en Biclaro, cerca de Tarragona. Sus crónicas cubren el período entre el reinado de Justiniano en Constantinopla y la conversión de Recaredo. Es hacia el final de esta obra que Juan de Biclaro se refiere muy brevemente a los hechos que ya hemos relatado, y a la reacción de algunos arrianos. A continuación, citamos lo que nos dicen estas breves crónicas, señalando al principio de cada una de ellas su fecha aproximada (que no siempre concuerda con las que se derivan de otras fuentes):

> 587: Recaredo, en el décimo mes del primer año de su reinado, se hace católico con la ayuda de Dios; mantiene una

prudente entrevista con los sacerdotes de la secta arriana, los hace convertir a la fe católica, más por convencimiento que por imposición, y reintegra en la unidad y la paz de la iglesia cristiana a todo el pueblo de los godos y de los suevos. La secta arriana, con la gracia divina, acepta el dogma cristiano.

588: Algunos arrianos, el obispo Sunna y Segga, en compañía de otros, quieren asumir la tiranía. Descubiertos y comprobada su culpa, Sunna es enviado al destierro y a Segga se lo confina a Galicia, después de cortarle ambas manos.

589: El obispo Uldida y la reina Gosuinda, habiendo conspirado contra Recaredo, fueron descubiertos y se supo que, habiendo tomado comunión bajo las sagradas formas, la arrojaban luego. Conocido este delito, Uldida fue condenado al destierro. En cuanto a Gosuinda, la cual fue siempre hostil a los católicos, dejó de existir en ese tiempo.

590: Se reúne en la ciudad de Toledo un santo sínodo de obispos de toda España, Galia y Galicia, por orden del príncipe Recaredo y [con la participación de] 72 obispos. En ese sínodo intervino el cristianísimo rey Recaredo, quien presentó a los obispos la declaración de su conversión, la de todos los sacerdotes y del pueblo godo, en un libro escrito de su propia mano, donde señalaba todo lo que pertenece a la profesión de la fe ortodoxa. Ordenó que el santo sínodo de los obispos aplicase a sus escritos canónicos las disposiciones de ese libro. Sin embargo, todo el trabajo del Sínodo estuvo a cargo de San Leandro, obispo de la iglesia sevillana, y del beato Eutropio, abad del monasterio servitano.

590: Mientras el ortodoxo [rey] Recaredo reinaba en paz y quietud, acechanzas domésticas se levantaron contra él. En efecto, uno de sus cubicularios y duque de una provincia, de nombre Argimundo, deseaba, en contra del rey Recaredo, asumir la tiranía de modo tal de quitarle el reino y la vida, si fuera posible. Sin embargo, una vez descubiertos sus nefandos propósitos, fue preso y encadenado y luego

> de una investigación, sus cómplices confesaron la impía maquinación y murieron con castigo proporcionado a sus culpas. Argimundo, el cual deseaba llegar al reino, primero fue interrogado a latigazos, luego vergonzosamente decalvado y por fin le fue amputada la mano derecha y sirvió de escarmiento a todos en la ciudad de Toledo paseado en el lomo de un asno con burlona solemnidad, mostrando [así] que los siervos no deben ser arrogantes con sus señores.[1]

A lo largo de todos esos años —y ciertamente a partir de entonces—, los nicenos o católicos veían a Recaredo como un gran héroe cuyas empresas fueron exitosas y guiadas por la mano de Dios. Isidoro de Sevilla, quien era todavía niño o cuando más adolescente cuando el Tercer Concilio de Toledo promulgó la fe nicena como la de toda la nación, y declaró herejes a los arrianos, resume la gestión gubernamental de Recaredo como sigue:

> También emprendió gloriosamente la guerra contra los pueblos enemigos, confiando en la ayuda de la fe. En efecto, cuando los francos, con un ejército de casi sesenta mil hombres armados, irrumpieron en las Galias, envió contra ellos a su general Claudio, y obtuvo un triunfo glorioso. Nunca antes en Hispania hubo una victoria de los godos tan grande ni parecida en la guerra; pues fueron abatidos y capturados muchos miles de enemigos, y el resto del ejército, vuelto inesperadamente en fuga, fue perseguido por los godos hasta los límites de su reino y allí aniquilado. Con frecuencia también levantó el brazo contra las insolencias de los romanos y las irrupciones de los vascones. Por eso parece que no tanto emprendió guerras, cuanto más bien ejercitó a su pueblo, como en un juego de palestra, por costumbre del combate.
>
> Las provincias que su padre había conquistado con la guerra, él las conservó con la paz, las ordenó con equidad

1 Tomado mediante IA de Wikisource.

> y las gobernó con moderación. Fue pacífico, manso, de eximia bondad; tal gracia tenía en el rostro y tal benignidad en el ánimo, que penetrando en los corazones de todos, atraía incluso a los malos al afecto de su amor. Tan liberal fue, que restituyó al dominio privado las riquezas de los particulares y los bienes de las iglesias que la corrupción paterna había incorporado al fisco. Tan clemente, que a menudo aliviaba los tributos del pueblo con generosas dispensas de indulgencia.
>
> Enriqueció también a muchos con bienes, elevó a muchos otros a honores. Guardaba sus riquezas para los pobres, y sus tesoros para los necesitados, sabiendo que el reino le había sido otorgado para que lo disfrutara de manera saludable. Con buen fin coronó su buen comienzo; pues la fe de la recta gloria que había recibido al inicio de su reinado, la completó finalmente con la confesión pública de penitencia. Murió en Toledo con un fin pacífico, después de haber reinado quince años. (*Historia Gothorum*, 54-56; PL 83, p. 1071)

Leandro de Sevilla

No cabe duda de que Leandro, el obispo de Sevilla en tiempos de Recaredo, fue un factor importante en todo el proceso que llevó a la conversión del rey y a las decisiones del Tercer Concilio de Toledo. De esto da testimonio una carta que el papa Gregorio el Grande envió a Leandro casi inmediatamente después del concilio. Los dos se habían conocido en Constantinopla varios años antes, cuando Gregorio representaba al papado en la capital imperial. Por su parte, Leandro estaba allí por su oposición a las políticas religiosas de Leovigildo y, según algunos, buscando el apoyo bizantino a la rebelión de Hermenegildo.

Ahora, años después, Leandro había consultado con Gregorio acerca de la forma en que debía administrarse el bautismo. La opinión de Leandro era que la triple inmersión se justificaba por razón de los tres días que Jesús estuvo en la tumba, y la inmersión una sola vez se justificaba como señal de la unidad e igualdad entre las tres personas de la Trinidad. Pero, en vista de la larga presencia del arrianismo en el reino visigodo, la inmersión una sola vez era preferible como señal de la unidad de sustancia en la Trinidad, mientras que la triple inmersión podía dar lugar a una distinción excesiva entre las tres divinas personas. Gregorio le contesta que concuerda con la opinión de Leandro. Pero, antes de entrar al tema mismo de su epístola, se refiere a la conversión de Recaredo y al lugar de Leandro en todo ese proceso:

> No puedo expresar plenamente con palabras el gozo que siento al saber que nuestro hijo común, el muy glorioso rey Recaredo, se ha convertido con total devoción a la fe católica. Al describirme su carácter en tus cartas, has hecho que lo ame, aunque no lo conozco. Pero, puesto que conoces las asechanzas del antiguo enemigo y sabes cómo contra los vencedores prepara guerras más fieras, vele tu santidad con mayor cuidado sobre él, para que lleve a término lo que ha comenzado bien, y no se ensalce por las buenas obras ya realizadas; para que conserve la fe que ha conocido también por los méritos de su vida, y muestre con sus obras que es ciudadano del reino eterno, a fin de que, tras el curso de muchos años, pueda pasar de un reino a otro. (*Reg.*, 1.43; NPNF2 12, p. 88)

Poco más tarde Isidoro, hermano menor de Leandro y su sucesor como obispo de Sevilla, al escribir sobre los "varones ilustres", dice de Leandro:

> Leandro, obispo de Sevilla, fue célebre por el esplendor de su elocuencia y de su santidad. Ardía en celo por la fe católica contra los arrianos, y por la defensa de la verdad fue desterrado por el pérfido rey Leovigildo. Viajando a Constantinopla, entabló amistad y estrecha relación con el bienaventurado Gregorio, que entonces era apocrisiario. Regresado a Hispania, después de la muerte de Leovigildo, bajo el rey Recaredo confirmó la fe católica de los godos en los concilios de Toledo. Escribió un libro sobre

> la formación de las vírgenes y el desprecio del mundo, dirigido a su hermana Florentina. Murió con un fin glorioso y fue sepultado en la misma ciudad. (*De viris illustribus*, 41; PL 83, p. 1098)

Esto es lo que sus contemporáneos nos dicen acerca del papel de Leandro en la conversión de Recaredo y en el proceso todo que llevó primero al concilio de Toledo y luego a la implementación de sus decisiones. Algunos sugieren que fue él quien presidió ese concilio. Pero los documentos del concilio mismo no dicen quién presidió sobre la asamblea. En la lista de los firmantes, tras el rey, Leandro aparece en tercer lugar entre los obispos metropolitanos. Por otra parte, muchos sugieren que buena parte de los documentos del concilio —principalmente de lo que parece ser el "pliego" que Recaredo presentó al concilio— lleva la huella de Leandro. Además, en carta a Gregorio el Grande, Recaredo le dice: «Recomiendo con toda veneración a tu santidad en Cristo, a Leandro, obispo de la iglesia en Sevilla, porque por su medio se nos ha revelado tu benevolencia» (CVHR, p. 145).

Quizá no haya mejor modo de compartir lo que deben haber sido los sentimientos de Leandro y de otros que con él habían trabajado incansablemente en favor de la fe nicena, que citar unas breves porciones de la homilía que Leandro predicó en celebración de lo ocurrido en aquel concilio toledano. Dice Leandro:

> Uno es el gozo de las cosas que siempre hemos poseído y otro muy distinto el de los grandes tesoros recientemente hallados, por lo cual también nosotros experimentamos tanta mayor alegría presenciando cómo de repente han nacido para la iglesia nuevos pueblos. Mientras antes lamentábamos la rudeza de algunos, ahora gozamos la fe de esos mismos. Pues lo que hoy es motivo de nuestro gozo, era antes la ocasión de nuestra tribulación. Gemíamos mientras se nos reprochaba; pero aquellos gemidos hicieron que los que por su infidelidad eran para nosotros una carga, se trocaren por su conversión en nuestra corona. (CVHR, p. 139)

Isidoro de Sevilla y el Cuarto Concilio de Toledo

El hermano menor y sucesor de Leandro como obispo de Sevilla, Isidoro, se crio, como Leandro y sus otros hermanos, en medio de una distinguida familia grecorromana oriunda de Cartagena. Sin embargo, habían abandonado la ciudad a causa de la ruina y violencia que allí reinaban. Muertos tanto el padre como la madre, los dos hermanos menores, Fulgencio e Isidoro, quedaron bajo el cuidado de los dos mayores, Leandro y Florentina. Esta última se hizo monja y, por tanto, Isidoro fue criado por Leandro. Su educación fue puesta en manos de un monasterio cercano, donde Isidoro se dedicó vorazmente al estudio. Aparentemente fue en esos años mozos que Isidoro se hizo el doble propósito de liberar a su pueblo tanto de la ignorancia como del arrianismo.

Isidoro era todavía muy joven cuando Hermenegildo, el hijo de Leovigildo a quien ya nos hemos referido, al parecer llevado por su esposa —quien era de origen franco y de fe nicena—, se declaró niceno. Mientras Leandro estaba en Constantinopla defendiendo la causa de Hermenegildo (y de paso estableciendo contactos con el futuro Gregorio el Grande), Isidoro se dedicó a continuar sus estudios.

Cuando, prácticamente al amanecer del siglo séptimo (probablemente en el año 601, o poco antes), Leandro murió, Isidoro fue electo para sucederlo como obispo metropolitano de Sevilla, cargo que ocupó por cuatro décadas. Durante ese tiempo, su sabiduría y sus conocimientos lo hicieron el más respetado obispo de todo el reino visigodo. En el año 633, se reunió el Cuarto Concilio de Toledo, sobre el que Isidoro presidió.

El trasfondo político de ese concilio es importante. El rey Suintila se había ganado la enemistad de la nobleza goda, según Isidoro, por razón de sus acciones tiránicas. Contra él se alzó Sisenando, quien logró establecer una alianza con los francos, y a quien los líderes del reino apoyaron y proclamaron como rey. Luego, el propósito principal del concilio era confirmar la legitimidad de Sisenando, quien para el 633 llevaba dos años en el poder. Esto se ve claramente en el canon 75 de ese concilio, que, a pesar de ser el último, es la respuesta del concilio a la situación política que lo llevó a reunirse. Tiene por título "Amonestación al pueblo para que no peque contra los reyes"; pero es mucho más que una amonestación, pues incluye también un nuevo método en el nombramiento de reyes, y un anatema contra los rebeldes y descontentos. Veamos primero un breve ejemplo de la amonestación, luego la cuestión del nombramiento de reyes y, por último, el anatema.

> Unas pocas líneas bastan para resumir la larga amonestación:
>
> Tal es la duplicidad de alma de muchas gentes, como es sabido, que desprecian guardar a sus reyes la fidelidad prometida con juramento, y mientras en su corazón abrigan la impiedad de la infidelidad, con las palabras aparentan la fe del juramento, pues juran a sus reyes y después faltan a la fe prometida. [...]
>
> Sin duda que es un sacrilegio el violar los pueblos la fe prometida a sus reyes, porque no solo se comete contra ellos una violación de lo pactado, sino también contra Dios, en el nombre del cual se hizo la dicha promesa. (CVHR, pp. 217-18)

La decisión del concilio acerca de la sucesión al trono da a los obispos un poder que antes no tuvieron, de manera que, al tiempo que la corona apoya a la iglesia, esta tiene un lugar central en todo lo que respecta a la sucesión al trono:

> Que nadie prepare la muerte de los reyes, sino que muerto pacíficamente el rey, la nobleza de todo el pueblo, en unión de los obispos, designarán de común acuerdo al sucesor en el trono, para que se conserve por nosotros la concordia de la unidad, y no se origine alguna división de la patria y del pueblo a causa de la violencia y la ambición. (CVHR, p. 218)

Y todo esto —la lealtad a los reyes y el orden debido en la sucesión al trono— se sella con un anatema:

> De ahora en adelante, cualquiera de nosotros o de entre los pueblos de toda España que con algún manejo o intriga violare el juramento que hizo en favor de la estabilidad de la patria y del pueblo de los godos, y de la conservación de la vida real, e intentare dar muerte al rey, o menoscabar el poder del reino o usurpare con atrevimiento tiránico el trono real, sea anatema en presencia de Cristo y de sus apóstoles, y sea considerado extraño a la iglesia católica, a la que profanó con su perjurio, y excluido de toda la reunión de los cristianos, y condenado al juicio futuro de Dios, con todos sus partícipes, pues cosa digna es que los que colaboraron con estos tales se vean obligados también a participar en la condenación de los mismos. (CVHR, p. 219)

El lugar en el que más se nota el interés personal de Isidoro en los decretos y decisiones de aquel concilio es todo lo referido a la educación y el estudio.

Los otros cánones tratan mayormente sobre el culto —en el que siempre se ha de recitar el Credo niceno— y de cuestiones relativas al orden de la iglesia, del culto, del trato a los judíos, etc. Al respecto del bautismo, al tiempo que el concilio reconoce la sabiduría de lo dicho antes por Leandro y por Gregorio el Grande, decide que: «Para evitar, sin embargo, el escándalo del cisma y el empleo del dogma herético, practiquemos una sola inmersión en el bautismo» (CVHR, p. 192). Además, el concilio subrayó la importancia de la formación de los clérigos, lo cual había sido siempre la pasión de Isidoro, y que se expresó en su obra magna: *Etimologías*.

Isidoro de Sevilla y sus *Etimologías*

Mientras vivió, Isidoro fue reconocido y admirado por sus labores pastorales y administrativas, así como por su contribución al buen orden político y social. Sin embargo, su principal impacto en la posteridad no se debió a tales acciones y gestiones, sino más bien a una obra que él mismo no tenía tanto interés en componer, y que más o menos completó porque fue inspirado y aguijoneado por su discípulo, amigo y admirador Braulio de Zaragoza. Aparentemente Isidoro, preocupado por sus muchas tareas pastorales y administrativas, no le prestó a esta obra toda la atención que Braulio hubiera deseado, sino que le envió una multitud de materiales que luego Braulio organizó y dio a conocer a otros estudiosos. El propio Braulio, al ofrecer un listado de las obras de Isidoro, nos da un atisbo de lo sucedido, diciendo que Isidoro escribió

> [el] códice de *Etimologías*, de enorme extensión, que él dividió, para mayor claridad, por títulos, no por libros; como lo hizo accediendo a mis ruegos, aunque lo dejó sin terminar. Yo lo dividí en veinte libros. Esta obra, que abarca todo el conocimiento absolutamente hablando, todo aquel que la estudie a fondo y la medite largamente, se hará sin duda dueño del saber en todos los temas divinos y humanos. Brinda una selección más que abundante de las diversas artes, al reunir en apretada síntesis todo cuanto en la práctica debe saberse. (Citado en BAC 433, p. 115)

Más tarde, Ildefonso de Toledo confirma lo dicho por Braulio:

> [Isidoro] escribió, por último, el libro de las *Etimologías*; después de haber intentado por muchos años dar cima a esta obra, parece haber llegado al fin de su vida trabajando todavía en ella. (Citado en BAC 433, p. 116)

Todo esto significa que la cuestión del texto exacto de las *Etimologías* de Isidoro es complicadísima. Afortunadamente, no es necesario para nuestros propósitos tratar de desenredar ese tema. A esto se suma el hecho de que, como bien dice Braulio, esta obra incluye un resumen y organización de todo el saber humano disponible en tiempos de Isidoro y que, por esa razón, es imposible de resumir. Luego, en lugar de intentar un resumen, empezaremos ofreciendo la lista de los títulos de los veinte libros de las etimologías, para después escoger uno de ellos y mencionar los temas que bajo ese título se incluyen. Por último, citaremos un ejemplo del modo en que Isidoro trata uno de ellos.

Los títulos de los veinte libros son:

1. Acerca de la gramática
2. Acerca de la retórica y la dialéctica
3. Acerca de la matemática
4. Acerca de la medicina
5. Acerca de las leyes y los tiempos
6. Acerca de los libros y oficios eclesiásticos
7. Acerca de Dios, los ángeles y los fieles
8. Acerca de la iglesia y las sectas
9. Acerca de las lenguas, pueblos, reinos, milicias, ciudades y parentescos
10. Acerca de las palabras
11. Acerca del hombre y los seres prodigiosos
12. Acerca de los animales
13. Acerca del mundo y sus partes
14. Acerca de la tierra y sus partes
15. Acerca de los edificios y los campos
16. Acerca de las piedras y los metales
17. Acerca de la agricultura
18. Acerca de la guerra y los juegos
19. Acerca de las naves, edificios y vestidos
20. Acerca de las provisiones y de los utensilios domésticos y rústicos

Si tomamos entonces el séptimo libro, "Acerca de Dios, los ángeles y los fieles", veremos que en él hay 14 capítulos o encabezados:

1. Sobre Dios
2. Sobre el Hijo de Dios
3. Sobre el Espíritu Santo
4. Sobre la Trinidad
5. Sobre los ángeles
6. Hombres que recibieron su nombre por algún presagio

7. Sobre los patriarcas
8. Sobre los profetas
9. Sobre los apóstoles
10. De otros nombres que aparecen en el evangelio
11. Sobre los mártires
12. Sobre los clérigos
13. Sobre los monjes
14. Sobre los demás fieles

Si ahora tomamos uno cualquiera de esos capítulos, vemos que Isidoro presta gran atención al origen de las palabras. Por eso su libro recibe el nombre de *Etimologías*. También por eso tanto Braulio como algunos autores posteriores lo llaman más bien *Orígenes*, es decir, orígenes de las palabras. Al leer toda esa obra enciclopédica vemos que el proceder de Isidoro tiene un fundamento teológico, pues para él el origen de una palabra cualquiera es una pista acerca de la realidad misma que esa palabra nombra. El hecho de nombrar una cosa es reclamar poder sobre ella; y al entender la etimología de la palabra entendemos algo de sus significados.

Así, por ejemplo, Isidoro relaciona la palabra "noche" con "nocivo", y esto nos advierte de los peligros de la noche. Esto tiene por un lado la consecuencia negativa de que muchas de las etimologías de Isidoro no corresponden a lo que hoy nos dicen los lingüistas. Así, si tomamos el capítulo 12 del séptimo libro, que trata sobre los clérigos, veremos por una parte la clara invención de una falsa etimología; y, por otra, un cuidadoso listado y descripción de las diversas categorías de clérigos:

> *Clero* y *clérigo* reciben estos nombres porque Matías, que, según leemos, fue el primer sacerdote ordenado por los apóstoles, había sido elegido mediante un sorteo. Y, en griego, *kléros* significa "suerte" o "heredad". Por eso se llama así a los clérigos, porque son pertenencia del Señor, o porque participan de él. De manera general reciben el nombre de clérigos todos los que desempeñan un ministerio en la iglesia de Cristo. Sus grados y

> denominaciones son las siguientes: ostiario, salmista, lector, exorcista, acólito, subdiácono, diácono, presbítero y obispo. (BAC 433, p. 679)

El impacto de las *Etimologías* de Isidoro se hizo sentir rápidamente en todo el reino visigodo, particularmente en el *Liber Iudiciorum* o *Lex Visigothorum*, que fue el último en la serie de códigos producidos por los visigodos, sobre el que volveremos muy brevemente más adelante. Pero de allí su alcance se expandió a Irlanda e Inglaterra, donde fue una de las fuentes más empleadas por Beda el Venerable.

Entre los francos, durante el renacimiento carolingio, que empezó en el siglo octavo y se extendió hasta el noveno, las *Etimologías* se volvieron lectura obligada en las nuevas escuelas. Al surgir el método escolástico, que requería el uso de referencias a autoridades para apoyar una tesis o su contraria, Isidoro vino a ser frecuentemente citado. El único libro que fue copiado con más frecuencia que las *Etimologías* de Isidoro fue la Biblia. En fin, Isidoro vino a ser la principal fuente de la que el Medioevo bebió para adquirir su conocimiento de la Antigüedad.

El fin del reino visigodo

El mismo año de la muerte de Isidoro (636), ascendió al trono visigodo el rey Chintila. Dos años después se reunió el Sexto Concilio de Toledo, convocado por Chintila con propósitos muy semejantes a los de otros concilios anteriores: obtener de la iglesia la confirmación de su legitimidad. Según el tercer canon de ese concilio, Chintila había prohibido la residencia de los judíos en el reino, por lo que el concilio lo felicitaba:

> Todo el mundo sabe que por inspiración del mismo Dios el excelentísimo y cristianísimo príncipe, inflamado del ardor de la fe y en unión de los obispos de su reino, ha determinado extirpar de raíz las prevaricaciones y supersticiones de aquellos, no permitiendo vivir en su reino al que no sea

> católico, por cuya fervorosa fe damos gracias a Dios omnipotente rey de los cielos, por haber creado un alma tan ilustre y haberla llenado de su sabiduría. (CVHR, p. 236)

Pero una cosa es la teoría y otra la realidad. El mismo concilio que celebraba la acción real sabía de la importancia que tenía la presencia de los judíos en el reino, particularmente en el comercio y la medicina. Por tanto, en ese mismo canon los conciliares se ocupan de las regulaciones que han de aplicarse en caso de los judíos, dando por sentado que no se los obligará a abandonar el reino. Pero ocho siglos más tarde (1492) ese mismo torcido ideal sí llevaría a la expulsión de los judíos.

Por lo demás, el desorden civil y político caracterizó el resto de la historia del reino visigodo hasta su desaparición. Lo más notable de aquellos años difíciles fue la producción y proclamación de un nuevo código legal que vino a sumarse a los que hemos mencionado, empezando con el *Código de Eurico* en el siglo quinto, y siguiendo con el *Breviario de Alarico* II o *Lex Romana Visigothorum* a principios del sexto. El nuevo código, *Liber Iudiciorum*, promulgado en el año 654 por el rey Recesvinto, tiene por contexto un reino en el que los elementos godos y los grecorromanos se han amalgamado en uno. Es, por tanto, un código que se basa en la larga historia de la jurisprudencia romana, pero también en las antiguas costumbres de los godos, colocándolo todo bajo una moral cristiana típicamente medieval. Está compuesto por doce libros, con 578 leyes o principios legales, todo basado en la frase que aparece en el prólogo: «Nuestro reino ha de ser regido no solamente por la espada, sino también por la ley». Esa ley se aplicaría por igual a godos y grecorromanos, una distinción que, de todas formas, había casi desaparecido.

Ese código fue prácticamente el único punto luminoso en el resto de la historia del reino visigodo. En lo político, los conflictos en cuanto a la sucesión eran casi constantes. En el año 710, tras una guerra civil, ascendió al trono el último rey godo, Rodrigo. Pero su reinado sería breve. A principios del siguiente año, cuando Rodrigo aún no había tenido oportunidad de afianzarse en el poder, un ejército árabe y bereber, tras conquistar toda la costa norte de África, cruzó el estrecho marítimo entre los entonces llamados "Pilares de Hércules" para llegar a lo que hoy llamamos Gibraltar (Jabal Tariq, la peña de Tariq, quien dirigió el cruce y la campaña militar subsiguiente). Con un ejército mucho menos numeroso que el de los visigodos, pero mucho más ágil, Tariq tomó varias ciudades visigodas, y aproximadamente medio año después de cruzar el estrecho, se enfrentó a Rodrigo en la batalla del río Guadalete. La derrota de Rodrigo fue total. Parte de sus tropas, simpatizantes de otro pretendiente al trono visigodo, desertaron a última hora. No se sabe lo que fue de Rodrigo, aunque una tradición dice que murió ahogado en el Guadalete.

Así terminó aquel reino que poco antes fue uno de los más poderosos en toda Europa occidental.

El legado visigodo

Al leer ahora toda aquella historia a una distancia de más de trece siglos, vemos la huella que dejó en tres dimensiones. La primera de ellas es la serie de códigos legales que hemos seguido resumidamente, y que abrió paso para otros sistemas legales. La segunda es todo el conocimiento de la Antigüedad, que pasó a manos del Medioevo gracias a la obra de Isidoro de Sevilla. Lo tercero —que aún continúa en nuestros días— es una multitud de palabras godas que quienes hablamos español todavía usamos. De no haber sido por los godos, no tendríamos palabras tales como: banco, brida, espuela, estribo, fianza, guerra, botín, bandera, yelmo, orgullo, heraldo, y muchas más. Y no tendríamos tampoco nombres como Rodrigo, Álvaro o Gonzalo; y, por consiguiente, tampoco apellidos tales como Rodríguez, Álvarez o (¡me duele y me enorgullece decirlo!) González.

5
Los vándalos y sus aliados

Camino a España

Desde tiempos antiquísimos, los vándalos y otros pueblos cercanos habían vivido en la región de lo que hoy es Polonia y sus alrededores. Los romanos sabían algo acerca de ellos, pues sus autores los mencionan ocasionalmente, aunque en realidad parecen haber tenido muy pocas noticias acerca de esos pueblos. El principal de ellos era el de los vándalos, pueblo que se dividía en dos bandas, los hasdingi y los silingi. El origen o significado de esos nombres se debate o desconoce, aunque sí sabemos que los primeros estaban más al norte que los últimos. En el siglo tercero los vándalos se vieron empujados por el movimiento general de aquellos pueblos. En su caso particular, se vieron afectados los godos y especialmente los hunos, que se acercaban cada vez más a las fronteras romanas y obligaban a los diversos pueblos germánicos a abandonar sus tierras y cruzar esas fronteras.

En la última noche del año 406, una multitud que incluía tanto a los vándalos como a sus vecinos los suevos y los alanos, cruzó el río Rin, que estaba congelado, y amaneció el primer día del año 407 en territorio romano. Poco antes, como ya hemos contado, había muerto el general romano Estilicón. Con su muerte, unida a las divisiones internas entre los romanos, la frontera del Rin y los territorios adyacentes estaban mal defendidos. Por espacio de tres años los vándalos y sus aliados se pasearon por Galia, tomando y saqueando ciudades prácticamente indefensas. Isidoro de

Sevilla lo narra y lo relaciona con las pugnas internas dentro del imperio como sigue:

> Los pueblos de los alanos, suevos y vándalos, después de cruzar el río Rin, irrumpieron en las Galias. Derrotaron a los francos y, marchando con ímpetu directo, llegaron hasta los Pirineos, cuyo paso, ocupado por los nobles y poderosísimos hermanos romanos Dídimo y Veriniano, les impidió la entrada en Hispania durante tres años. (*Historia de regibus Gothorum, Wandalorum et Suevorum*, 71; PL 83, p. 1078)

Viéndose imposibilitados de cruzar los Pirineos, los vándalos y sus aliados pasaron unos tres años merodeando por buena parte de Galia. La narración de Isidoro continúa resumiendo en pocas palabras los estropicios de aquellos años:

> Vagaban entretanto por las provincias circunvecinas de la Galia. Pero después que estos mismos hermanos, que con defensa privada custodiaban los pasos de los Pirineos, fueron muertos por el César Constancio, inocentes y sin culpa alguna, bajo sospecha de aspirar a la tiranía, las mencionadas gentes irrumpieron en las provincias de Hispania. (*Ibíd.*)

Cruzando los Pirineos, los vándalos y sus aliados entraron en lo que hoy es España, y se repartieron sus territorios. Los vándalos hasdingi se establecieron en el norte de la península, y los silingi en lo que hoy es Andalucía. Los suevos ocuparon parte de Galicia. Por su parte, los alanos se ubicaron en la región al sur de ellos, mayormente en lo que hoy es Portugal.

La invasión de África

Las autoridades imperiales no tenían modo de expulsar a estos invasores, y enviaron contra ellos a los visigodos, entonces estacionados en el sur de Galia. Los visigodos, en teoría al servicio del imperio, asolaron y casi aniquilaron a los vándalos silingi. Los que escaparon de los visigodos se refugiaron con los vándalos hasdingi, sometiéndose primero a su rey Gunderico, y luego a su sucesor Genserico, quien fue uno de los más notables reyes vándalos. Genserico no tenía la fuerza militar para detener el avance de los visigodos y, por tanto, en una movida sorprendente, hizo cruzar el Estrecho de Gibraltar a toda la población bajo su mando.

El historiador griego Procopio lo cuenta:

> Había entre los vándalos un hombre de estirpe real llamado Genserico, quien era extraordinariamente agudo y lleno de astucia. Aunque cojeaba de una pierna, era vigoroso de espíritu y muy hábil en la guerra. En el octavo año del reinado del emperador Valentiniano [el año 429 d. C.] decidió pasar a Libia [nombre que Procopio le da a toda la costa africana al oeste de Egipto], pues había sabido que Bonifacio, el general de las fuerzas romanas en aquella región, se había enemistado con el emperador y estaba tramando una rebelión. Por tanto, Genserico persuadió a su pueblo para que cruzara, afirmando que África era una tierra riquísima en frutos y que los romanos allí estaban divididos entre sí. Así reunió a todos los vándalos y a los alanos —en total unos cincuenta mil hombres— y, llevando consigo a sus esposas e hijos, cruzó el estrecho [que para ellos era los "Pilares de Hércules", y hoy lo llamamos "Gibraltar"].

Procopio comenta acerca de los Pilares de Hércules que «el paso es tan angosto que parece como si se pudiera arrojar una piedra de una orilla a la otra; y fue por este camino por donde los vándalos entraron en Libia» (*Historia de las guerras*, 3.3.17-21; LCL, III.3.17-22).

Tras cruzar el Estrecho de Gibraltar en el año 429, los vándalos marcharon hacia el este, tomando las provincias de Mauritania y Numidia. En junio del año 430 llegaron a la ciudad de Hipona —donde Agustín, ya anciano, estaba a punto de fallecer— y la sitiaron. Agustín murió tres meses más tarde, el 28 de agosto del 430, tras continuar alentando a la ciudad hasta poco antes de morir. Al año siguiente, Hipona se rindió, aparentemente tras negociaciones que permitieron algunas evacuaciones de los ciudadanos y limitaron el daño hecho a la ciudad. Genserico hizo de esa ciudad su centro de gobierno hasta que, en el año 439, tomó la ciudad de Cartago e hizo de ella su nueva capital.

A partir de allí, los vándalos se volvieron una potencia marítima. Empezaron por adueñarse de Malta y las pequeñas islas circundantes. Luego tomaron Cerdeña, Córcega y las Islas Baleares, y establecieron presencias temporales en Sicilia, frente a Cartago, desde donde intentaron repetidamente apoderarse de la isla, sin lograr un dominio duradero.

En el 455, desembarcaron en la boca del Tíber y marcharon hacia Roma. El papa León el Grande intentó disuadirlos de sus propósitos de tomar Roma, como lo había hecho unos años antes con Atila. Pero los vándalos no se dejaron convencer, sino que continuaron en su marcha y tomaron la ciudad, que estaba prácticamente indefensa. Aunque las gestiones de León no detuvieron el avance de los vándalos, sí mitigaron los sufrimientos de los romanos. Según lo acordado entre él y León, Genserico tomó posesión de la ciudad, que se rindió sin ofrecer resistencia. Por su parte, Genserico se abstuvo de violencia innecesaria, pero se apoderó de todo cuanto pudo llevar consigo. Por espacio de dos semanas, los vándalos se dedicaron al saqueo de la ciudad, acumulando todas sus riquezas y exigiendo rescate. Por fin abandonaron la ciudad, llevando cautivas, entre otras personas, a la emperatriz Eudoxia y a sus hijas. No cabía duda de que los vándalos dominaban toda la cuenca occidental del Mediterráneo.

La cuestión religiosa

Cuando conquistaron el norte de África, los vándalos eran cristianos de persuasión arriana. Es imposible saber cómo o cuándo los vándalos se hicieron cristianos arrianos. Puesto que, por varias generaciones antes de penetrar en el Imperio romano, habían sido vecinos de los godos, y estos eran ya cristianos arrianos, es posible pensar que al menos tendrían algún contacto con el arrianismo. No obstante, todo parece indicar que al cruzar el Rin seguían todavía sus antiguas tradiciones religiosas.

Isidoro de Sevilla nos dice que Genserico, hermano de Gunderico, «reinó por cuarenta años», y que fue él quien «siendo antes católico, se hizo apóstata y fue el primero que pasó a la perfidia arriana» (*Historia de regibus Gothorum, Wandalorum et Suevorum*, 74; PL 83, p. 1077). Las fuentes antiguas no ofrecen mucha más información al respecto; sin embargo, es razonable suponer que esta actitud formaba parte de la política de Genserico y de la mayoría de sus sucesores, orientada a afirmar y subrayar la distancia y el contraste entre los conquistadores vándalos y los grecorromanos conquistados.

Desde tiempos de Ataulfo y, por tanto, desde antes de establecerse en España, la política general de los reyes visigodos fue promover el encuentro y las relaciones entre los visigodos y los pueblos conquistados. La política de los vándalos fue lo opuesto. Aunque algunos de la antigua aristocracia grecorromana en África pudieron retener algo de su posición social, la actitud general de los vándalos hacia los conquistados era de desprecio y subyugación. En España, los reyes visigodos establecieron consejos de gobierno en los que participaban nobles y obispos de entre los conquistados. En África el rey vándalo gobernaba por cuenta propia, y no mostraba gran interés en la población conquistada y lo que esta pudiera contribuir al bienestar del reino. Ese contraste resultaba en un régimen vándalo y arriano —en el que los antiguos aliados alanos también tenían parte— con una población mayormente afrorromana. Se calcula que, mientras los conquistadores que se reservaban todo el poder —y que eran arrianos — no llegarían a cien mil, los conquistados que se verían despreciados y marginados —y que eran mayormente nicenos o católicos— eran varios millones.

Dada la falta de convicción religiosa real de Genserico, durante su régimen (428–477) la opresión de los nicenos, aunque siempre tuvo tonalidades religiosas, era más bien política. Esta se limitó a fortalecer la iglesia arriana confiscando propiedades de la iglesia católica o nicena, prohibiendo que los obispos de la iglesia nicena se reunieran en concilio sin aprobación real, y exiliando a los obispos nicenos más distinguidos o reacios. Uno de ellos fue el obispo metropolitano de Cartago, Quodvultdeus, a quien Genserico envió al exilio casi inmediatamente después de adueñarse de la ciudad, en el 439. Víctor de Vita cuenta el episodio, así como otras acciones de Genserico:

> Después que los vándalos pasaron a África y se apoderaron de Cartago, reina de toda la provincia, inmediatamente invadieron las iglesias de Dios, expulsaron a los sacerdotes y ministros, azotaron y despojaron a las vírgenes consagradas, y en sus lugares practicaron las obscenidades de sus ritos impíos.
>
> Entonces, al obispo de la ciudad mencionada, esto es, Cartago, hombre manifiesto ante Dios y ante los hombres, de nombre Quodvultdeus, y a una grandísima muchedumbre de clérigos, los hizo subir a barcos viejos y rotos, y ordenó que, desnudos y despojados, fueran arrojados al mar y expulsados.
>
> Pero Dios, por la misericordia de su bondad, se dignó conducirlos con viento favorable hasta la ciudad de Nápoles, en Campania.
>
> A la multitud del orden senatorial y de los notables primero la quebrantó con un cruel destierro, y después la arrojó a tierras de ultramar.
>
> También envió al destierro a muchos obispos de África, colocándolos en lugares áridos y desiertos, para que murieran de hambre entre las fieras y las serpientes. Sin embargo, la divina piedad no los abandonó ni siquiera allí; pues a menudo hacía llover desde el cielo para darles de beber, y los consolaba en todas sus necesidades. (*Historia persecutionis Africanae provinciae sub Geiserico et Hunerico regibus Vandalorum*, 1.5; PL 58, pp. 187-88)

La situación empeoró a la muerte de Genserico, pues su hijo y sucesor Hunerico parece haber estado convencido de que Dios lo llamaba a extirpar la fe nicena en todos sus dominios. Luego, si durante el reinado de Genserico hubo exilios y expropiaciones, bajo el de su hijo hubo martirios. De ello dan testimonio varios autores, principalmente Víctor de Vita, Isidoro de Sevilla y Procopio de Cesarea.

Víctor de Vita, escribiendo antes que Isidoro y Procopio, y conociendo lo ocurrido mejor que ellos, da detalles que son demasiado extensos para citar aquí. Cuenta de un sínodo que Hunerico convocó en Cartago, y que resultó en la tortura y muerte de los obispos nicenos que se negaron a declararse arrianos. Tras decir que el rey convocó a los obispos, tanto nicenos como arrianos, a un debate teológico, añade que lo hizo «como un engaño: atormentó a los católicos con cadenas y castigos, y a los que rehusaron entrar en comunión con los arrianos los condenó al destierro» (*Historia persecutionis*, 2.1; PL 58, pp. 198-99). Y añade que «a otros les arrancó la lengua desde la raíz, y sin embargo, por milagro divino, continuaban hablando hasta la muerte. A muchos mató por el exilio o por la espada. A los monjes y vírgenes de Cristo los atormentó con diversos suplicios, para que se extinguiese la fe católica. Pero Dios glorificó en ellos el martirio» (*Historia persecutionis*, 2.26-27; PL 58, pp. 211-13). Junto con Isidoro, declara que las llagas y muerte de Hunerico fueron castigo divino por esa persecución:

> El muy perverso Hunerico mantuvo el dominio del reino durante siete años y diez meses, consumando con la muerte el merecido fruto de sus acciones. En efecto, tras tanto tiempo de perpetrar crímenes, una llaga repentina lo hirió: primero le consumió las partes íntimas, y después, extendiéndose como fuego, le devoró las entrañas. La enfermedad pestilente que lo atacó se abrió paso en su carne corrupta, y un hedor intolerable brotaba de aquel cuerpo lleno de podredumbre, de modo que ni siquiera los suyos podían acercarse para asistirlo. Agobiado por aquella enfermedad nefanda, murió finalmente, pagando con su cuerpo la crueldad con que había tratado a los siervos de Dios. (*De persecutione vandalica*, 5.21; PL 58, pp. 258-60)

Un tercer autor, Procopio de Cesarea, escribiendo en griego, da testimonio de lo mismo, aunque se ocupa mucho más del contexto de todo aquello, y cuenta toda la historia de aquellos años con lujo de detalles, incluyendo las intrigas y luchas internas entre los vándalos.

A la muerte de Hunerico, los vándalos eligieron por rey a Guntamundo, quien, aun siendo arriano, alivió en parte los sufrimientos de los nicenos. Permitió volver a algunos de los obispos del exilio, concedió que los nicenos celebraran vigilias y reuniones, y mitigó ligeramente la violencia de la persecución. Pero no revocó las leyes contra los nicenos. Su sucesor, Trasamundo, continuó favoreciendo el arrianismo y tomó varias medidas contra los nicenos. Una de esas fue enviar al exilio a los más distinguidos obispos y otros líderes nicenos.

Entre los exiliados se encontraba Fulgencio de Ruspe, natural del norte de África, en la antigua provincia romana de Bizacena, nacido hacia el año 465. Se dedicaba al servicio civil cuando la lectura de *La ciudad de Dios* de Agustín lo llevó a la vida monástica, y a dedicarse al estudio de los escritos de Agustín. Esto dejó en él una huella tan profunda que se le dio el nombre de "Agustín abreviado". Tras viajar por los monasterios de la región, compartiendo con ellos sus conocimientos, fue elegido obispo de Ruspe. Cuando Trasamundo exilió a los obispos nicenos, Fulgencio fue enviado con ellos a la isla de Cerdeña, donde fundó un monasterio y se dedicó más de lleno a estudiar los escritos de san Agustín. Allí su fama fue tal que llegó a los oídos de Trasamundo, quien le invitó a regresar brevemente a África para discutir con los arrianos. El resultado de esa discusión existe todavía en un escrito de Fulgencio: *Al rey Trasamundo*. Puesto que Fulgencio se negaba a declararse arriano, Trasamundo, aunque lo trató respetuosamente, lo envió de regreso al exilio en Cerdeña.

A la muerte de Trasamundo, lo sucedió Hilderico, quien no era arriano, como sus predecesores, sino niceno, por lo que invitó a los obispos exiliados a regresar a África. Entre ellos se encontraba Fulgencio, quien fue recibido en Ruspe con alborozado gozo. Allí continuó sus estudios, enseñanzas y labores pastorales, hasta que murió al amanecer el año 533.

El fin del reino vándalo

El rey Hilderico no solo hizo regresar a los obispos exiliados, sino que también se acercó al Imperio bizantino e hizo la paz con él. Como era de esperarse, esto no fue del agrado de todos los vándalos. En el 530, cuando Hilderico había reinado unos siete años, los nobles vándalos, bajo el liderazgo de uno de ellos llamado Gelimer, se rebelaron contra él y lo hicieron prisionero. La respuesta de Justiniano, quien a la sazón reinaba sobre el Imperio bizantino, no se hizo esperar. Según Procopio, cuando Justiniano recibió noticias de lo acontecido en África, envió emisarios a Gelimer, quien, una vez muerto Hilderico, sería su sucesor legítimo, amonestándolo a que no se arriesgara a declararse rey antes del tiempo en que le correspondería reinar.

Pero Justiniano estaba ya haciendo preparativos para la guerra. Sus consejeros más cercanos le advertían que una campaña contra los vándalos sería larga, costosa, y un posible fracaso. Sin embargo, Justiniano hizo venir a su general Belisario, quien dirigía la guerra contra Persia. Siguiendo las instrucciones del emperador, Belisario dio los pasos necesarios para alcanzar la paz con Persia, y empezó a hacer preparativos para una campaña en África, a la que llamaban "Libia". Con ese propósito, Justiniano reunió una gran flota. Procopio, quien navegó en ella, dice que eran 500 naves de transporte, y otras 92 de guerra, y que en ellas navegaban unos 30 000 marinos y 15 000 soldados. Estos incluían tanto infantería como caballería. Buena parte de ellos eran soldados de origen huno que tras la disolución de su fuerza invasora se habían hecho *foederati* de los bizantinos. Yendo ya de camino, cuando se encontraba en Sicilia, Belisario se enteró de que los vándalos estaban disgregados. Una parte estaba en Cerdeña suprimiendo una rebelión. Por su parte, Gelimer estaba lejos de la costa con el resto del ejército.

En vista de tal situación, Belisario y su flota cruzaron inmediatamente Sicilia, desembarcaron en la costa africana y marcharon a paso forzado contra Cartago. En respuesta, Gelimer hizo planes para emboscar al ejército bizantino —bastante menor que el vándalo— en un paso estrecho llamado

Ad Decimum (probablemente porque había allí un hito que llevaba el número diez). Pero aquello fue un desastre para los vándalos, que no coordinaron sus movimientos, de modo que uno de los hermanos de Gelimer, al mando de parte de las tropas vándalas, inadvertidamente se topó con el ejército de Belisario. La derrota de esa parte del ejército vándalo fue total, por lo que se desintegró y el hermano de Gelimar, que lo presidía, murió.

Otra parte del ejército bizantino sorprendió y prácticamente aniquiló a otro contingente vándalo. Por fin Gelimer llegó con sus tropas, todavía más numerosas que las de Belisario. Pero al ver a su hermano muerto se detuvo en la marcha, dándole tiempo a Belisario para organizar un fuerte ataque contra las desorganizadas tropas vándalas. Según Procopio, Galimer escribió una carta a otro de sus hermanos, que aún se encontraba en Cerdeña, en un tono pesimista, dando a entender que la derrota sufrida había sido dictada por el destino: «La razón por la que partiste de aquí no fue en realidad para recuperar el dominio de la isla, sino más bien para que Justiniano pudiera adueñarse de Libia» (Procopio, *Historia de las guerras*, 3.25; LCL 81, p. 202).

Esa misma noche Belisario entró en Cartago, sin encontrar resistencia mayor. Se aseguró de que no hubiera saqueos ni violencia. Eso le ganó la buena voluntad de la población, mayormente grecorromana y no vándala, y nicena en lugar de arriana.

Gelimar no se dio por vencido. Mientras Belisario se ocupaba en Cartago de reforzar las defensas de la ciudad y de reconstruir algunas iglesias y edificios destruidos por los vándalos, Gelimar reunió sus tropas y trató de sitiar Cartago, pero sin éxito. También intentó ganarse el favor de los hunos que eran parte del ejército bizantino. Los hunos respondieron a los acercamientos de Gelimar diciéndole que se habían unido al ejército bizantino de mala gana y engañados, por lo que en el campo de batalla traicionarían a Belisario. Pero Belisario, enterado de esto, y sabiendo que el temor de los hunos era ser abandonado en África, les prometió bajo juramento que tan pronto como se alcanzara la victoria definitiva los devolvería a sus tierras.

Por fin, tres meses después de tomar Cartago, los bizantinos se enfrentaron a los vándalos en el campo de batalla, y una vez más los derrotaron decisivamente. Gelimar huyó y se escondió, pero al fin se entregó. En lugar de darle muerte, como muchos esperaban, Belisario lo llevó consigo a Constantinopla. De allí fue llevado a la región de Galacia, en lo que hoy es Turquía, donde se le dieron tierras y honores limitados. En Constantinopla, la victoria de Belisario fue celebrada con un gran "triunfo", una celebración que no se había visto por varios siglos. Las promesas hechas a los esclavos hunos se cumplieron, dándoles tierras que cultivar y el estatus de *foederati*. Buen número de vándalos fueron trasladados a otras partes del imperio. En África, el reino de los vándalos desapareció, y sus territorios serían parte del Imperio bizantino hasta que las invasiones árabes desposeyeran a ese imperio de todos sus territorios en África.

Escombros

Prácticamente todo lo que queda hoy de aquel poderoso y temible reino vándalo es algún escombro de una vieja muralla o de la planta de algún edificio. Esto presenta un agudo contraste con lo ocurrido en el reino visigodo de España, que legó a la posteridad literatura tan impresionante e influyente como los escritos de Isidoro de Sevilla, y una compleja lista de códigos. Lo único de relativa importancia que los vándalos produjeron fue su código legal, conocido como *Codex Vandalorum* o *Lex Vandalorum*. No queda de él más que unas breves referencias y citas. Algunos sugieren que quizás haya algunos vestigios de él en los códigos más tardíos de los visigodos, pero no hay modo de comprobarlo. Bien puede decirse que lo que mejor conocemos de ese sistema legal son los principios para la sucesión de los reyes, aparentemente establecidos por Genserico e incluidos en la *Lex Vandalorum*.

La desaparición de la *Lex Vandalorum* bien puede tomarse como símbolo de lo ocurrido con la herencia vándala en general. Mientras la mayor parte de los códigos visigodos se conserva —y fueron muy influyentes en la jurisprudencia medieval—, lo contrario es cierto del código de los vándalos. Las *Etimologías* de Isidoro de Sevilla circularon por toda Europa y sus universidades, pero el reino vándalo no dejó nada que fuera siquiera lejanamente semejante. Asimismo, el español actual conserva cientos de palabras de origen godo, mientras que en los antiguos territorios vándalos apenas subsisten algunos topónimos de posible —aunque dudoso— origen vándalo.

Probablemente esa diferencia entre el legado de los visigodos y el de los vándalos se deba a varias causas, pero cabe pensar que una fundamental fue el contraste entre la visión de los visigodos y la de los vándalos. Como hemos apuntado, desde tiempos de Ataulfo, y particularmente después de asentarse en España, la visión predominante entre los visigodos era la de una nueva realidad que fuera a la vez goda y romana. En contraste, la visión que el reino vándalo encarnó era la de una sociedad profundamente dividida entre los conquistadores y los conquistados. Por ello, cuando esa minoría de la población que eran los conquistadores desapareció, con ellos desaparecieron también su lengua, sus tradiciones y sus leyes. El antiguo reino de los vándalos, destruido por la conquista bizantina, desapareció sin dejar continuidad política ni identitaria. El de los visigodos, en cambio, conquistado por los musulmanes, también se extinguió como reino, pero lo hizo para reaparecer más tarde en nuevas formas de identidad y organización política.

6
El papado en torno a León el Grande

Tensiones raciales y culturales

La presencia en los territorios tradicionalmente romanos de quienes los antiguos habitantes de la región llamaban bárbaros no podía sino causar tensiones, malentendidos, y encuentros violentos. Esto se ve, entre otros muchos ejemplos, en el caso de la entrada de los godos al territorio romano, a la que ya nos hemos referido. Con un dramatismo que le es característico, Amiano Marcelino narra lo que sucedió tras varias batallas con los invasores hunos:

> La noticia se extendía ampliamente entre las naciones restantes de los godos, diciendo que una raza humana nunca antes vista había surgido repentinamente de un seno oculto, como un torbellino de nieve que desciende de los montes cerrados, arrasa y destruye todo lo que encuentra a su paso. (*Rerum gestarum*, 31.3.8; LCL III, p. 399)

Aquello aconteció aproximadamente en el año 375, cuando los que ahora llamamos visigodos llevaban el nombre de "tervingos", y los ostrogodos, el de "greutungos". Aquí lo mencionamos, no porque tenga importancia particular, sino porque esos son los términos que emplean los textos antiguos, y con los que se topará el lector o lectora que vaya a ellos.

En todo caso, como hemos dicho, los hunos vencieron a los ostrogodos, quienes quedaron supeditados a ellos. Convencidos de que los hunos eran invencibles, los visigodos huyeron hacia las riberas del Danubio y pidieron asilo en territorios romanos. Se dirigieron al emperador Valente, quien entonces reinaba en la región oriental del imperio, para que les permitiera cruzar el río y asentarse en la región de Tracia. En teoría, aquello sería de beneficio tanto para los godos como para el imperio, pues los primeros necesitaban lugar donde refugiarse de la furia de los hunos, y los segundos necesitaban tropas que defendieran sus fronteras contra otros posibles invasores.

Lo que se dice fácil y rápidamente en papel no resultó ser tan sencillo en la realidad. Se calcula que los visigodos eran entonces decenas de millares, y a esto parece haberse sumado un buen número de ostrogodos que habían logrado escapar de los territorios ahora en posesión de los hunos. Las autoridades romanas no estaban preparadas para tan enorme influjo de personas. Al parecer les interesaba más la ganancia propia que el bienestar de los recién llegados. Todo el proyecto estaba en manos del gobernador de Tracia, Lupicino, y del comandante militar, Máximo. Según los informes de Amiano Marcelino, ambos eran a la vez incompetentes y corruptos.

De esta forma, el cruce del Danubio estuvo tan mal organizado que muchos de los godos murieron ahogados. Al llegar a sus nuevas tierras, ya fuera porque no había comida, o porque Lupicino y Máximo vieron en la llegada de los godos una oportunidad para enriquecerse, los godos pasaron hambre. Los romanos obligaron a algunos godos a vender a sus hijos como esclavos para poder alimentar al resto de la familia. La única carne que había —y esta, a alto precio— era de perro. Aparentemente los romanos consideraban que los godos no merecían nada mejor —o al menos, los godos estaban convencidos de que eso pensaban los romanos—.

Ante las protestas de los godos, Lupicinio invitó a sus jefes a un banquete que parece haber sido una trampa. En todo caso, fuera por designio o no, en aquel supuesto banquete varios de los jefes godos fueron asesinados. Uno de ellos, Fritigerno, logró escapar e inmediatamente se alzó en rebelión contra los romanos. El emperador Valente acudió con tropas romanas con el propósito de aplastar la rebelión, pero fue vencido y muerto en la batalla de Adrianápolis (año 378). Todo esto fue el origen de la larga peregrinación de los visigodos, de su saqueo de Roma en el 410, de sus años como dueños de buena parte de Galia y, por fin, del reino visigodo en España. Todo esto se ha relatado con más detenimiento en el capítulo 2 de este tomo. Aquí hemos repasado y ampliado esos acontecimientos como ejemplo de las tensiones, prejuicios, explotación, violencia y desconfianza que reinaban entre los diversos pueblos germánicos y los grecorromanos.

Otro incidente muestra algo de las terribles consecuencias de esos prejuicios y desconfianza. Una década después de la batalla de Adrianápolis, algunos godos —no entre la gran masa visigoda que continuaba en rebelión, sino otros— habían alcanzado altos puestos en el gobierno imperial. Uno de esos era Buterico, quien había alcanzado el rango de general a cargo de las tropas en Tesalónica y sus alrededores. Sin embargo, no era bien visto por la población en general. Por alguna razón que no está clara, Buterico encarceló a un auriga cuyas hazañas en las carreras de carruajes le habían ganado gran popularidad. Se acercaban unas carreras importantes y Buterico se negaba a permitir que el auriga en cuestión participara en ellas. El pueblo se rebeló y le dio muerte a Buterico. Ese es el trasfondo de la matanza de Tesalónica, narrada en un tomo anterior, pues la noticia de lo ocurrido llevó a Teodosio a ordenarla, y a Ambrosio a negarle la comunión al emperador hasta que no se arrepintiera. Pero aquí nos interesa, no por todo eso, sino porque hay fuertes indicios de que la ira popular contra Buterico no se debía tanto al hecho de tener prisionero al auriga, como a ser godo y tener autoridad sobre los rebeldes.

Los papas en medio de los conflictos con los invasores

Poco antes del saqueo de Roma por los visigodos, el papa u obispo de Roma, Inocencio I, fue parte de una delegación romana que acudió a la corte del emperador Honorio en Rávena para pedirle que hiciera la paz con los godos. Inocencio estaba todavía en Rávena cuando los visigodos saquearon la ciudad de Roma y, por tanto, no fue llevado cautivo, como lo fueron otros personajes importantes de la ciudad. Casi inmediatamente después del desastre, Inocencio se dirigió a los obispos de Galia y España, podría decirse que con un extraño discernimiento de que pronto serían esos obispos y su grey quienes se verían bajo el gobierno de los godos. Inocencio intentaba colocar el desastre bajo el lente de sus convicciones cristianas, diciendo que Dios no había abandonado a la ciudad donde reposan los cuerpos de Pedro y Pablo, y que había sido testigo de tantos milagros, sino que estaba reprendiendo su soberbia.

En todo esto vemos a los papas empezando a llenar el vacío que iba dejando la decadencia del Imperio romano. En la primera de sus epístolas que se conserva, el papa Bonifacio I (418–422) parece ver claramente que la iglesia y su orden tendrán que suplir lo que antes el imperio proveyó en cuanto al orden social. Según Bonifacio, las leyes humanas y de los reyes humanos pueden cambiar. El contexto nos ayuda a entender las palabras de Bonifacio. Los vándalos reinaban a la sazón en buena parte de España y, viéndose amenazados por los visigodos, se preparaban a cruzar el Estrecho de Gibraltar e invadir el norte de África. En ese cruce contaban con la colaboración de otro personaje también llamado Bonifacio, como el papa. Este otro Bonifacio, quien había gobernado en África a nombre del Imperio bizantino, ahora se rebelaba contra él. El papa Bonifacio está diciendo que su homónimo en África podrá violar y cambiar las leyes humanas, pero que las divinas, que son las de la iglesia, permanecen para siempre.

El sucesor de Bonifacio, Celestino I (422–432), ocupaba la sede romana cuando los vándalos se trasladaron al continente africano. Su *Epístola a los obispos de África* se ocupa principalmente de la respuesta a los avances del pelagianismo en aquella región. Pero también, como de pasada, tiene en cuenta el reto que presenta la invasión de los vándalos. En medio de la turbulencia tanto de la herejía como de la conquista vándala, Celestino sigue la misma línea de los anteriores, respondiendo a las calamidades de los tiempos con palabras de aliento.

Durante el pontificado de Sixto III, quien sucedió a Celestino tras su muerte en el 432, resultaba obvio que los pueblos germánicos habían suplantado al Imperio romano. Este había venido a ser una autoridad más bien simbólica, pues los mismos reyes germánicos que se declaraban súbditos del imperio en realidad actuaban independientemente de los deseos y políticas imperiales.

Fue durante el pontificado de Sixto III que los vándalos afianzaron su poderío en África tomando posesión de Hipona y de Cartago. La mayor parte de España y de Galia estaba bajo el poder de pueblos germánicos: visigodos, suevos, francos, burgundios y otros. En la propia Italia, aunque la corte imperial en Rávena seguía gobernando, una buena parte de las tropas que la defendían era germana. El general que las mandaba, Flavio Aecio, era de proveniencia bárbara, y se había criado entre los visigodos y los hunos, donde había residido como rehén.

La juventud de León

El sucesor de Sixto III, León, es conocido como "León I" por ser el primero en llevar ese nombre, y como "León el Grande" por su carácter y su obra. León se formó y vivió dentro del contexto de los cataclismos que fueron las invasiones germánicas y la disolución del Imperio romano de Occidente. Nacido hacia fines del siglo cuarto (entre el 390 y el 400), vio la desilusión de toda una generación que se había formado pensando que, ahora que el imperio era cristiano, sería mejor, más fuerte, más abarcador y más feliz. Poco se sabe acerca de su familia, pero probablemente era romana y de mediano estatus social, pero con interés en las letras y los estudios.

León tendría unos veinte años cuando Alarico y sus visigodos tomaron y saquearon la ciudad de Roma. Aunque no hay razón alguna para pensar que estuvo allí durante el saqueo, no cabe duda de que aquello lo conmovió y dejó huella a lo largo de toda su vida, como sucedió con toda su generación. A eso rápidamente se añadían otras noticias de invasiones, rebeliones y conquistas por parte de los godos, los vándalos, los suevos y varios otros pueblos.

No sabemos cuándo ni por qué razón León se trasladó a Roma, donde se unió al clero de la ciudad y llegó a ser diácono. Esta era una posición de importancia, pues involucraba la administración de todos los bienes, actividades y asuntos del papado. Sirvió como diácono bajo Celestino. Luego sirvió a Sixto III, cuando se le encargó una difícil embajada que requería tanto habilidad diplomática como firmeza moral.

La embajada en cuestión fue resultado del favor y la admiración que el joven León se había ganado por parte de la hermana del emperador, Gala Placidia. Esta es la misma de quien dijimos —en el segundo capítulo del presente tomo— que fue llevada como cautiva cuando Alarico y sus godos tomaron y saquearon Roma, y que después contrajo matrimonio con Ataulfo, el sucesor de Alarico. Luego de la muerte de Ataulfo, Placidia había sido devuelta a la corte imperial de Roma. Gala Placidia había tenido oportunidad de observar el genio diplomático de León cuando surgió una situación difícil en Galia. Las relaciones no eran buenas entre el general Aecio y Flavio Albino, quien servía como gobernador romano en la misma región. Los seguidores de cada uno de los dos contrincantes llegaron a tener encuentros violentos. Cada uno de los dos culpaba a los seguidores del otro, y acusaba a su rival de conspirar contra el gobierno romano. El emperador Honorio había muerto, y su sucesor era el todavía niño Valentiniano III, hijo de Gala Placidia, quien servía como regente del imperio occidental. Gala Placidia y Valentiniano decidieron que si alguien podía evitar la catástrofe resultante de aquella rivalidad entre Aecio y Albino, ese alguien era el joven León, ahora arcediano. Siguiendo el mandato imperial, León fue a Galia, y de algún modo logró establecer un acuerdo entre Aecio y Albino.

León llega al papado

Estando León todavía en Galia, murió el papa Sixto III (año 460). Inmediatamente el pueblo y el clero de Roma eligieron a

León como su sucesor. Luego, quien salió de Roma como arcediano volvió a ella como papa electo. Esa elección contaba con el beneplácito de Gala Placidia y de la corte en Rávena. De hecho, León tuvo el apoyo decidido de Placidia hasta que ella murió, alrededor del 450.

Como vimos en el tomo segundo de esta serie, León tuvo un papel enorme en el proceso que llevó a la *Definición de fe* de Calcedonia. Su *Epístola dogmática*, dirigida al patriarca Flaviano de Constantinopla, fue suprimida por el concilio que se celebró en Éfeso en el 449 —aquel del que León dijo que no era un concilio, sino un latrocinio—. Luego, gracias a la intervención de otra mujer, Pulqueria, emperatriz tras la muerte de Teodosio II, la epístola fue leída y aprobada en el Concilio de Calcedonia (451).

Salvador de Roma

Pero León tenía también problemas de otra índole. Si en nuestro segundo tomo lo vimos como teólogo y defensor de la ortodoxia, aquí nos corresponde verlo como líder de la iglesia en medio de las devastadoras invasiones y conquistas bárbaras. León mantuvo una correspondencia amplia con obispos y otros cristianos que vivían en territorios invadidos por los bárbaros. Esa correspondencia, en sí misma valiosísima e interesante, fue eclipsada por lo que aconteció cerca de Roma en el año 452. Los hunos habían cruzado las fronteras romanas.

En el 451, Atila, el jefe de los hunos, reclamando que Honoria, la hermana de Valentiniano III, se había comprometido a casarse con él y darle como dote una buena porción del Imperio romano, acudió a la fuerza armada. Con un enorme ejército compuesto no solamente de soldados hunos, sino también de soldados germánicos aliados a él, Atila tomó y saqueó varias ciudades en Galia.

En respuesta a esto, el general Aecio —quien gracias a las gestiones diplomáticas de León retenía su autoridad— reunió un ejército formado no solamente por tropas romanas, sino también por visigodos, francos y otros. A mediados del

451, los dos grandes ejércitos se enfrentaron en la batalla de los Campos Cataláunicos, en la que los romanos y sus aliados vencieron a Atila y los suyos. Estos se vieron obligados a retirarse, cruzando el Rin y refugiándose en Panonia (hoy Austria y Hungría). Pero aquello no había terminado. En el año 452, Atila volvió a invadir los territorios romanos, cruzando los Alpes y exigiendo que Honoria le fuese entregada. Inmediatamente se paseó por el norte de Italia, tomando y saqueando una ciudad tras otra. Entonces se dirigió hacia Roma.

Al alcanzar la mayoría de edad, Valentiniano III había llegado al poder imperial. Pero con los recursos a su disposición le sería imposible detener militarmente la marcha de los hunos. Ante su amenaza inminente, Valentiniano optó por enviar una delegación a entrevistarse con Atila. La delegación incluía a los personajes más respetados en Roma: el cónsul Avieno, el prefecto Trigecio y el obispo León. No se sabe lo que se dijo o lo que aconteció en aquella entrevista. El propio León ni siquiera menciona a Atila en sus escritos. La única posible referencia de León a aquel episodio está en su sermón número 95, probablemente predicado en el 452 (por tanto, poco después de la embajada ante Atila). Allí, León se regocija, diciendo: «Por la misericordia de Dios, esta ciudad, que se vio convulsa por muchos peligros, ha vuelto a la paz» (PL 54, p. 398).

Más tarde los cronistas fueron añadiendo detalles, dándole a aquel episodio tonalidades cada vez más milagrosas, hasta llegar a la leyenda popular según la cual Atila vio a Pedro y Pablo junto a León. El más antiguo documento que menciona esto es la *Historia romana* de Pablo el Diácono, de fines del siglo octavo, unos tres siglos y medio después. Allí Pablo declara que «por revelación divina, Atila vio a dos varones, parecidos a los bienaventurados apóstoles Pedro y Pablo, vestidos en hábitos sacerdotales, de pie junto al pontífice, y amenazándole con espadas, para que no invadiera la ciudad» (*Historia romana*, 13.17).

En todo caso, no cabe duda de que la población de la ciudad vio en León el hábil diplomático, atrevido héroe o inspirado profeta que salvó a Roma de un desastre que parecía inevitable. En cuanto a Atila, murió inesperadamente en el

453. Tras su muerte, hubo disensiones entre sus seguidores. Pocos meses después, una confederación de pueblos germánicos —entre ellos los ostrogodos, largo tiempo sometidos a su poder— se enfrentó a los hunos y los derrotó de manera tan decisiva que pronto desaparecieron de la historia.

En Roma, el episodio de León ante Atila pareció repetirse en el año 455. En el año 437, al alcanzar Valentiniano III la edad de dieciocho años, cesó la regencia de Gala Placidia y él asumió el poder imperial. La irascibilidad del nuevo emperador lo llevó repetidamente a cometer graves errores. Posiblemente el más grave de ellos fue el asesinato de Aecio, el más hábil general romano, quien había servido de consejero y apoyo a Gala Placidia en tiempos de su regencia. Medio año después, algunos de los antiguos seguidores de Aecio, airados por el crimen cometido contra su general, asesinaron a Valentiniano. Su sucesor, Petronio Máximo, forzó a Eudoxia, la viuda de Valentiniano a casarse con él. Eudoxia apeló a Genserico, rey de los vándalos, para que acudiera en su defensa y la librara de ese matrimonio forzado.

Genserico, sabiendo que el ejército romano estaba desorganizado y desmoralizado a consecuencia de la muerte de Aecio, aprovechó la oportunidad para atacar y saquear Roma. Partiendo de Cartago con sus tropas, desembarcó en Ostia, junto a la desembocadura del Tíber, y avanzó hacia Roma, consciente de que la ciudad estaba prácticamente indefensa. Petronio Máximo intentó huir; pero una muchedumbre romana, enardecida por sus acciones, se apoderó de él y le dio muerte. La ciudad parecía estar no solamente indefensa, sino también acéfala.

Como último recurso, León reunió a un grupo de clérigos y fue a encontrarse con Genserico en las puertas de la muralla romana. En esta ocasión no pudo evitar que los invasores tomaran y saquearan la ciudad; pero sí pudo llegar a un acuerdo con ellos. Según ese acuerdo, Genserico entraría en la ciudad sin resistencia, y sus tropas dispondrían de dos semanas para apropiarse del botín que desearan, tras lo cual se retirarían llevando consigo tanto el botín como los rehenes que formaban parte de él. Pero a cambio de eso, las tropas de

Genserico se abstendrían de violencia contra los habitantes, y no destruirían ni incendiarían la ciudad ni sus edificios. Genserico se mostró fiel a sus promesas. A los catorce días, sus tropas abandonaron la ciudad y emprendieron el regreso a Cartago con enorme botín. Llevó como rehenes a varios miembros de la familia imperial, así como a senadores y otros romanos destacados.

Aunque en este caso León no pudo detener la ocupación y saqueo de la ciudad por los vándalos, como se decía que lo había hecho en el caso de Atila, este segundo episodio hizo de León el personaje de mayor prestigio y autoridad en todo el imperio occidental. Por tanto, aquello marcó un hito en el proceso que hizo de la iglesia —y normalmente también del papado— la guardiana del orden en lo que antes había sido el Imperio romano de Occidente. Esto a pesar de que todavía habría emperadores hasta el año 476, aunque ya no tuvieran verdadero poder.

La primacía romana

León vivió en un momento histórico en que el Imperio romano de Occidente se desmoronaba, deshaciéndose en pugnas internas al mismo tiempo en que los pueblos germánicos —godos, vándalos, francos, suevos y muchos otros— tomaban posesión de sus antiguos territorios. Frecuentemente se declaraban vasallos o *foederati* del imperio, pero en realidad eran prácticamente independientes. El vacío político que la decadencia del Imperio romano iba dejando reclamaba que alguien lo llenase. Esto, a su vez, llevaba al frecuente surgimiento de pretendientes al trono imperial y a las consiguientes guerras y desórdenes. En medio del caos y la incertidumbre reinantes, una figura sobresalía como autoridad moral y civil de mayor realce que todos los pretendientes al trono, y hasta de quienes lo ocupaban. Esa figura era aquel papa León I, a quien la posteridad daría el título de "el Grande". Cuando las autoridades imperiales temieron las consecuencias de los desacuerdos entre Aecio y Albino, acudieron a León y a su habilidad diplomática. Cuando Roma tembló ante la amenaza, primero de los hunos y luego de los vándalos, fue León quien acudió en el primer caso a detener a los invasores, y en el segundo a mitigar las consecuencias.

Como buen diplomático y conocedor de las realidades humanas, León entendería las razones políticas que lo impulsaban hacia la posición de autoridad en que se veía. Pero León era también teólogo y pastor y, por tanto, leía lo que estaba sucediendo, no solamente con los ojos del político, diplomático y estadista, sino también desde una perspectiva teológica que reflejaba e interpretaba la realidad política desde el punto de vista de la fe. Esto significa que, según la visión de León, su autoridad no derivaba de sus dotes diplomáticos, de su habilidad política ni de su integridad personal, sino principalmente de que le correspondía como sucesor de Pedro, jefe de los apóstoles, en el episcopado de Roma.

León expresó la primacía del papa en toda la iglesia cristiana tanto con claridad teológica como en la práctica. El argumento teológico de León partía de la supremacía de Pedro entre los apóstoles. En una carta dirigida a los obispos de Viena —no la de Austria, sino la ciudad en Galia que entonces llevaba ese nombre— establece ese punto de partida:

> Nuestro Señor Jesucristo, Salvador del género humano, instituyó la observancia de la religión divina que él quiso que, por la gracia de Dios, derramase su esplendor sobre todas las naciones y pueblos, de tal manera que la verdad, que antes estaba limitada a los anuncios de la Ley y de los Profetas, saliese, por el sonido de la trompeta de los apóstoles, para la salvación de todos [...]. Pero esta función sagrada quiso el Señor que fuese, en efecto, común a todos los apóstoles, aunque de tal modo que colocó la principal responsabilidad sobre el bienaventurado Pedro, jefe de todos los apóstoles; y de él, como de una cabeza, quiso que sus dones fluyeran a todo el cuerpo: para que cualquiera que se atreviese a separarse de la roca firme de Pedro comprendiese que no tiene parte ni herencia en el misterio divino. Porque quiso que aquel a quien había recibido en participación de su unidad indivisible fuese llamado con

> el mismo nombre que él mismo llevaba, cuando dijo: «Tú eres Pedro, y sobre esta roca edificaré mi iglesia»; para que la edificación del templo eterno, por el admirable don de la gracia de Dios, se asentara sobre la roca sólida de Pedro, fortaleciendo así a su Iglesia con tal firmeza que ni la temeridad humana pudiera derribarla ni las puertas del infierno prevalecer contra ella. (*Ep*. 10.1; NPNF2 12, p. 8)

León entendía que esa supremacía, derivada de la prioridad de Pedro entre los apóstoles, se extendía a toda la iglesia, tanto en Oriente como en Occidente. En cuanto al Occidente, esa autoridad no se ponía en duda, pues los acontecimientos mismos de aquellos tiempos parecían corroborarla. En cuanto al Oriente, sí había un orden sociopolítico y religioso que no dependía de las acciones papales. Por tanto, existían títulos y tradiciones que no coincidían con la visión de León. Esto llevó a León a protestar contra todo intento de equiparar con Roma a cualquier otro obispado o patriarcado. Por razones obvias, los cristianos orientales súbditos del imperio oriental tendían a darle especial importancia al patriarca de Constantinopla, ciudad a la que frecuentemente se referían como "la nueva Roma". Esto se vio ya en el Concilio de Constantinopla en el 381, que en su tercer canon determinó: «Puesto que Constantinopla es la nueva Roma, el obispo de Constantinopla tendrá el más alto honor después del obispo de Roma» (NPNF2 14, p. 178). Pero el concilio de Calcedonia (451), reunido durante el pontificado de León, decidió que la sede constantinopolitana debía gozar del mismo honor que la romana. El canon 28 de ese concilio decía:

> Siguiendo en todas las cosas las decisiones de los santos padres y reconociendo el canon que acaba de ser leído —el de los ciento cincuenta obispos amados de Dios que se reunieron en la ciudad imperial de Constantinopla, la Nueva Roma, en tiempos del emperador Teodosio de feliz memoria— nosotros también establecemos y decretamos las mismas disposiciones acerca de los privilegios de la santísima iglesia de Constantinopla, que es la nueva Roma.

> Porque los Padres concedieron con razón privilegios al trono de la antigua Roma, por ser esta la ciudad real. Y los ciento cincuenta obispos más religiosos, movidos por la misma consideración, otorgaron privilegios iguales al santísimo trono de la Nueva Roma, juzgando con justicia que la ciudad que es honrada con la soberanía y el Senado, y que goza de los mismos privilegios que la antigua Roma imperial, debe también ser engrandecida en los asuntos eclesiásticos como lo es en los civiles, y ocupar el segundo lugar después de ella. (NPNF2 14, p. 287)

Nótese que, mientras León afirmaba que la supremacía de Roma se basaba en la autoridad que Jesús había concedido a Pedro y sus sucesores, este canon del Concilio de Calcedonia basaba esa autoridad romana, no en la sucesión petrina, sino en el hecho de que Roma era la antigua capital imperial. Sobre esa base, se argumentaba que Constantinopla, por ser ahora la capital imperial, debía gozar de un honor semejante. En breve, León afirmaba la autoridad del pontífice romano sobre bases teológicas, mientras el canon de Calcedonia fundamentaba la autoridad, tanto de Roma como de Constantinopla, en las circunstancias políticas.

Enterado de lo que el Concilio de Calcedonia —que en casi todo lo demás había seguido sus instrucciones y deseos— había decretado, León escribió una carta dirigida al emperador Marciano. No obstante, en realidad estaba apelando a la emperatriz Pulqueria, quien (como ya hemos visto anteriormente) había sido su principal apoyo tanto en el proceso de desautorizar el "latrocinio" de Éfeso del 449 como en la convocación del Concilio de Calcedonia. En esa carta, León protesta que Anatolio, el obispo o patriarca de Constantinopla, erraba al propugnar lo dicho por el concilio, y se negaba a aceptar ese canon en particular. El meollo de la carta de León dice:

> Que la ciudad de Constantinopla tenga, como deseamos, su alto rango, y que, bajo la protección de la diestra de Dios, goce por largo tiempo del gobierno de vuestra clemencia. Sin embargo, las cosas seculares se apoyan en fundamentos

> distintos de las cosas divinas, y no puede haber edificio firme sino sobre aquella roca que el Señor puso por fundamento. Quien codicia lo que no le pertenece, pierde lo que es suyo. Bástele, pues, a Anatolio, que con la ayuda de vuestra piedad y con mi favor y aprobación ha obtenido el obispado de una ciudad tan grande. Que no desdeñe una ciudad que es real, aunque no pueda convertirla en una sede apostólica; y que de ningún modo espere elevarse haciendo daño a otros. Porque los privilegios de las iglesias, determinados por los cánones de los santos padres y fijados por los decretos del Sínodo de Nicea, no pueden ser anulados por ninguna acción temeraria, ni perturbados por innovación alguna. Y en el fiel cumplimiento de esta misión, con la ayuda de Cristo, estoy obligado a mostrar una devoción inquebrantable; porque es una responsabilidad que se me ha confiado, y me sería motivo de condenación si —Dios me libre— las normas sancionadas por los padres, y redactadas bajo la guía del Espíritu de Dios en el Sínodo de Nicea para el gobierno de toda la iglesia, fuesen violadas con mi consentimiento; o si los deseos de un solo hermano tuvieran para mí más peso que el bien común de toda la casa del Señor. (*Ep*. 104.3; NPNF2 12, p. 75)

Si leemos esas palabras cuidadosamente, veremos que lo que molesta a León no es solo que se equipare a Constantinopla con Roma, sino también, y sobre todo, que se dé a entender que la autoridad eclesiástica de la que ahora Roma goza se debe a que ha sido ciudad capital del imperio. Por eso dice que «las cosas seculares se apoyan en fundamentos distintos de las cosas divinas». En lo secular, Roma era ciudad capital porque allí moraba el centro del gobierno. Pero en lo divino o espiritual, la prioridad romana no se debe en modo alguno a la gloria imperial, sino a la primacía de Pedro entre los apóstoles, y de los sucesores de Pedro sobre toda la iglesia.

León no se oponía a que otras sedes orientales fueran objeto de honores particulares, fuera por su antigüedad —como la de Antioquía—, por su importancia en la tradición cristiana —como la de Jerusalén— o por su lugar dentro del imperio

—como la de Constantinopla—. Pero en su opinión —que pronto dominó en toda la iglesia occidental—, la primacía de Roma no se debía a tales consideraciones, sino sencillamente a la primacía que el Señor dio a Pedro, y que ahora ha pasado a los sucesores de Pedro en el episcopado de Roma. Además, en algunos casos, León extiende sus argumentos petrinos. Así, dirigiéndose al patriarca alejandrino Dióscoro, quien rechazaba la doctrina de las dos naturalezas en Jesucristo, le recuerda que Marcos, «el primero en gobernar la iglesia de Alejandría», era discípulo de Pedro, y que siempre concordó con su maestro.

Otras señales de centralización

León no reclamó la primacía solamente en cuestiones de honores, sino que también la empleó para reorganizar la iglesia y sus sistemas de decisiones, apelaciones, etc. Esto se nota inmediatamente al leer sus cartas. Dirigiéndose a Atanasio, obispo de Tesalónica, le dice: «Como nuestros antecesores», dándole autoridad sobre las iglesias de Ilírica (*Ep.* 6 y 14). En otra carta, advierte a los obispos de Sicilia: «Ningún obispo se atreva a salirse de su provincia para ordenar o para juzgar, sin la autoridad de la Santa Sede» (*Ep.* 10). A los obispos de Galia advierte que todo cuanto haga algún obispo requiere ser ratificado por la autoridad de la Santa Sede (*Ep.* 12). Dirigiéndose otra vez a los obispos de Sicilia, prohíbe que algún obispo sea consagrado sin la aprobación papal (*Ep.* 10). Y así sucesivamente.

Todo esto no fue sencillamente producto de los planes, la visión, o la autoridad personal de León y los otros papas de aquellos tiempos. Fue también el resultado de las nuevas condiciones políticas de los tiempos en que vivieron León, sus predecesores y sus sucesores más cercanos. Desde la época de Constantino, el Estado romano había ejercido su poder sobre la iglesia. Se esperaba que en cuestiones de importancia los obispos consultaran o al menos informaran a las autoridades gubernamentales. Pero ahora no se sabía exactamente quiénes eran esas autoridades. Los reinos germánicos que iban surgiendo pasaban por largos períodos de incertidumbre y caos. En un flujo constante, unos apoyaban a la iglesia nicena; otros, a la arriana; y otros se oponían a todas las iglesias. Mientras más se disolvía la autoridad imperial, más necesidad había de autoridades generalmente reconocidas que pudieran al menos ofrecer y proteger cierta medida de orden. Ese fue el vacío que llenó León, y que ayudaron a llenar también algunos de los papas mencionados al principio de este capítulo. Lo mismo hicieron, después de la muerte de León (461), sus más importantes sucesores.

Los sucesores de León

El sucesor inmediato de León, Hilario (461–468), siguió la misma política centralizadora. Sus principales intervenciones en tierras lejanas tuvieron lugar en España y Galia. En España, Hilario fortaleció su autoridad cuando un obispo consagró a otros obispos sin la debida autorización. Otros obispos españoles llevaron el caso ante el papa, y el fallo pontificio a favor de ellos fue también una afirmación de la autoridad del papado en España. Algo parecido aconteció en Galia, donde Hilario, por el hecho mismo de decidir entre contendientes, reafirmó la autoridad papal.

La situación se complicó en tiempos del próximo papa, Simplicio (468–483), en parte porque el año 476 marcó el fin oficial del Imperio romano de Occidente al ser depuesto el último emperador, Rómulo Augústulo. Esto aumentó la importancia y autoridad de la sede romana en los territorios que antes habían sido parte del Imperio romano de Occidente. Pero al mismo tiempo disminuyó la autoridad de los papas en el Oriente, donde los emperadores bizantinos ejercían presión sobre las autoridades eclesiásticas, paulatinamente llevando al "cesaropapismo", nombre que se le da a una situación en la que el César asume la autoridad sobre la iglesia, como si fuera un papa. Era el tiempo que discutimos en nuestro segundo tomo, cuando los emperadores bizantinos emitían decretos doctrinales y exigían que los fieles los aceptaran.

La carta que el papa Gelasio dirigió al emperador Anastasio en el 494 estableció la diferencia entre lo que ocurriría en Occidente —donde los papas defendían la primacía del poder espiritual sobre el civil— y en el Oriente bizantino, donde los emperadores podían deponer y nombrar a patriarcas y otros jerarcas eclesiásticos. Las palabras de Gelasio son un buen resumen de lo que a partir de entonces, y por largo tiempo, la sede romana reclamó y practicó en el Occidente:

> Hay, oh emperador augusto, dos poderes por los cuales principalmente se gobierna este mundo: la autoridad sagrada de los pontífices y el poder real. Entre ellos, tanto más grave es la carga de los sacerdotes, cuanto que han de dar cuenta a Dios incluso por los mismos reyes en el juicio divino. Pues sabes, hijo clementísimo, que, aunque presides sobre el género humano por tu dignidad, en las cosas divinas estás sometido con humilde devoción a los que presiden en ellas, y de ellos esperas las causas de tu salvación. (*Ep*. 8; PL 59, p. 42)

7
Los francos

Los inicios

Los francos parecen haber sido originalmente una confederación de diversos pueblos, o de miembros de diversos pueblos. Etimológicamente, nuestra palabra "franco" se deriva de las lenguas germánicas, en las que tenía el sentido de "ser libre o abierto" —lo que todavía perdura en el español, en palabras tales como "franqueza" y "franquicia"—. Es por eso que decimos que posiblemente los "francos" de antaño hayan sido una conglomeración o confederación, no de pueblos como tales, sino más bien de grupos o individuos que por alguna razón se asentaron cerca de la desembocadura del Rin, y hacia el este, en lo que ahora son los Países Bajos y el noroeste de Alemania. Posiblemente esa sea la razón por la que los más antiguos textos romanos que ofrecen listas de pueblos bárbaros, de Tácito y Plinio el Viejo, no mencionan a los francos. Cuando más tarde empiezan a aparecer menciones más frecuentes de los habitantes de aquellas regiones, se les da una gran variedad de nombres. En todo caso, el conocimiento que los romanos tenían de aquellos pueblos era tan confuso y distante que sus testimonios no pueden tomarse al pie de la letra.

Entre los nombres que se les da a los diversos grupos francos, se destacan los "salios" y los "ripuarios" —los primeros en los alrededores de la desembocadura del Rin y los otros más arriba en las orillas del mismo río, cerca de la actual ciudad de Colonia—. También hay noticias de incursiones francas y de ataques marítimos en Galia en el siglo tercero, bajo los reinados de Valerio y Galieno (253–268). A partir de entonces, y sobre todo en el siglo siguiente, las naves francas merodeaban por el Canal de la Mancha y por el Mar del Norte, interrumpiendo la navegación y el comercio, y en ocasiones desembarcando en el litoral para atacar y saquear algún poblado. La respuesta del imperio, particularmente hacia fines del siglo tercero, con las reformas militares de Diocleciano, fue crear un sistema de defensas costeras, el *litus saxonicum* —litoral sajón— para defender las costas tanto del norte de Europa como de Gran Bretaña.

Durante el siglo cuarto, los romanos empezaron a prestarles más atención a los francos. Juliano el Apóstata —de quien tratamos en nuestro tercer tomo— dirigió ataques contra los francos, pero a la postre los asentó en territorio romano como *foederati*. Amiano Marcelino cuenta:

> La nación de los francos salios, que habitaba las riberas del Rin, había cruzado el río y se había apoderado de toda la tierra que podía cultivar. Juliano César los atacó cerca de la región llamada Toxandria, que está entre los ríos Mosa y Rin, y tras vencerlos con gran valor los recibió cuando pidieron la paz. Les concedió que tuvieran morada en los campos desiertos que antes habían poseído, y que los cultivaran y defendieran los límites del imperio. De este modo los francos salios fueron recibidos bajo el dominio del Imperio romano, y viviendo en tranquilidad, ayudaron con frecuencia valerosamente a nuestro ejército. También los camavos, otro pueblo franco, después de muchas derrotas dadas y recibidas, se unieron a nuestra amistad, admitidos bajo la condición de conservar la paz. Con todo esto arreglado, Juliano se retiró a los cuarteles de invierno, y toda la Galia le aclamó con júbilo. (*Rerum gestarum*, 17.8.2-7; LCL, Ammianus Marcellinus III, pp. 350-52)

Algún tiempo después, los francos ripuarios se asentaron también en el imperio bajo las mismas condiciones. En resumen, a diferencia de los vándalos y sus aliados, los francos no cruzaron el Rin en masa, como invasores, sino más bien como aliados admitidos a formar parte del imperio. En esto, el cruce del Rin por los francos fue semejante al cruce del Danubio por los godos. Pero fue diferente en cuanto a que los francos no recibieron el maltrato que toleraron los godos ni sufrieron las consecuencias de la corrupción de las autoridades romanas. Por tanto no hubo una rebelión en masa, como la que llevó a los godos a invadir Italia y saquear Roma.

Lo que sí existió, empero, fue la "gran conspiración" del 367, en la que los francos se unieron a sajones, pictos, escotos y otros, y a algunos oficiales romanos que se prestaron a ello, con el propósito de deshacerse del poderío romano en Gran Bretaña. La participación de los francos no fue predominante, y consistió principalmente en atacar los litorales de Gran Bretaña, interrumpiendo el comercio y las comunicaciones militares de los romanos.

Clodoveo y su conversión

En el año 406, se produjo el gran cruce del Rin por parte de los vándalos y sus aliados al que nos referimos en el capítulo 5. Como fieles *foederati* de los romanos, los francos acudieron en defensa de los territorios invadidos. Según cuenta Próspero de Aquitania, los francos parecían vencedores cuando los alanos, aliados de los vándalos, intervinieron, dándoles la victoria a los invasores: «Los vándalos, los alanos y los suevos, después de cruzar el Rin, entraron en las Galias. Godigiselo, rey de los vándalos, fue muerto en batalla por los francos; pero, al recibir el auxilio de los alanos, los vándalos vencieron a los francos» (*Chronicon*, 2; PL 51, p. 596).

La historia de los francos después de esa batalla es complicada y no nos interesa aquí. El título de "rey de los francos" aparece en los textos antiguos queriendo decir más bien "jefe" que "rey"; así, por ejemplo, en el ejército franco que se enfrentó a los vándalos y a sus aliados parece que había varios "reyes" de los francos. Luego, aunque el título era común desde bastante antes, bien podemos decir que el primer rey de los francos, en el sentido que hoy le damos a esa palabra, fue Childerico, quien murió en el 481 tras gobernar por unos treinta y tres años. Lo que parece haberlo distinguido fueron sus desvaríos amorosos, pues de él Gregorio de Tours cuenta:

> Childerico era rey de los francos, un hombre muy valiente en las armas, pero entregado a los placeres. Y como violaba los matrimonios de muchas mujeres nobles, llegó a ser sospechoso y aborrecido por su pueblo. Por ello, los francos lo expulsaron y lo obligaron a ir al exilio en Turingia [...]. Y Egidio, que entonces era prefecto de los romanos en las Galias, obtuvo el reino de los francos [...]. Después de ocho años, Childerico regresó con los suyos, habiéndose restablecido la paz entre ellos. Entonces Basina, reina de los turingios, dejando a su marido, vino a él y le dijo: «Sé que hay hombres más poderosos que tú en todas las regiones del mundo; pero yo no iré con un hombre que sea simplemente fuerte, sino con aquel que sé que es el más fuerte de todos, porque sé que tú eres tal». [...] Y cuando ella vivió con él, le dio un hijo, llamado Clodoveo. (*Historia Francorum*, 2.12; PL 71, pp. 209-10)

Clodoveo, nacido alrededor del año 466, se crio en un ambiente de guerra, y desde joven se distinguió en batallas tanto contra otros pueblos germánicos como contra grupos francos. Esto era así porque, aunque se lo llamara "rey de los francos", Childerico había sido más bien rey solamente de los salios, no de todos los francos. Clodoveo sería todavía un joven adolescente (de unos quince o dieciséis años) cuando Childerico murió y Clodoveo le sucedió. Tan pronto como se aseguró de su posición entre los francos salios, se dedicó a unir bajo su dirección todas las ramas o tribus de los francos, y con ellos a adueñarse del resto de Galia. En esa empresa fue implacable, como se ve en el siguiente pasaje de Gregorio de Tours:

> Después de esto, [Clodoveo] se volvió contra el rey Cararico. Pues cuando combatía contra Siagrio, había enviado mensajeros para pedirle ayuda; pero Cararico le respondió así: «Esperemos a ver qué hace este; si logra vencer,

> entonces nos someteremos a él». Cuando Clodoveo oyó esta respuesta y, después de vencer a Siagrio, se volvió contra Cararico, lo capturó junto con su hijo, les mandó cortar el cabello y los hizo entrar en el clero. Pasados algunos días, al oír que ellos se lamentaban de su tonsura y decían que habían hecho mal en consentir a tal cosa, pues su cabellera —símbolo de realeza— les había sido quitada, Clodoveo dijo: «Ahora se duelen porque han perdido el reino», y mandó que los mataran. De este modo se apoderó de su reino y de su pueblo. (*Historia Francorum*, 2.41; PL 71, p. 238)

Algo semejante hizo con Ragnachar, otro rey franco, a quien Clodoveo ejecutó personalmente a golpes de hacha. En el 486, tras pasar unos cinco años fortaleciendo su base entre los francos, derrotó a los romanos que controlaban territorios cercanos. En el año 507, tras ejecutar al jefe romano y seguir consolidando su poder entre los francos, Clodoveo se volvió contra sus vecinos visigodos, cuyo rey Alarico II murió en el campo de batalla. Clodoveo se apoderó de buena parte del reino visigodo, y eso marcó el inicio del repliegue de los visigodos hacia España. Además, en parte por razón del prestigio que esa victoria le dio a Clodoveo, el emperador bizantino Anastasio I le dio el título, más bien simbólico que real, de cónsul romano.

Además del creciente poderío de Clodoveo, y de su victoria sobre los visigodos, lo que hizo políticamente posible esa acción del emperador Anastasio fue que años antes, en el 496, Clodoveo, hasta entonces pagano como casi todos sus súbditos, se había convertido oficialmente al cristianismo niceno. Los francos habían traído y conservaban la fe y tradiciones de los pueblos germánicos. Sabían del cristianismo tanto por sus contactos con otros pueblos como porque había cristianos entre sus súbditos conquistados. Pero la religión de los francos —y ciertamente la de sus jefes— seguía siendo la que habían heredado de sus antepasados. Luego, no hay razón para dudar de la tradición según la cual quien sirvió de agente para la conversión de Clodoveo fue Clotilde.

Clotilde era una princesa burgundia. Los burgundios parecen haber estado asentados en las regiones del mar Báltico cuando comenzaron los grandes movimientos migratorios que llevaron a los germanos a los territorios romanos. Fueron parte de la alianza de vándalos y otros que cruzaron el Rin en el 406. Tras relaciones unas veces amigables, y otras de enemistad armada, con los romanos, vinieron a ser *foederati* del imperio, y se instalaron en el sur de lo que hoy es Francia, en el valle del Ródano. Como sus vecinos y a veces aliados visigodos y vándalos, cuando los burgundios se convirtieron al cristianismo se declararon arrianos. Pero al moverse a territorios tradicionalmente romanos y nicenos, algunos de ellos abandonaron el arrianismo y se declararon nicenos.

Entre estos últimos estaba la familia de Clotilde. Ella tenía al menos dos tíos: uno arriano (Gundevaldo) y otro más bien niceno (Godegiselo). Gundevaldo, el arriano, ordenó el asesinato del padre y de la madre de Clotilde, al parecer por razones políticas. Clotilde escapó y huyó a Ginebra, donde reinaba su otro tío, Godegiselo, de fe nicena. Fue en parte para sellar una alianza entre los francos y los burgundios que Clodoveo tomó por esposa a Clotilde. Gregorio de Tours lo resume como sigue:

> Clodoveo, siendo aún joven, oyó hablar de una doncella llamada Clotilde. Como enviaba con frecuencia embajadas a Borgoña, sus mensajeros descubrieron a aquella joven. Al ver que era hermosa, prudente y adornada de toda virtud, regresaron y se lo contaron al rey. Entonces él envió emisarios para pedirla en matrimonio. (*Historia Francorum*, 2.28; PL 71, pp. 223-24)

Los primeros tiempos de su matrimonio no fueron buenos para Clotilde. Tuvieron un hijo, a quien ella hizo bautizar contra la voluntad de Clodoveo. Cuando el pequeño murió, Clodoveo vio aquello como castigo de los dioses, y le dijo a Clotilde que, si ese era su dios, no quería saber más de él. Nació entonces un segundo hijo. Clodoveo prohibió que fuera bautizado, pero Clotilde lo bautizó en secreto. Cuando este segundo hijo enfermó, el rey temió por su vida; pero cuando el niño se repuso, Clodoveo empezó a pensar en el Dios de Clotilde.

Gregorio dice: «La reina no cesaba de predicar al rey, para que reconociera al Dios verdadero y abandonara los ídolos vanos; pero con tales palabras no lograba aún inclinarlo a la fe» (*Historia Francorum*, 2.30; PL 71, p. 225). Pero cuando Clodoveo emprendió la guerra contra los alamanes, y de momento vio peligrar la victoria, le rogó a «Jesucristo, a quien Clotilde predica como el Hijo del Dios vivo» (*Ibíd.*). Le prometió que, si le daba la victoria, creería en él y sería bautizado.

Clodoveo ganó la batalla y cumplió su promesa. Al regresar del campo de batalla le contó a Clotilde lo que había prometido, y ella reclutó al obispo Remigio de Reims para que catequizara a su esposo. No es posible determinar la duración del catecumenado de Clodoveo bajo Remigio, pero por otros documentos sabemos que lo más común en ese tiempo era un catecumenado de cuarenta días. Concluida su preparación catequética, Clodoveo advirtió a Remigio de sus dudas en cuanto a la actitud del pueblo. Pero, según cuenta Gregorio de Tours, esas dudas se disolvieron milagrosamente. El relato empieza con las palabras de Clodoveo a Remigio:

> Con gusto te escucharé, santísimo padre —dijo. Pero queda una cosa: el pueblo que me sigue no consiente en abandonar a sus dioses. Sin embargo, iré y les hablaré según tu palabra.
>
> Y cuando se reunió con los suyos, antes de que él hablara, por la fuerza anticipadora de Dios, todo el pueblo exclamó a una voz: «Abandonamos a los dioses mortales, oh piadoso rey, y estamos dispuestos a seguir al Dios inmortal que predica Remigio».
>
> Se anunció esto al obispo, quien, lleno de gran alegría, mandó preparar el lavacro sagrado. (*Historia Francorum*, 2.31; PL 71, p. 226)

El bautismo tuvo lugar en la iglesia de Reims, donde Remigio servía como obispo. El interior de la iglesia estaba adornado elegantemente, con velos o tapices que cubrían las paredes.

Numerosas lámparas iluminaban la escena, y la fragancia del incienso llenaba el lugar. Aparentemente, Clodoveo se presentó altivo, pues Gregorio de Tours dice que Remigio lo amonestó: «Dobla la cerviz con mansedumbre, sicambro [el nombre de una antigua tribu franca famosa por su actitud reacia]; adora lo que antes quemaste, y quema lo que antes adoraste» (*Historia Francorum*, 2.30; PL 71, p. 225). La reina Clotilde estaba presente y llena de gozo. En torno a ella estaban los personajes más distinguidos del reino. Gregorio dice que más de tres mil militares fueron también bautizados, aunque no está claro si eso ocurrió inmediatamente, en la misma ceremonia, o si fue cuestión de varios días. Según Gregorio, el óleo sacramental escaseaba, y una paloma descendió del cielo con un ámpula de aceite que Remigio empleó para ungir al rey. Más tarde, se guardaba una "santa ámpula de Reims", que se siguió empleando para ungir a los reyes franceses hasta el tiempo de la Revolución Francesa.

Avito de Viena —no la capital de Austria, sino una ciudad del reino burgundio— escribió a Clodoveo poco después de su bautismo, felicitándolo por lo hecho. Es posible que Avito conociera a Clotilde, quien era también de burgundia, pero no hay pruebas de ello. Aunque Avito hizo uso de expresiones grandilocuentes para expresar su alegría ante la conversión de Clodoveo, todo lo que dijo ni siquiera se aproximó a lo que a la larga fueron las consecuencias de este hecho. En los años y siglos inmediatos, la conversión de los francos al cristianismo niceno facilitó la conversión a la fe nicena de los pueblos germánicos que antes habían abrazado el arrianismo —entre ellos los visigodos, vecinos de los francos—. La ya mencionada reacción del emperador bizantino Anastasio aumentó el poder y la influencia de los francos en Europa occidental. Entre los mismos francos, la dinastía de Clodoveo, los merovingios, fue substituida por los carolingios —la dinastía de Carlomagno—. Bajo esta, el poderío franco alcanzó sus momentos de mayor esplendor, tanto en lo político y militar como en lo intelectual.

Clodoveo y la *Ley sálica*

Un producto notable del reinado de Clodoveo, frecuentemente olvidado por los historiadores de la iglesia, fue el código conocido como *Lex salica* o *Ley sálica*. Clodoveo auspició este código legal, producido unas tres décadas después del código visigodo de Eurico. El propósito de Clodoveo era poner por escrito, en el latín de su tiempo y de su pueblo, la tradición legal de los francos. Clodoveo encomendó esa tarea a "los sabios de los francos". Luego, aunque en su lengua y en su organización la *Ley sálica* parecía romana, en su esencia y en sus leyes particulares reflejaba las costumbres francas mucho más que las romanas.

Como los códigos romanos y los visigodos, el de los francos sálicos se divide en una serie de "títulos", cada uno de los cuales se refiere a una situación particular. Al estudiarla en conjunto, vemos que no se trata de un sistema legal en el que se determinan las acciones que el gobierno ha de tomar ante un caso cualquiera, como en nuestros códigos modernos. Su propósito es más bien evitar las venganzas y *vendettas* personales mediante un sistema de pagos e indemnizaciones.

Puesto que es aquí que por primera vez en este tomo tratamos acerca de tales sistemas, típicos de la tradición germánica, debemos detenernos para explicarlos en términos generales. El propósito de tales sistemas no es, como en los códigos modernos, establecer penas o castigos que las autoridades han de imponer, sino más bien establecer las indemnizaciones que quien hace un mal a otro ha de pagarle. Se espera que, mediante el pago de tales indemnizaciones previamente establecidas, se eviten las venganzas excesivas y su espiral de violencia.

El concepto fundamental de tal sistema de derecho, y que frecuentemente se usa para nombrarlo, es el *Wergeld*, palabra que etimológicamente quiere decir precio o valor de una persona. Cuando alguien hiere, ofende o mata a otra persona, se requiere una compensación, por lo general monetaria, por lo dañado o destruido. El monto de tal compensación depende del valor de lo afectado. En el caso de daños a la persona, ese valor depende del estatus del damnificado.

En términos generales, la *Ley sálica* —y varios otros códigos germánicos— distingue entre cuatro categorías de personas. La más baja era la del esclavo o siervo, que no tenía valor propio, sino solo como propiedad del amo. En caso de daño a un esclavo, este no recibía compensación alguna, sino que tal compensación iba al dueño. Por encima de los esclavos estaban los libertos, antiguos esclavos declarados libres, cuyo valor en caso de muerte se limitaba en la *Ley sálica* a un máximo de doscientas monedas de oro. Esa misma cantidad era el valor usual del nacido libre. El de un noble era de seiscientas monedas de oro. En resumen, el estatus social de la persona determinaba su estatus legal y el monto de la compensación correspondiente a la ofensa. Todo esto no era cuestión privada, sino que la familia toda de quien robaba o mataba estaba obligada a ofrecer la compensación debida.

La *Ley sálica* como un todo refleja un contexto guerrero, en el que se da por sentado que las mujeres tienen muy pocos derechos, todos vistos en el contexto de su relación con varones: el padre, el esposo, los hijos. Los crímenes cometidos contra ellas —violaciones o injurias— vienen a ser crímenes cometidos contra los varones relacionados con ellas.

Como es de esperarse en una sociedad en la que pocos saben leer o escribir, en la *Ley sálica* se le da mayor autoridad que en la ley romana a los acuerdos, declaraciones y testamentos hechos en forma oral. Así, por ejemplo, si alguien declara ante testigos que después de su muerte algo que posee ha de pasar a tal o cual persona, tal declaración tiene el valor de un testamento escrito.

La *Ley sálica* tuvo consecuencias importantes tanto para la teología como para la política. De sus consecuencias teológicas o doctrinales nos ocuparemos en nuestro último capítulo. Pero las políticas de esa ley merecen al menos una mención y explicación. La ley en cuestión, en el título 62, decía sencillamente que «de la tierra sálica no pase ninguna parte de la herencia a la mujer, sino que toda la herencia de la tierra corresponda al sexo masculino». Con el correr del tiempo, esa ley crearía problemas, no solamente en cuestiones de propiedad, sino también en cuestiones de sucesión a algún trono.

Veamos dos ejemplos: uno relativo a Francia e Inglaterra y otro a España. Al morir el rey de Francia, Carlos IV, en 1328, el rey de Inglaterra era Eduardo III, quien podía reclamar la herencia de Carlos IV y, con ello, el trono francés a través de su madre. Sin embargo, en Francia, quienes se oponían a que el rey de Inglaterra accediera al trono apelaron a la *Ley sálica*, sosteniendo que, según esta, la herencia no podía transmitirse por línea materna. El resultado fue la Guerra de los Cien Años (1337–1453), que no concluyó hasta mucho después de que hubieran fallecido las generaciones originalmente implicadas.

En España, Isabel la Católica, reina de Castilla, murió en 1504, y Fernando, su esposo y rey de Aragón, falleció en 1516. Isabel pudo reinar en Castilla porque en ese reino no se aplicaba la *Ley sálica*; por la misma razón, su hija Juana —conocida como "la Loca"— heredó el trono castellano. En Aragón, Juana también era la heredera legítima, pero no pudo ejercer el poder efectivo debido a su supuesta incapacidad, de manera similar a lo que ocurría en Castilla, y la autoridad quedó en manos de su hijo Carlos, nieto de Isabel y Fernando. Más tarde, Felipe V, impulsor de principios inspirados en el modelo francés, instituyó el principio sálico, lo que en el siglo siguiente sería uno de los motivos de las guerras carlistas.

Los francos después de Clodoveo

La tradición franca tendía a dividir las posesiones entre los hijos varones. Por esa razón, al morir Clodoveo en el año 511, su reino se repartió entre sus cuatro hijos varones. Esto llevó a una serie de guerras y conspiraciones que terminaron cuando uno de los hijos de Clodoveo, Clotario I, logró reunificar el reino. Pero el mismo proceso se reprodujo a su muerte, y repetidamente interrumpió la vida política y la paz de los reinos francos.

En el 614, el rey Clotario II promulgó el *Edicto de París*, que limitaba el poder real y aumentaba el de la nobleza y el alto clero. A consecuencia de todo esto, el poder de los reyes decayó a tal punto que hubo una serie de reyes llamados entre los franceses *rois fainéants*, reyes inútiles o, literalmente, reyes que nada hacen. Quienes llenaron ese vacío fueron los "mayordomos de palacio", quienes eran los verdaderos administradores de un reino franco ahora reunido, pero prácticamente acéfalo. Uno de esos mayordomos de palacio, Carlos Martel, ganó enorme prestigio cuando en la batalla de Poitiers (o de Tours) detuvo el avance de los moros, quienes tras derrotar a los visigodos habían cruzado los Pirineos y amenazaban el corazón mismo de Europa (732).

Carlos Martel reorganizó tanto el gobierno mismo como la iglesia. Tras su muerte, su hijo Pipino el Breve depuso al último rey merovingio y fue consagrado como rey por el obispo y enviado papal Bonifacio, quien lo hizo con el apoyo del papa Zacarías. Esa consagración fue reafirmada y hecha hereditaria en el 754 por el papa Esteban II. Aquí comenzó la dinastía carolingia. Esta relación entre el papado y el reino franco se fortaleció cuando —como veremos en otro capítulo— los carolingios acudieron en ayuda del papado frente a la amenaza de los longobardos. En la persona de Carlomagno, la dinastía de los carolingios llegó a ser muy poderosa, hasta el punto que en el año 800, poco más de trescientos años después del bautismo de Clodoveo, en la antigua basílica de San Pedro en Roma, el papa León III coronó a Carlomagno —Carlos el Grande— como emperador. Así revivió el antiguo Imperio romano de Occidente, en una nueva encarnación: el Sacro Imperio Romano Germánico.

8
Irlanda

Presencia cristiana antes de Patricio

La persona de san Patricio, el famoso misionero a quien se atribuye la conversión de Irlanda, tiene tal fama y esplendor, y alrededor de ella han surgido tantas leyendas, que se hace prácticamente imposible saber mucho acerca de la presencia del cristianismo en Irlanda antes de él. Puesto que esa isla nunca fue parte del Imperio romano, lo que los autores romanos nos dicen acerca de ella es borroso y no siempre preciso. Sin embargo, dado que los romanos se adueñaron de buena parte de Gran Bretaña durante el siglo primero, y no se retiraron de ella sino en el cuarto, sí sabemos que desde tiempos antiguos hubo comercio entre esa isla y la vecina Irlanda, y que a principios del siglo cuarto había en Gran Bretaña enclaves irlandeses que conducían comercio entre las dos islas.

El cristianismo tenía buen número de creyentes en Gran Bretaña. Por ello, se puede suponer que parte de ese contacto entre una isla y la otra tendría por consecuencia el conocimiento, o al menos la noticia, de la fe cristiana en Irlanda. Ya a fines del siglo segundo o principios del tercero, Tertuliano afirma que el cristianismo ha llegado a las regiones inaccesibles de los britanos,[1] lo que algunos piensan que se refiere a Irlanda.

1 Aclaremos que aquí llamaremos "britanos" a los antiguos habitantes del sur de Gran Bretaña, conquistados por los romanos, y "bretones" a los habitantes de Bretaña, en lo que hoy es Francia. El término "británicos" se deja con el sentido que hoy tiene esa palabra.

La primera noticia de la existencia del cristianismo en Irlanda antes de la misión de Patricio se encuentra en la *Crónica* de Próspero de Aquitania. Este anota que, en el año 431, «el papa Celestino ordenó a Paladio y le envió a los creyentes escotos [como entonces se llamaba a los irlandeses] para que fuera su primer obispo» (MGH, *Leges antiquiores*, 9). El que se les llame «creyentes escotos» da a entender que Paladio no iba a reclutar los primeros cristianos, sino que ya había allí al menos un núcleo de estos. Además, algunos restos arqueológicos encontrados en Irlanda y que parecen preceder a la llegada de Patricio son indicios de que antes de él había ya algunos cristianos en Irlanda. Posiblemente algunos de ellos serían personas arrebatadas de Gran Bretaña por bandas irlandesas y llevadas a Irlanda como esclavos.

Un joven llamado Sacat

Corrían los últimos años del siglo cuarto, y el Imperio romano de Occidente se veía amenazado por el influjo de los pueblos germánicos. Buena parte de la isla de Gran Bretaña pertenecía a ese imperio, y las noticias que llegaban del continente europeo eran alarmantes. Igualmente alarmante era lo que acontecía en la isla misma. En el año 383, las tropas de Máximo —el general a cargo del ejército romano en la región— lo proclamaron como emperador. Máximo partió hacia el continente europeo con el grueso de sus tropas y se apoderó de buena parte de Europa occidental, hasta que fue capturado y muerto por el emperador Teodosio I en el año 388. El resultado de todo esto en lo que hoy es Inglaterra fue que la presencia romana se debilitó, y que otros pueblos cercanos aprovecharon la ocasión para atacar la isla sorpresivamente y escapar con botín y cautivos.

Fue en esos años, en un lugar tan remoto que solamente sabemos su nombre (Bennavem Taberniae), que nació un niño a quien llamaron Sacat, Succetus o Sucat, pero a quien la posteridad conocería como Patricio. A través de los siglos se ha discutido el origen y significado del nombre "Sacat".

Hoy la opinión predominante entre los eruditos es que se deriva de raíces britanas. El propio Sacat dice sencillamente: «Tuve por padre a Calpurnio, diácono, hijo del presbítero Potito, del poblado de Bennavem Taberniae; pues tenía una pequeña villa cerca de allí» (*Confesión*, 1; PL 53, p. 801). Esto es prácticamente todo lo que sabemos de su familia, pues el nombre que tradicionalmente se atribuye a su madre, Conchesa, no aparece antes del siglo séptimo, y su atribución es por tanto dudosa. Por las palabras de Sacat sabemos que la familia era cristiana. Su abuelo era presbítero y el padre diácono. Sabemos también que no eran pobres, pero tampoco ricos, pues tenían una "pequeña villa" en las afueras del poblado. Además, su padre era decurión; esto no parece referirse a un rango militar, sino más bien a su participación en el gobierno local.

Lo que sabemos de la juventud y de la educación de Sacat es bien poco. Más tarde él mismo diría que, aunque se crio en una familia cristiana, en sus años mozos no le dio mayor importancia a la fe o a la devoción. En cuanto a su educación, afirma repetidamente, escribiendo bastante más tarde, que no era erudito, sino que su educación había sido limitada. No lo dice sencillamente por humildad, sino que los escritos que de él tenemos muestran que lo que dice era verdad. Esto no quiere decir, sin embargo, que fuera analfabeto, sino más bien que siendo joven hizo los estudios típicos de un joven de su posición social: la escritura y lectura, algo de gramática, la aritmética básica y necesaria para la vida cotidiana, y quizás la lectura de algunas obras clásicas. En todo caso, cuando Sacat fue madurando, el hecho mismo de saber que su educación era deficiente no lo llevó a despreciar el estudio, sino todo lo contrario. Él mismo aprendió todo lo que pudo, e inspiró a sus seguidores a dedicarse a estudios serios y profundos.

En resumen, la juventud de Sacat fue semejante a la de cualquier otro joven de su época en las regiones relativamente apartadas de Gran Bretaña. Por lo que Sacat cuenta, fue una vida tranquila sin mayores desasosiegos o amenazas.

Cautiverio

Pero entonces todo cambió radicalmente. Temprano en el año 410, llegaron a Gran Bretaña comunicados del emperador Honorio declarando que retiraba las tropas de la isla y que los habitantes tendrían que defenderse por cuenta propia. En ese tiempo la tragedia cayó personalmente sobre Sacat y su familia; el propio Sacat lo relata con dramática concisión: tras mencionar que su familia poseía una pequeña villa en las afueras del poblado, añade unas pocas palabras —«de donde yo fui llevado»— que anunciaban un hecho que cambiaría radicalmente su vida.

Sacat estaba en la pequeña villa de su familia, o en los terrenos cercanos, cuando fue sorprendido y capturado por una banda de irlandeses que lo llevaron cautivo para servir como esclavo en Irlanda. Aparentemente sus padres no estaban con él, pues los irlandeses no los capturaron. Bastante más tarde, al narrar los primeros años de su vida, Sacat le daría a ese episodio una interpretación teológica:

> Yo tenía entonces unos dieciséis años. No conocía al Dios verdadero. Fui llevado cautivo a Hibernia [Irlanda] junto con muchos miles de personas, conforme a nuestros merecimientos, porque nos habíamos apartado de Dios y no habíamos obedecido sus mandamientos ni a nuestros sacerdotes, que nos exhortaban para nuestra salvación. Por eso el Señor descargó sobre nosotros su ira y me llevó a servir como cautivo entre extranjeros en Irlanda. (*Confesión*, 1; PL 53, p. 801)

Irlanda era muy diferente de la tierra en que Sacat se había criado. Su lengua, relacionada con las de Gales y de la antigua Galia, distaba bastante del britano que Sacat probablemente hablaba desde niño, y del latín que habría aprendido en la escuela. Tradicionalmente, no existía allí un gobierno central que procurara establecer y sostener el orden, como el que Sacat había conocido, sino una multitud de clanes o tribus, cada cual con su jefe, y unas en tensión con otras. Tampoco había poblados siquiera de mediano tamaño. Era una sociedad guerrera y agraria, dedicada particularmente a la cría de cerdos y de ganado tanto vacuno como ovejuno.

Años más tarde, Sacat diría de aquella dura experiencia de ser esclavo en una tierra extraña cuya lengua y cultura no entendía: «El Señor miró mi bajeza»; también añadió que Dios velaba sobre él aun si él no lo sabía. Dios le dio fuerzas «como un padre [que ahora no tenía] consuela a su hijo». El gozo que eso le dio fue tal que no podía guardar silencio; y uno de los resultados de esa necesidad de dar gracias, anunciar y testificar fue la obra que venimos citando, su *Confesión*. Es un escrito brevísimo —apenas siete páginas en la *Patrologia latina* de Migne— y escrito sin arte, a veces desordenada o confusamente, pero es una obra que nos descubre su alma y nos dice casi todo lo que sabemos de su vida en aquellos primeros años.

Libertad en el cautiverio

Si se nos pidiera resumir en pocas palabras lo que, ya casi anciano, aquel esclavo cuenta de su experiencia de esclavitud en tierra lejana, lo diríamos con estas palabras: lo que tenemos en las manos es un himno a la libertad en medio del cautiverio. Aquel joven de unos escasos dieciséis años pasó ahora seis cuidando los animales de su amo, frecuentemente a solas con esos animales, en los bosques y montañas de Irlanda. Allí, en aquella forzada soledad, su fe empezó a resplandecer. Según nos dice, cada día elevaba a Dios al menos cien plegarias, y cada noche, casi otras tantas. Él mismo cuenta que se percató de que, estando en su casa con su familia, no le había prestado gran atención a la fe que en ella se profesaba. Pero ahora aquella fe vino a ser su escudo y fuente de protección. Ahora le parecía que la fatiga, el frío y el hambre que a veces sufría eran medios que Dios empleaba como disciplinas para su formación. Su respuesta a esas duras condiciones no fue la resistencia de un estoico, sino más bien la aceptación de un alumno sujeto a disciplina para poder aprender.

La narración continúa, resumiendo largos años en pocas palabras, hasta llegar a una noche extraordinaria. Él mismo lo cuenta como sigue:

> Y allí, una noche, en sueños oí una voz que me decía: «Has ayunado bien; pronto irás a tu patria». Y de nuevo, después de poco tiempo, escuché una respuesta que me decía: «He aquí que tu nave está preparada».
>
> Pero [la nave] no estaba cerca, sino que quizá estaba a unos doscientos mil pasos, y nunca había estado allí, ni conocía a nadie de los hombres de ese lugar. (*Confesión*, 6; PL 53, p. 804)

Inmediatamente después de escuchar aquella voz, tras seis años de esclavitud, Sacat huyó. Ahora nos cuenta:

> Llegué con la ayuda de Dios, quien me dirigía para mi beneficio, de modo que anduve sin temor hasta que por fin llegué a donde estaba el barco. Este estaba a punto de zarpar ese mismo día. Les pedí que se me permitiera navegar con ellos. Pero el piloto me habló ásperamente e indignado, diciendo que «ni sueñes venir con nosotros». Al oír esto, me fui a un lugar apartado donde podría abrigarme. Pero según iba caminando también iba orando; y antes de terminar de orar oí que uno de los marineros me gritaba fuertemente y venía corriendo diciéndome: «¡Apresúrate, que te están llamando!». Enseguida volví a donde estaban ellos y me dijeron: «Ven. Te llevaremos de buena gana. Serás nuestro amigo si quieres». (*Confesión*, 7; PL 53, p. 804)

Tras tres días de navegación llegaron a tierra. No se nos dice si arribaron a las costas de Gran Bretaña o del continente europeo, ni tampoco la razón que los llevó a ese lugar inhóspito. Si hubo alguna tempestad u otro percance, no aparece en la narración. Este es uno de los muchos lugares en los que este documento nos deja en dudas en cuanto al sentido exacto de lo que se narra.

Llegaron, pues, a aquella tierra desconocida donde todos salieron a caminar por varios días, al parecer, abandonando la nave. Llevaban veintiocho días caminando cuando les faltó comida. Sus acompañantes se dirigieron al joven cristiano —quizás en tono de burla, o quizás de protesta— diciéndole: «¿Cómo lo explicas, tú que eres cristiano? ¿No dices que tu Dios es grande y poderoso? Ruega entonces por nosotros, quienes estamos a punto de morir de hambre». Sacat los llamó a arrepentirse, diciéndoles que para Dios todo es posible. Y entonces nos cuenta:

> Una piara de cerdos salvajes se atravesó en nuestro camino, delante de nuestros ojos. Pudieron matar a muchos de ellos, y pasaron allí dos noches bien alimentados, recuperando sus fuerzas y comiendo la carne de los cerdos, pues estaban desfallecidos y apenas si podían tirarse a la vera del camino. (*Confesión*, 8; PL 53, p. 805)

Tras todas esas vicisitudes —y otras más— por fin Sacat, ahora un joven de unos veintidós o veintitrés años, llegó de regreso al hogar. Así parecía haber terminado aquella dolorosa saga: «Después de tantos años, me vi otra vez más entre mis familiares en Britania. Me recibieron como su hijo y, pensando en los sufrimientos de esos años, con lágrimas me instaban a nunca más dejarles» (*Confesión*, 8; PL 53, p. 805).

Un nuevo cautiverio en la libertad

Pero la historia de Sacat no terminó con ese desenlace feliz y sencillo. Inmediatamente después de contarnos acerca de su regreso y del alborozo con que fue recibido, nos sacude con una nueva visión que haría de todas sus aventuras anteriores un mero preludio al resto de su vida. En palabras harto sencillas, nos cuenta de una visión transformadora, tanto para él como para Irlanda, y para buena parte de la iglesia:

> Fue allí [en el hogar paterno] que una noche tuve una visión en que me apareció un hombre procedente de Irlanda que se llamaba Victorico y que traía consigo muchísimas cartas. Entregó una de ellas, y yo empecé a leer. Noté que el encabezado decía «La voz de los irlandeses». Y según iba leyendo, me parecía oír a quienes habían estado junto al bosque allá en Flocut, cerca del mar occidental, que clamaban como a una: «Te suplicamos, santo joven, que una vez más vengas a nosotros y andes entre nosotros». Yo quedé profundamente conmovido y no pude seguir leyendo. De repente desperté y sentí que el corazón me ardía. Eso me hizo comprender, gracias a Dios, que aquello era un llamado de aquellos irlandeses a quienes había dejado detrás, y que tenía la obligación de volver a ellos para anunciarles el evangelio. (*Confesión*, 10; PL 53, p. 805)

En su propia narración, Sacat salta de esa visión a su ministerio en Irlanda. Pero el proceso no fue tan rápido ni sencillo. Él mismo sabía que no tenía la preparación necesaria para instruir adecuadamente a los creyentes que surgirían de su ministerio en Irlanda, y por eso emprendió un largo viaje, principalmente a Galia, acerca del cual no hay detalles comprobables. Parece seguro que estuvo en Auxerre y en Lerins, aunque cuánto tiempo estuvo en esos lugares, lo que hizo o estudió allí, y el orden o itinerario que siguió son cuestiones irresolubles con los datos que tenemos.

Sí podemos decir sin temor a equivocarnos que pasó algún tiempo en Auxerre, quizás en más de una ocasión. A partir del 418 —y, por tanto, en tiempos de la(s) visita(s) de Sacat—, el obispo en esa ciudad era Germán de Auxerre. Durante su obispado en Auxerre, Germán hizo al menos dos visitas misioneras a Gran Bretaña, enviado allá por el papa Celestino I, a petición de los obispos de esa isla, para combatir el pelagianismo. Además, la misión de Germán de Auxerre, enfocada en la refutación del pelagianismo, subrayaba la soberanía y primacía de la gracia divina de un modo que sería afín a la devoción de Sacat. Su enfoque estaba en la soberanía de un Dios en quien se podía confiar tanto en los buenos tiempos como en los malos, y cuya gracia estaba siempre presente y activa.

Si Sacat estuvo en Lerins —lo que no es del todo seguro— esa visita le daría la oportunidad de conocer la vida interna de un monasterio dedicado no solamente a la contemplación y la oración, sino también al estudio. En tal caso, esto puede haberle servido de modelo e inspiración para los monasterios irlandeses, cuyo impacto en el resto de Europa sería notable.

En medio de toda esa nébula de datos sueltos, pero incomprobables y carentes de orden cronológico, hay otros dos puntos importantes en la vida de Sacat que debemos al menos mencionar. El primero se refiere a su ordenación, de la que no se conocen con certeza ni la fecha ni quién la llevó a cabo. Lo más probable —aunque no seguro— es que fuera ordenado presbítero por Amator de Auxerre, predecesor de Germán, y posteriormente consagrado obispo por Germán de Auxerre. En su *Confesión*, Sacat da indicios de que alguien se opuso a su ordenación, pero no ofrece más datos al respecto. En todo caso, al ser ordenado como obispo se le dio el título de "obispo de los irlandeses". Antes dijimos que Celestino I había nombrado de esta manera a Paladio. No sabemos si Paladio había muerto ni si había tenido sucesores. Tampoco está claro si, al ordenarlo como "obispo de los irlandeses", se lo consideraba sucesor de Paladio.

El otro misterio insoluble frecuentemente se combina con el primero, y es la cuestión de quién le dio a Sacat el nombre por el que la posteridad lo conocería: Patricio. Según uno de los más antiguos testimonios (la *Vida de san Patricio*, de Muirchú), no fue Germán de Auxerre quien consagró a Sacat. Por el contrario, Germán, maravillado ante la gracia de Dios que obraba en él, lo envió a Roma, donde Celestino I lo consagró y lo llamó Patricio. Otros añaden que Celestino le puso este nombre porque sería padre de muchos creyentes irlandeses. El misterio es insoluble con los datos que tenemos.

Patricio en Irlanda

Combinando todo lo que las fuentes existentes nos dicen, Patricio parece haber llegado por fin a Irlanda, ahora como misionero y obispo, alrededor del año 432, es decir, con poco menos de cuarenta años. No parece haber dejado esa isla el resto de sus días, ni siquiera para visitar a su familia en Gran Bretaña.

Su conocimiento de la sociedad irlandesa, de sus tradiciones y costumbres, y sobre todo de su lengua, llevó a Patricio a seguir una estrategia misionera diferente de la que la iglesia en general había practicado por años dentro de los confines del Imperio romano. Por una serie de razones, los antiguos romanos pretendían justificar sus conquistas con el ideal de "civilizar" a los bárbaros. "Civilizar" quería decir llevar el concepto grecorromano de la *civitas* o la *polis* a los conquistados. Esto no se hacía solamente en el campo de las ideas, sino sobre todo en la práctica, creando ciudades. Como ya hemos explicado, la *civitas* romana no era lo mismo que la urbe romana. Reflejando ese orden y ese contexto, la primera iglesia cristiana fue un movimiento mayormente urbano. La fe iba pasando de una ciudad a otra y entonces, mucho más lentamente, de la ciudad a sus alrededores. El jefe de la iglesia en una región cualquiera era el obispo de la ciudad desde donde las autoridades civiles —patrón para el orden de la iglesia— gobernaban la región.

Esa experiencia y práctica de cuatro siglos no podía aplicarse directamente en Irlanda, donde no había ciudades, sino más bien pequeños poblados en torno a los cuales vivía una población disgregada. Patricio sabía que la vida cristiana no es cuestión privada. Ciertamente, él mismo había experimentado un despertar de su fe en la soledad del cautiverio, y siempre insistiría en el valor y la necesidad de una devoción personal e íntima. Pero —posiblemente como reacción a lo soledad forzada que él mismo había experimentado— también estaba convencido de la importancia de la comunidad de fe, la iglesia, para la vida cristiana.

Por otra parte, Patricio entendía el enorme valor que daban los irlandeses a la unidad y solidaridad de cada tribu o clan. Sabía que las decisiones más importantes no eran cuestión individual, sino que se esperaba que todo el clan participara de ellas; y que, una vez tomada la decisión colectiva, los demás la aceptaran como suya. Aparentemente por esa razón, parte de la estrategia de Patricio fue allegarse primero a los jefes y otras figuras importantes en un clan o tribu, sabiendo que su aceptación de la fe cristiana sería el mejor medio para alcanzar al resto de la población.

Todo esto tuvo por resultado la fundación de numerosos monasterios. Al menos tres de ellos fueron fundados, sin lugar a dudas, por el mismo Patricio. Varios otros pronto reclamaron el mismo origen, pero no es seguro que hayan sido fundados directamente por él. El primero de los tres decididamente fundados por Patricio fue el llamado *Shabhal Phádraig*, o Granero de Patricio. Cuando Patricio llegó a Irlanda por segunda vez —no como cautivo, sino ahora como obispo y misionero—, el jefe del lugar le dio un almacén o granero para que le sirviera como lugar de reunión o iglesia. Aquel edificio funcionó no solamente como lugar donde Patricio y sus primeros conversos se reunían para el culto, sino también como residencia para Patricio y sus colaboradores y discípulos, quienes llevaban una vida comunitaria de devoción, estudio y evangelización. Además, por algún tiempo —hasta la fundación del monasterio de Armagh— el Granero de Patricio fue el centro administrativo y el lugar de preparación para quienes se unían a la labor evangelizadora.

En la vida de aquel monasterio —y también en la de los muchos monasterios que lo siguieron, tanto en Irlanda como en el resto de Europa— se veía una yuxtaposición de elementos tradicionales del monaquismo que Patricio había conocido mientras viajaba preparándose para su misión, con elementos característicamente irlandeses.

En cuanto a lo primero, los monasterios irlandeses, al igual que los que Patricio había conocido —el de Lerins, por ejemplo— tenían un horario que incluía tiempos específicos para la oración comunitaria, a la que todos debían asistir. El resto del día se dividía principalmente entre tiempo de estudio y tiempo de trabajo para el sostén de la comunidad. El énfasis que aquellos monasterios ponían en el estudio bien puede ser reflejo de la persistente preocupación de Patricio —la de que su preparación no era suficiente para la obra por delante— y de su convicción de que sus seguidores no debían adolecer de lo mismo. Por otro lado, el trabajo para el sostén de la comunidad incluía la amplia diversidad de tareas necesarias para el bien de la comunidad monástica: cuidado de los cultivos, preparación de comida, producción y reparación de utensilios, etc. Además, también imitaban lo que Patricio había conocido en sus viajes sirviendo de hospedaje para transeúntes, hospital para los enfermos y escuela para los jóvenes. Pero, a diferencia del monaquismo oriental y del que se practicaba en algunos monasterios occidentales, los monasterios irlandeses servían también como centro de preparación —tanto intelectual como espiritual— para la labor misionera.

Aquellos monasterios no se limitaban a imitar o reproducir lo que otros hacían en otros países, sino que también incorporaban en su seno elementos característicos de la cultura y tradiciones irlandesas. Desde tiempos antiquísimos, la cultura irlandesa se había caracterizado por el lugar que los poetas tenían en ella. Se entendía que las palabras, unidas en forma de poema, tenían poder en sí mismas. Cantar la gloria de un rey aumentaba esa gloria. Un poema satírico contra una persona tenía poder en sí mismo, más allá del daño que pudiera hacer a su reputación, pues la sátira misma podía debilitar a quien era objeto de burla, o hasta destruirlo. De este modo, la poesía era concebida como portadora tanto de bendición como de maldición.

Los irlandeses tenían un antiguo sistema de escritura, pero su uso, normalmente tallado en las aristas de algunas piedras, se limitaba principalmente a marcar y nombrar hitos que señalaban linderos, o a otras funciones parecidas. Luego, aunque los irlandeses tenían su propia forma de escritura, esta no se empleaba, como en otras culturas, para conservar la historia y las tradiciones, o para documentos de propiedad, contratos u otros usos semejantes. Esa custodia de la tradición, de las leyes y de los acuerdos, no se guardaba por escrito, sino en los cantos de los bardos. Tales cantos, memorizados y repetidos de generación en generación, tenían un poder a la vez legal y divino. El poder sobrenatural se debía a que sus palabras podían causar el bien o el mal. El legal, a que, en caso de alguna disputa, los poemas se usaban de un modo parecido al uso que tienen los documentos escritos en otros sistemas legales.

En los escritos de Patricio no hay mención alguna de los bardos o de sus tradiciones. Esto puede deberse en parte a que las dos obras de Patricio que se conservan no van dirigidas a los irlandeses, ni tienen el propósito de describir su cultura. Quizás se deba también a que en tiempos de Patricio la mayoría de los bardos se dedicaba todavía a cantar las virtudes y la sabiduría de las generaciones anteriores, que eran paganas. Por ello, quizás Patricio se haya distanciado de esta tradición.

Pronto, sin embargo, algunos bardos aceptaron la fe cristiana, y trajeron consigo su tradición, a la que ahora dieron un cariz cristiano. Además, la tradición y presencia de los bardos eran elementos tan significativos en la cultura irlandesa, que todos los conversos que resultaron de la obra de Patricio y de sus sucesores, fueran bardos o no, venían de un trasfondo bárdico que ahora trajeron a su nueva fe. De manera semejante a como la antigua educación de los jóvenes irlandeses consistía principalmente en la memorización de antiguos poemas, ahora la educación que tenía lugar en los monasterios —tanto para los monjes mismos como para la sociedad circundante— giraba en torno a la memorización. Esa memorización incluía historias y genealogías bíblicas, historias de santos, pasajes de las Escrituras —particularmente de los Salmos y los libros de sabiduría— y nuevas composiciones creadas principalmente en los monasterios. En estas composiciones se celebraban los hechos de algún santo o la historia de algún lugar sagrado; otras son más bien reflexiones sabias, como en los Proverbios bíblicos.

El más famoso de esos poemas, pero no el más antiguo, es obra de un monje anónimo que reflexiona con su gato blanco, *Pangur Ban*. Es un poema sencillísimo, pero profundo en su misma sencillez. El autor empieza presentándose a sí mismo y a su gato, para entrar inmediatamente en una serie de comparaciones y paralelismos entre los dos:

> Él y yo, cada uno dedicado a lo suyo, él piensa en la caza, y yo cazo aprendizaje; a mí me importa poco la fama, comparada con mi pequeño libro; él nada me envidia, contento con lo que hace; cuando logra apresar su caza, sus ojos le brillan de alegría; cuando yo encuentro una nueva idea, mi

> mente se ilumina; cada uno hace lo suyo, y ninguno desprecia lo que Dios le dio; él atrapa un ratón, yo atrapo algún significado, y así andamos él y yo, según lo que somos, él silencioso cazador, y yo también silencioso cazando ideas.[2]

En su sencillez, el poema invita a un sencillo reposo. No se trata de un reposo de no hacer nada, sino más bien el de hacer aquello para lo cual uno ha sido hecho. Es un poema de alegría, no por grandes logros, ni por lo que se tiene, sino sencillamente por ser aquello para lo que se ha sido creado, y por hacer aquello a lo que se ha sido llamado. Es, por tanto, un cuadro elocuente del ideal del monaquismo irlandés.

El rápido crecimiento de ese monaquismo resultó en la transferencia de la autoridad que antes tenían los bardos a la autoridad y prestigio que ahora tenían los monjes. Siguiendo y transformando las tradiciones de su cultura ancestral, muchos de esos monjes eran poetas, tanto en su propia lengua irlandesa —como el poema sobre un monje y su gato— como en la lengua latina que ahora se estudiaba en los monasterios. Fue principalmente gracias a esos monjes bardos que la antigua lengua irlandesa empezó a emplear el alfabeto latino, dejando así memoria para la posteridad.

El Granero de Patricio no sobrevivió a las vicisitudes de la historia. Sin embargo, hoy se levanta en el mismo lugar una iglesia construida en el año 1933 en memoria y celebración del comienzo de la misión de Patricio en Irlanda, quince siglos antes.

El segundo monasterio fundado por Patricio fue el de Armagh. También en este caso, Patricio obtuvo del jefe de la región el uso de ese lugar. Según una tradición, al principio el jefe se negó a dárselo, pero uno de los muchos milagros que se atribuyen a Patricio lo hizo cambiar de parecer. Allí Patricio estableció una comunidad monástica semejante a la del

2 El poema se toma de la edición en línea del Departamento de Anglo-Sajón, Nórdico y Celta de la Universidad de Cambridge (https://www.asnc.cam.ac.uk/spokenword/i_pangur.php?d=tt), y se ofrece aquí en traducción al español.

Granero. El monasterio de Armagh vino a ser el centro administrativo de toda la iglesia irlandesa, y el principal lugar donde estudiaban y se preparaban clérigos que servirían en varios lugares de Irlanda.

Dado que Patricio era a la vez "obispo de los irlandeses" y cabeza de aquel monasterio, y que quienes le sucedieron en la dirección monástica fueron también sus sucesores en el episcopado, se configuró un modelo eclesiástico particular. En él, los abades solían ser al mismo tiempo obispos. Cuando ambas funciones no coincidían en una misma persona, lo más habitual era que el abad ejerciera una autoridad superior a la del obispo.

El hecho de que la mayor parte de lo que sabemos del ministerio de Patricio en Irlanda se refiera a la fundación de monasterios no quiere decir que esa haya sido necesariamente su principal preocupación. Se debe más bien a que ese es el aspecto de su labor que más huellas ha dejado. Los únicos documentos producidos por Patricio que han llegado hasta nuestros días son la *Confesión*, que hemos citado repetidamente, y una breve *Carta a los soldados de Corótico*.

Aparentemente un grupo de creyentes, bautizados tan recientemente que todavía vestían las túnicas blancas de su bautismo, había sido secuestrado y vendido a la esclavitud por un grupo de merodeadores britanos dirigidos por un tal Corótico. En su breve carta, Patricio declara que quienes tal han hecho, aunque se llamen cristianos, en realidad no lo son, y no deberán ser admitidos a la comunión. Se trata en efecto de una sentencia de excomunión tanto sacramental como social. A los soldados de Corótico no se les permitirá participar de la comunión, y quien acepte cualquier cosa de ellos está comulgando con el diablo.

Es de suponerse que la carta fue distribuida entre los fieles, a quienes ordenaba apartarse de los culpables, y que esa haya sido una de las razones por las que se ha conservado. Pero eso mismo nos lleva a sospechar que habría buen número de cartas y de acciones semejantes de las que no tenemos noticia. Patricio no fue solamente fundador de monasterios, sino también pastor, protector de los débiles y conciencia de la iglesia.

Santa Brígida

Una de las funciones de los monasterios fundados por san Patricio era la de preparar clérigos para servir a la naciente iglesia. Por esa razón —puesto que el clericato se limitaba a los varones— Patricio no fundó monasterios para mujeres. Esa misión le tocó a Santa Brígida, una figura importante en la tradición religiosa de Irlanda. En las tradiciones acerca de ella, de manera semejante al caso de Patricio, pero en mucho mayor grado, la realidad histórica se mezcla con la leyenda. La existencia de una mujer llamada Brígida y su lugar en la fundación del doble monasterio de Kildare —incluía una comunidad de mujeres y una comunidad de varones— son datos generalmente aceptados por los historiadores. El problema está en que pronto, quizás debido en parte a su nombre, la historia de aquella mujer notable se entremezcló con lo que se decía de una diosa celta del mismo nombre, de modo que en la tradición popular las leyendas acerca de la diosa se volvieron milagros de la santa.

En una sociedad donde la cerveza se consideraba más saludable que el agua y constituía buena parte de las calorías diarias de la población, Brígida se hizo famosa por la calidad de la cerveza que producía. Además, las leyendas relatan que realizó el milagro de transformar agua en cerveza, a veces en cantidades enormes. En todo caso, tanto por su cerveza como por su alegre disposición, Brígida vino a ser símbolo de una fe cristiana que combinaba una profunda devoción, y una vida disciplinada de dimensiones ascéticas, con un espíritu de celebración y de alegría por esa misma fe.

La persistencia de ese espíritu de devota celebración se manifiesta en un poema anónimo atribuido a ella. Aunque compuesto bastante después del tiempo de Brígida, este poema es señal de la importancia y permanencia de esa dimensión celebrativa en el cristianismo irlandés. Con tonalidades a la vez místicas y festivas, el poema declara que quien lo escribe hará en el cielo un lago de cerveza en honor del santísimo Rey de reyes, y beberá de él con las huestes celestiales.

La fe de Patricio

Todo esto nos lleva a desear saber más acerca de la devoción de Patricio. Sabemos, por testimonio suyo, que durante su cautiverio en Irlanda oraba cada día cien veces, y casi otras tantas cada noche. Conocemos también que su devoción iba dirigida a la Trinidad. A ella se refiere casi al principio mismo de su *Confesión*, donde declara su fe:

> Con firmeza creo en Dios Padre, en el Hijo y en el Espíritu Santo: un solo Dios trino, y una Trinidad en la unidad. No hay otro dios sino este. El Padre no es el Hijo. El Hijo no es el Padre. El Padre engendra al Hijo, quien nace del Padre. El Espíritu Santo está en el Padre y en el Hijo. Es un solo Dios, y no tres. (*Confesión*, 4; PL 53, p. 803)

Esto concuerda con la tradición, posiblemente legendaria, pero basada en lo que Patricio creía y enseñaba. Según esta, para explicar o simbolizar la Trinidad, Patricio hizo uso de un trébol. Así, que el trébol haya llegado a simbolizar tanto a Patricio como a Irlanda y sus creencias refleja de manera fiel la devoción de Patricio.

Hay un famoso himno atribuido a él, aunque probablemente escrito siglos después, pero que es fiel reflejo de todo lo que sabemos acerca de su piedad y fe. Fue compuesto originalmente en irlandés, y luego traducido al latín y a otros idiomas. Comúnmente se le da el nombre de "La coraza de san Patricio", pues en la devoción irlandesa —y luego en otras— surgió la costumbre de recitarlo al emprender un viaje, o a veces al clarear el día y al acostarse a dormir, como un modo de protección contra el mal. El himno empieza invocando «el supremo poder de la Trinidad». De ahí pasa a invocar una gran variedad de poderes que son reflejo de este: el poder del nacimiento y bautismo de Cristo, el poder de su resurrección y su ascensión, el poder de su venida en el juicio final, el poder del amor de los serafines, de la obediencia de los ángeles, de las oraciones de los patriarcas, de las profecías de los profetas, de la predicación de los apóstoles, etc. De ahí pasa a invocar diversas dimensiones del poder de Dios: el poder de Dios para guiarme, su fuerza para sostenerme, su sabiduría para enseñarme, su ojo para verme, su oído para escucharme, su palabra para hablar en mí, su mano para guiarme, su escudo para protegerme, su ejército para salvarme, etc. Y todo culmina con las famosas palabras, que son el centro de la oración:

Cristo conmigo,
Cristo delante,
Cristo detrás.
Cristo en mí,
Cristo debajo,
Cristo por encima.
Cristo a la diestra,
Cristo a la siniestra.
Cristo en lo ancho,
Cristo en lo largo,
Cristo en lo alto.
Cristo en el corazón de quienes me recuerdan.
Cristo en la boca de quienes me hablan.
Cristo en los ojos de quienes me ven.
Cristo en los oídos de quienes me escuchan. [...]
De Cristo la salvación.
De Cristo mi salvación.
Venga sobre nosotros la salvación del Señor.
Y esa salvación sea siempre con nosotros.

El impacto de los monasterios irlandeses

En la propia Irlanda, los monasterios vinieron a ser centros de autoridad y de enseñanza, hasta el punto que, como se ha comentado, quienes gobernaban la iglesia no eran tanto los obispos como los abades, y frecuentemente el abad era también obispo. A pesar de que algunos de esos monasterios eran pequeñísimos, pronto se volvieron el centro de la vida tanto religiosa como intelectual y hasta social de numerosas comunidades rurales por toda Irlanda. Pero fue también fuera de Irlanda que el monaquismo surgido en esa isla, principalmente por obra de Patricio, tuvo un impacto enorme. Los casos y ejemplos son numerosísimos, pero basta con mencionar algunos de ellos.

Tenemos el ejemplo de Columba, nacido en Irlanda alrededor del año 520 y, por tanto, bastante más de un siglo después del nacimiento de Patricio. Miembro de una familia distinguida en la sociedad irlandesa, Columba se formó en los monasterios que conservaban la memoria de Patricio. Después él mismo participó en la creación de, al menos, otros dos monasterios en Irlanda. Se cuenta que hubo una disputa entre Columba y Finián en torno a un libro de Finián que Columba había copiado. Finián le exigía la entrega tanto del original como de la copia, pero Columba se negó. Cada cual apeló a sus partidarios, que pertenecían a distintos clanes, de modo que la disputa se enredó con la política. La cuestión se complicó a tal punto que llevó a una batalla entre los clanes involucrados en la que hubo numerosos muertos. Los obispos irlandeses, reunidos en concilio, declararon a Columba culpable de esas muertes. Apesadumbrado y arrepentido, Columba acudió a su confesor, quien le impuso como penitencia que abandonara la isla de Irlanda por el resto de sus días, y que donde fuera se ocupara de ganar para Cristo tantas almas como muertes había causado.

Ante la penitencia impuesta por su confesor, Columba decidió emprender una "peregrinación por Cristo". Reunió doce compañeros, quienes navegaron con él en una frágil barca, probablemente de cuero, y desembarcaron en Iona, una isla de las Hébridas cerca de la costa escocesa. Allí Columba y sus acompañantes se organizaron como comunidad monástica y construyeron un monasterio del que Columba sería abad. Desde esa base, él y sus compañeros se dedicaron a la evangelización de los pictos de Escocia. Resultado de sus labores fue la conversión de numerosos escoceses. Igualmente, se produjo la fundación directa de al menos cinco monasterios en Escocia, que a su vez fundaron otros, todos con el interés misionero de Patricio y de Columba.

Entre los monasterios fundados por la comunidad de Iona merece atención especial el de Lindisfarne, fundado en el 635, casi cuarenta años después de la muerte de Columba. Como el de Iona, este otro monasterio estaba en una pequeña isla. Sin embargo, en este caso no se encontraba frente a Escocia, sino frente a lo que era entonces el reino de Northumbria, parte de lo que hoy es Inglaterra. Como veremos en otro capítulo, poco antes Inglaterra había sido invadida por los anglos y los sajones, quienes ahora gobernaban allí.

Osvaldo, el rey de Northumbria, había estado exiliado en Iona y, por tanto, era cristiano y conocía la tradición monástica irlandesa. Ahora que ocupaba el trono, adoptó el propósito de evangelizar a sus súbditos. Primero hizo venir a un monje de Iona, pero el intento fracasó. Entonces la comunidad envió a Aidán, de carácter más cordial y moderado. Este se estableció en Lindisfarne y, junto con otros compañeros procedentes también de Iona, fundó allí un monasterio siguiendo el modelo del lugar de donde había venido. Con el apoyo de Osvaldo, el impacto de Lindisfarne fue enorme. Como veremos en otro capítulo, la presencia del cristianismo irlandés en Inglaterra causó dificultades, pues las prácticas y costumbres venidas de Irlanda diferían de las de los cristianos que ya había en la región.

En los siglos subsiguientes, la difusión del monaquismo irlandés fue vastísima. Además de las islas británicas, ese monaquismo llegó a Galia alrededor del 590. Poco después también arribó a lo que hoy son Alemania, Austria y el norte de Italia. A todo esto se unió un vasto número de irlandeses que viajaban por cuenta propia, como peregrinos —en muchos casos, más bien vagabundos— por Cristo. En esta acción muchos de ellos veían a la vez una misión evangelizadora y la penitencia del exilio mismo.

Impacto irlandés en la confesión y la penitencia

Lo que acabamos de mencionar, acerca de la peregrinación por tierras extrañas como acto de penitencia, nos lleva a otra dimensión de la vida y devoción cristianas en la que el impacto de los monjes irlandeses fue notable. Antes nos referimos a lo que su confesor le dijo a Columba. Pues bien, resulta que en la iglesia antigua, la confesión de pecados —aparte de la confesión general que se podría hacer de manera comunitaria en el culto mismo— era una acción individual y pública. Se reservaba para los grandes pecados, que el pecador confesaba en voz alta ante todo el pueblo congregado. Esto normalmente se requería antes de comenzar el proceso mediante el cual el penitente podía restituirse a la plena comunión de la iglesia, a la eucaristía.

Sin embargo, por su propio carácter, los monasterios irlandeses presentaban una situación diferente. En ellos, al confesar los pecados no se limitaban a los extraordinarios, que era necesario declarar ante toda la iglesia. Se trataba más bien de una actitud de continua y repetida confesión de pecado. Esta ya no se hacía ante toda la comunidad, sino más bien ante un "amigo espiritual" que conocía la vida interior de quien acudía a él, y cuyo propósito no era castigar, sino ayudar al penitente en su crecimiento espiritual. La penitencia que tal amigo imponía no era entonces ante todo un castigo, sino un modo de progresar en la vida espiritual.

Cuando su confesor le dijo a Columba que tenía que partir de Irlanda y dedicarse a salvar almas, eso no era primordialmente un castigo. El propósito no era ante todo pagar una deuda a Dios, sino que era más bien ayudar a Columba en su propio progreso, hacer del mal cometido una lección conducente a un bien superior.

Esa visión de la confesión y lo que le sigue resultó en la producción de "penitenciales", documentos en los que se establecían "penas" correspondientes a una variedad de pecados. Así, el penitencial de Finián, de mediados del siglo sexto, determina que quien comete fornicación tendrá seis años de penitencia, y que si repite su pecado la penitencia será de doce años. Quien se emborracha deberá ayunar por una semana. Quien rompe el ayuno antes de tiempo deberá ayunar por tres días. Asimismo, quien desobedece al abad pasará cuarenta días a pan y agua. Aunque todo esto parece ser un sistema de castigos o pagos por cada pecado, en realidad no se trata tanto de castigos como de remedios. Su propósito no es volver a ganarse el favor de Dios, o el ser readmitido a la comunidad, sino evitar volver a caer en el mismo pecado y, de ser posible, hacer de esa experiencia ocasión para crecimiento en la vida cristiana.

Todo esto fue un factor importante que contribuyó a la institución de la confesión privada hecha con cierta regularidad. Bastante más tarde (en el siglo XIII) esto condujo a la decisión del Cuarto Concilio de Letrán, que mandaba que, al menos una vez al año, todo creyente debía hacer confesión de pecados ante un sacerdote. Luego, el sacramento de la penitencia, tal como hoy se practica en algunas iglesias, mediante la confesión privada, tiene algunas de sus raíces en la vida espiritual de los monasterios irlandeses. Al mismo tiempo, lo que se perdió al pasar de la vida de aquellos monasterios a una teología influida por sistemas de derecho en los que lo importante era pagar por el crimen cometido fue el carácter de la antigua confesión irlandesa, en la que el propósito no era pagar, sino aprender y crecer.

9
Italia

Si Irlanda, más allá de las fronteras del Imperio romano y aislada del centro de Europa, sufrió pocas consecuencias por las migraciones germánicas, todo lo contrario sucedió en Italia, que por siglos había sido el centro imperial. Por diversas razones, fueron muchos los pueblos que pasaron por tierras italianas. Algunos iban camino a otros lares, y otros se asentarían allí, para por fin desaparecer disueltos entre el resto de la población.

Los visigodos

Como vimos casi al principio del presente tomo (en el capítulo 2), los visigodos invadieron Italia repetidamente. Debido al impacto de esas invasiones en Italia, conviene resumir aquí lo que vimos en aquel capítulo. Para empezar, recordemos que la presión de los hunos cayó sobre las tierras que los godos habían ocupado por generaciones. Algunos de esos godos quedaron supeditados a los invasores hasta que el imperio huno se deshizo. Más tarde estos serían llamados "ostrogodos". Otros, con el permiso de las autoridades romanas, cruzaron el Danubio para instalarse como *foederati* en tierras romanas. Pero, como vimos en aquel capítulo, las autoridades romanas no cumplieron sus promesas, y todo resultó en una rebelión que, en la batalla de Adrianópolis en el año 378, derrotó a las tropas imperiales y resultó en la muerte del emperador Valente. Estos son los llamados "visigodos", que pasaron algún tiempo devastando y saqueando las tierras balcánicas hasta que, en el año 401 y bajo el liderato de Alarico, se dirigieron hacia Italia.

Puesto que en el capítulo 2 tratamos sobre la presencia y el impacto de los visigodos en Italia, que culminamos con el saqueo de Roma, en este capítulo bastará con un breve recordatorio. En su primera invasión de tierras italianas, la meta principal de Alarico y los suyos no era conquistar la península, sino más bien obligar al emperador Honorio, quien había trasladado su residencia de Roma a Milán, a cumplir lo que se les había prometido, dándoles tierra y la condición de *foederati*. Por esa razón, su propósito en esa campaña no era obtener botín ni saquear, sino obligar al emperador a tomar ciertas decisiones. Luego, los saqueos y el daño que los visigodos causaron en esa primera invasión fueron limitados. En cualquier caso, el estropicio causado por el paso de un ejército de unos 20 000 o 30 000 soldados, con sus familias y ganado, sería considerable.

Alarico se dirigió casi inmediatamente hacia Milán, a la que puso sitio. El grueso del ejército romano, al mando de Estilicón, estaba lejos, y faltó poco para que los godos tomaran posesión de la persona del emperador, quien huyó a Rávena. Estilicón, por su parte, marchó tan rápido como pudo en auxilio de Milán. Dos veces entabló batalla con Alarico, y dos veces lo derrotó. Pero Alarico y los suyos huyeron en dirección a los Balcanes, y Estilicón no los persiguió.

Además de los estragos resultantes de la invasión misma y de las batallas que le dieron fin, la consecuencia más notable de aquella primera invasión visigoda fue el traslado de la capital imperial a Rávena. Aunque esta era la causa inmediata de este cambio, las razones subyacentes eran principalmente dos. Una de ellas era que Rávena, sobre el mar Adriático, ofrecía facilidad de comunicaciones con el Imperio bizantino, el que en caso de necesidad podría acudir en auxilio de su contraparte occidental. La otra razón era que, de ser atacada por tierra, Rávena tendría la ventaja de que el enemigo necesitaría cruzar una vasta región de lagos y pantanos. En todo caso, lo importante es que a partir del año 404 —solo unos pocos meses tras la partida de Alarico en el 402—, Rávena vino a ser la capital del imperio occidental hasta que este desapareció en el 476.

Alarico y sus visigodos se establecieron entonces en la región de los Balcanes, donde las autoridades imperiales se vieron obligadas a tratarlos como *foederati* que defenderían el imperio contra otros invasores. El imperio mismo estaba compartido por los dos hermanos (hijos de Teodosio I): Arcadio en el Oriente, con su capital en Constantinopla, y Honorio en el Occidente, con su capital en Rávena. Cuando Arcadio murió, surgió una complicada cuestión de sucesión, y eso a su vez resultó en un rumor según el cual Estilicón estaba manejándolo todo para adueñarse del poder. Como vimos en el capítulo 2, tras todo esto había cuestiones de diferencias raciales y culturales, pues Estilicón era de ascendencia vándala, y quienes pensaban que todos los bárbaros no tenían otro propósito que destruir el imperio ejercían presión sobre Honorio para que se deshiciera de él. A la postre, Honorio aceptó sus consejos, e hizo ejecutar a Estilicón, privándose así del más hábil de sus generales. La muerte de Estilicón envalentonó a otros, con el resultado de que hubo matanzas de bárbaros en varias ciudades. Y esto a su vez hizo a muchos bárbaros huir de Italia, yendo a los Balcanes para allí unirse a Alarico y sus visigodos.

Alarico vio en todo esto un posible modo de obtener de Honorio las concesiones y condiciones que había pedido antes. Aquellas primeras demandas fueron moderadas. Pedía que se diera a los visigodos una cantidad de oro y de alimentos, además de una tierra en la que asentarse legalmente, y que a él se le otorgara el título de general. Aparentemente Honorio pensó que Alarico, habiendo sido vencido dos veces por Estilicón, no se atrevería a tomar acción directa y, por tanto, no tomó sus demandas en serio.

Aquello fue un grave error. Alarico inmediatamente cruzó los Alpes y marchó contra Roma, a la que sitió. Cuando el hambre lo obligó, el Senado romano consintió en pagar un enorme rescate en oro, plata, seda y especies. Alarico se retiró de Roma, como había prometido, al parecer esperando que finalmente Honorio accediese a sus demandas. Al ver que no era así, Alarico intentó nombrar otro emperador para reemplazar a Honorio. Obligó al Senado romano a nombrar emperador a uno de sus miembros. Cuando aquello no dio resultado, Alarico sencillamente depuso a quien había hecho nombrar emperador e intentó nuevas negociaciones con Honorio. Cuando los representantes de Alarico fueron atacados por soldados de Honorio, Alarico volvió a marchar contra Roma. Como vimos, alguien abrió una de las puertas de la ciudad, de modo que los visigodos, enardecidos por tantas idas y venidas, tomaron venganza contra la antigua capital.

Acerca del saqueo que siguió a la toma de Roma también hemos tratado ya en el capítulo 2, dedicado a todo el proceso que llevó a los visigodos, primero, a cruzar el Danubio, luego a invadir Italia y, por fin, a saquear la ciudad. También hemos relatado que, tras la muerte de Alarico, su sucesor Ataulfo, además de casarse con Gala Placidia, hermana del emperador Honorio, adoptó una política más moderada al respecto del Imperio romano, que al fin le concedió tierras en lo que hoy es Francia. Seguidamente el reino visigodo se trasladó de Galia a España, donde a la postre sería conquistado por los moros.

Todo esto puede resumirse muy brevemente diciendo que los visigodos cruzaron toda Italia dos veces: primero, de norte a sur, como rebeldes al mando de Alarico; y, después, de sur a norte, como *foederati* de los romanos al mando de Ataulfo, en marcha hacia las tierras que les habían sido asignadas allende los Alpes. Luego, aunque el paso de los visigodos dejó una profunda huella en la memoria italiana, como pueblo y como tradición cultural, no dejaron en Italia un legado como en España; o como el de los francos en Francia, o de los anglos y los sajones en Inglaterra.

Los hunos y los vándalos

Lo mismo, en grado mayor, puede decirse del impacto de los hunos en Italia. En el año 452, tras pasearse por Galia tomando cuanto podían, y destruyendo lo que no podían llevar consigo, los hunos, al mando de Atila, cruzaron los Alpes y se adentraron en el norte de Italia. Saquearon y destruyeron ciudades importantes como Aquilea, Padua y, por último, la gran ciudad de Milán. Los habitantes huían despavoridos, dejando los campos abandonados y refugiándose en lugares remotos. Frecuentemente se dice que fue esa huida a las regiones pantanosas lo que provocó el surgimiento de la ciudad de Venecia. No obstante, lo más probable es que la fundación de Venecia haya sido el resultado de una variedad de fugas semejantes (no solamente la de los hunos, sino también las de otros pueblos bárbaros que huían de la pobreza, las deudas, las autoridades, etc.).

En todo caso, de los hunos también podemos decir —como de los visigodos, pero en mayor grado— que dejaron una memoria en Italia, pero no un legado. El ya contado episodio del encuentro entre Atila y León el Grande, progresivamente adornado con elementos de leyenda, fue uno de los muchos factores que le dieron al papado el realce del que llegó a gozar. Y el poderío de los hunos, ya amenazado por hambre y epidemias cuando León y Atila se encontraron, se deshizo rápidamente después de la muerte de Atila el siguiente año (453). Algo semejante puede decirse del ya mencionado ataque de los vándalos en el 455 (capítulos 5 y 6). Tomaron la ciudad y, según lo acordado con León el Grande, se llevaron lo que pudieron, pero no destruyeron lo demás.

Los ostrogodos

Teodorico

Tras largas peregrinaciones que los llevaron de las costas del Báltico a las del Mar Negro, y finalmente a lo que ahora es parte de Ucrania y de Rusia, muchos godos fueron conquistados y subyugados por los hunos hacia fines del siglo cuarto. Como vimos en el capítulo 2, otros godos —los visigodos— escaparon de los hunos y cruzaron el Danubio. Pero los demás fueron parte del vasto imperio de los hunos, y estaban obligados a servir en sus ejércitos, hasta que el imperio de Atila se deshizo poco después de su muerte. A partir de entonces, un buen número de esos godos también cruzó el Danubio para adentrarse en territorios del Imperio romano de Oriente o Imperio bizantino. Algunos de ellos lo hicieron gracias a acuerdos con las autoridades romanas y, por tanto, como *foederati*; otros en pequeñas bandas que frecuentemente se establecían entre los *foederati* y se unían a ellos.

Muy cerca de la fecha de la muerte de Atila, nació entre estos godos un descendiente del antiguo clan regio de los Amals. Su nombre godo quería decir “cabeza de su pueblo”, pero pronto se lo conocería por su nombre grecorromano: Teodorico. En vista de la desaparición del poderío de los hunos, el emperador bizantino Zenón estableció una alianza con los ostrogodos. Teodorico, quien tendría entonces unos diez años, fue enviado a Constantinopla como rehén que garantizaría el cumplimiento de los acuerdos por parte de los godos. Allí creció, en medio de la corte constantinopolitana y aprendiendo de ella, hasta alcanzar unos dieciocho años. En ese ambiente, su educación fue muy variada. Aprendió acerca de la vida política de los bizantinos, de sus tácticas militares, de su historia, sus leyes y su organización social. Aprendió sus idiomas. En fin, fue criado como miembro de la aristocracia bizantina. Sin embargo, por alguna razón desconocida, nunca aprendió a leer.

Cuando tras esa larga estadía en Constantinopla se le permitió regresar a su pueblo, Teodorico llevó consigo buena parte de los conocimientos y experiencias que podía tener un joven aristócrata bizantino, pero no los conocimientos formales de las escuelas bizantinas. Allí pronto heredó a su padre como jefe de uno de los dos principales bandos ostrogodos. El jefe del otro bando también se llamaba Teodorico, pero se lo conoce como Teodorico “el Bizco”. Como era de esperarse, los bizantinos usaban la rivalidad entre los dos Teodoricos para su propio provecho, unas veces apoyando a un bando y otras, al otro.

Teodorico (el de los Amals) hizo pacto con los bizantinos y se estableció con sus seguidores en lo que hoy son Bulgaria y sus alrededores, en calidad de *foederati* de los bizantinos. El acuerdo prometía que los *foederati* recibirían pagos o subsidios como defensores del imperio. Cuando tales subsidios no llegaron, Teodorico empezó a atacar a sus vecinos dentro del mismo Imperio bizantino. El historiador bizantino del siglo quinto Malco resume lo ocurrido como sigue:

> Teodorico, el hijo de Teodemiro, que había sido acogido entre los aliados del imperio, no soportando la paz ni la disciplina, comenzó a devastar las provincias cercanas. Descendió desde los montes hacia la llanura, y con su ejército godo saqueó las tierras de Macedonia y de Tesalia, tomando ciudades y arrasando los campos con fuego y espada. Los campesinos huyeron a las fortalezas, y muchos fueron muertos en los caminos o capturados. Su ferocidad llegó hasta las puertas de Tesalónica, y los habitantes, aterrados, esperaban el asalto. El emperador envió emisarios para exigirle que se retirara, pero Teodorico respondió con arrogancia que no volvería atrás hasta que se le entregaran los pagos y las tierras que se le habían prometido. Así comenzó de nuevo la guerra de los godos contra el imperio, no por necesidad, sino por codicia y desdén hacia la autoridad imperial. (Malco, *Byzantina*, fragmento 14 [IA])

Las relaciones entre las tres partes —los dos Teodorico y el imperio— se deterioraron rápidamente. Cuando Teodorico el Bizco hizo alianza con los bizantinos contra Teodorico el Amal, este último se rebeló y decidió ponerle sitio a Constantinopla. Malco continúa la narración como sigue:

> Entonces Teodorico, hijo de Teodemiro, después de haber recibido del emperador grandes dones y honores y de haber prometido mantener la paz, cambió de actitud. Reunió a sus godos y, movido por codicia o por ira, invadió las tierras de los romanos. Descendió hasta las murallas de la ciudad imperial y devastó toda Tracia con saqueos e incendios. Los campos quedaron desiertos y las aldeas, reducidas a cenizas. Su caballería se paseaba libremente por las llanuras, y los habitantes huyeron a refugiarse dentro de las murallas de Constantinopla.
>
> El emperador Zenón, temiendo por la ciudad, envió embajadores para persuadirlo de retirarse.
>
> Teodorico aceptó las palabras de paz y, tras recibir abundantes presentes y promesas de tierras, se alejó, dejando atrás una región agotada e indefensa. (Malco, *Byzantina*, fragmento 16 [IA])

El emperador Zenón tenía además otro problema. En Italia, el general Odoacro, de origen germánico, se había rebelado y había depuesto al emperador Rómulo Augústulo. No se había declarado emperador, como muchos generales lo habían hecho antes, sino que se decía rey de Italia, con lo que en la práctica quería decir que ya el Occidente no era parte del imperio. Algunos cronistas dan a entender que, combinando los dos problemas, el emperador intentó darles una sola solución: enviar a Teodorico contra Odoacro. Otros le otorgan la iniciativa a Zenón. Aparte de tales consideraciones, Jordanes, el historiador de los godos que hemos citado anteriormente, nos ofrece una versión bastante detallada:

> Cuando el emperador Zenón supo que Teodorico había sido proclamado rey por su propio pueblo, recibió la noticia con agrado y lo invitó a venir a visitarlo a la ciudad, enviándole una escolta de honor. Al recibir a Teodorico con todo el respeto debido, lo colocó entre los príncipes de su palacio.
>
> Al cabo de algún tiempo, Zenón aumentó aun más su dignidad al adoptarlo como hijo en las armas, y le concedió un triunfo en la ciudad, costeado por el propio emperador. Teodorico fue también nombrado cónsul ordinario, lo que se sabe que constituye el bien supremo y el más alto honor del mundo. Y no solo esto: Zenón mandó erigir ante el palacio real una estatua ecuestre en honor de aquel gran hombre.
>
> Ahora bien, mientras Teodorico mantenía alianza por tratado con el imperio de Zenón y disfrutaba de todos los privilegios y comodidades en la ciudad, supo que su tribu, que habitaba —como hemos dicho— en Ilírico, no estaba del todo satisfecha ni contenta. Así pues, prefirió ganarse el sustento por su propio esfuerzo, según la costumbre de su raza, antes que disfrutar de las ventajas del Imperio romano en una vida de lujo mientras su pueblo vivía separado.
>
> Después de reflexionar sobre estas cosas, dijo al emperador: «Aunque nada me falta al servir a tu imperio, si a tu piedad le parece digno, te ruego escuchar el deseo de mi corazón». Y cuando, como era costumbre, se le concedió permiso para hablar libremente, dijo: «El país de

> occidente, gobernado en otro tiempo por tus antepasados y predecesores, y aquella ciudad que fue cabeza y señora del mundo. ¿Por qué se ve ahora sacudida por la tiranía [...]? Envíame allá con mi pueblo. Así, si tú das la palabra, podrás librarte del peso de mi mantenimiento aquí y, si con la ayuda del Señor logro vencer, la fama de tu piedad será gloriosa en aquellas tierras.
>
> Pues es mejor que yo, tu siervo y tu hijo, gobierne ese reino recibiéndolo como un don tuyo, si lo conquisto, que permitir que un hombre a quien tú no reconoces oprima a tu Senado con su yugo tiránico, y someta una parte de la República a la esclavitud. Si triunfo, lo conservaré como tu concesión y tu regalo. Si soy vencido, tu piedad no perderá nada. Es más, como he dicho, se librará del gasto que ahora le supongo».
>
> Aunque el emperador se entristeció de que partiera, cuando oyó esto le concedió lo que Teodorico pedía. (*De origine*, 47.289-93; PL 69, pp. 1292-93)

Guiadas por Teodorico, las huestes ostrogodas (unas cien mil personas con sus rebaños y todas sus demás posesiones), al llegar a los Alpes, siguieron aproximadamente la misma ruta que antes habían seguido los visigodos. En unos dos años, bajo el mando de Teodorico, los ostrogodos derrotaron decisivamente a las tropas capitaneadas por Odoacro, quien se refugió e hizo fuerte en Rávena. Teodorico continuó hacia Milán, donde el Senado le prestó su apoyo. Odoacro reorganizó sus tropas e hizo alianzas con otros pueblos germánicos que se habían establecido en Italia. Pero Teodorico volvió a derrotarlo. Cuando Odoacro volvió a refugiarse en Rávena, Teodorico le puso sitio a la ciudad. Tras tres años, cuando la hambruna en la ciudad era insoportable, y en parte gracias a la intervención del obispo de la ciudad, se llegó a un acuerdo según el cual los dos contendientes compartirían el gobierno. Cuentan los cronistas que, en un banquete convocado para celebrar la paz, Teodorico de momento se levantó y con un violento golpe de espada partió a Odoacro en dos. Acto seguido, los ostrogodos mataron a cuantos seguidores de Odoacro pudieron alcanzar.

Así comenzó el reinado de Teodorico en Italia, un reinado relativamente pacífico a pesar de su origen violento. Este se extendió desde el banquete de la traición en el 493 hasta la muerte de Teodorico en el 526. Como el reino de los visigodos en España (del que tratamos en el capítulo 4), el de los ostrogodos en Italia intentó continuar el orden romano tanto en las leyes como en los impuestos —aunque con ventajas para los godos— y en general permitió la libertad religiosa. De este modo, como sucedía en España por las mismas fechas, los antiguos habitantes que se consideraban a sí mismos grecorromanos siguieron siendo nicenos o católicos; y los ostrogodos siguieron siendo arrianos.

La vida intelectual

A pesar de la traición con la que alcanzó el trono, la posteridad conoce a Teodorico como "el Grande". Esto se debe en parte a que fue el único rey ostrogodo de largo y pacífico reinado, pero también a que durante su reinado hubo un breve renacimiento intelectual y literario, así como legal.

Las figuras someras de la intelectualidad bajo el régimen de los ostrogodos fueron Casiodoro y Boecio. Casiodoro, quien nació poco después de la deposición del último emperador romano de Occidente (Rómulo Augústulo, 476) era niño cuando Teodorico mató a Odoacro. No era godo, sino más bien romano, pues nació y se crio en medio de una familia de vieja alcurnia senatorial. A principios del siglo sexto comenzó su carrera en el servicio civil ostrogodo. Esto es un ejemplo de lo que hemos dicho más arriba, que los ostrogodos, al tiempo que retenían el poder, confiaban la administración de sus asuntos en manos de los romanos. En pocas palabras, los ostrogodos mandaban y los romanos gobernaban. Esa carrera llevó a Casiodoro a los más altos honores y a una posición dentro del gobierno de Teodorico semejante a lo que hoy llamaríamos "primer ministro".

Tras la muerte de Teodorico, Casiodoro siguió sirviendo a los reyes godos hasta que, viendo el caos político que llevaría al fin del reino ostrogodo, fue abandonando sus tareas gubernamentales. Su fin era retirarse de tales asuntos, dedicarse a los estudios religiosos y fundar un monasterio en Vivarium, en el que los estudios fueran un elemento central de la devoción. Con ese propósito en mente, aquel monasterio se distinguió por su biblioteca y por la copia de manuscritos. Fue allí donde Casiodoro escribió la más influyente de sus muchas obras, *Instituciones de las letras divinas y seculares*. En medio del caos, Vivarium vino a ser un centro de estudios y continuó siéndolo por mucho tiempo.

Las *Instituciones* de Casiodoro son como un manual o introducción general con el propósito de servir a los monjes de Vivarium como guía en sus estudios. La obra se divide en dos libros: uno sobre el conocimiento de lo divino y el otro sobre el conocimiento de lo secular. Esto no quiere decir que Casiodoro levante una muralla entre lo divino y lo secular, sino más bien que —siguiendo una tradición antiquísima— se propone vincular los dos.

El impacto de la obra de Casiodoro se debe en parte a la meta que expresó en otro escrito muy anterior: «Lo que nos agrada es que los godos aprendan la ley romana, y que los romanos aprendan la disciplina de las armas, de modo que los dos pueblos puedan ser uno» (*Variae*, 1 [IA]). En medio del caos que reinaba en Italia y en otras regiones de Europa, las *Instituciones* de Casiodoro proveyeron al menos un orden en lo intelectual: el universo no era tan desordenado como la vida política lo hacía aparecer. Si la obra de Casiodoro no era enciclopédica, sino más bien didáctica, sí inspiró la gran enciclopedia de la que la Edad Media aprendería los conocimientos de la Antigüedad, las *Etimologías* de Isidoro de Sevilla. Asimismo, proveería lo que bien podría llamarse el "currículo" intelectual que serviría de guía al renacimiento carolingio un par de siglos más tarde.

La otra figura prominente de la intelectualidad bajo el régimen ostrogodo fue Boecio. Contemporáneo de Casiodoro, y también como él de cultura romana y formación aristocrática, Boecio quedó huérfano de niño y fue criado por un distinguido senador romano. También él, como Casiodoro, sirvió bajo el gobierno de Teodorico, y llegó a ocupar los más altos cargos del servicio civil. Pero, a diferencia de Casiodoro, su relación con Teodorico se amargó por cuestiones relacionadas con la suspicacia de los godos hacia los romanos, y viceversa. Esto llegó a tal punto que Teodorico lo encarceló y ordenó su ejecución. Su obra más importante e influyente es *La consolación de la filosofía*, escrita mientras estaba en prisión esperando su muerte. La filosofía fue siempre su pasión, pues se había hecho el propósito de dar a conocer la filosofía griega clásica entre sus contemporáneos. Ahora, odiado, despreciado y encarcelado por el rey a quien antes sirvió, medita sobre la felicidad:

> Unos creen que el bien supremo es no carecer de nada, y trabajan afanosamente en acumular riquezas; otros, estimando que es el llegar a la cumbre de los honores, se esfuerzan por obtener reputación entre sus semejantes. Los hay que ponen el sumo bien en el poderío supremo. Los tales, o quieren reinar ellos mismos, o allegarse a los que reinan. Aquellos a los que la fama parece lo sumo se apresuran por hacer su nombre glorioso por el ejercicio de las armas o de las letras. (*Consolación de la filosofía*, 3.2.1; BAC 409, p. 530)

De ahí Boecio pasa a resumir todas esas motivaciones al parecer tan divergentes, señalando que, a fin de cuentas, todas ellas no son sino búsquedas de la felicidad en diversos lugares: el poder, las riquezas, la fama, etc. ¿Dónde, entonces, está la felicidad? Su conclusión es que, puesto que la felicidad consiste en alcanzar el bien perfecto, la felicidad se encuentra solamente en Dios.

Todo esto, presentado en forma de diálogo y con cuidadoso análisis intelectual, puede parecer fría especulación para quien hoy lo lee, pero es necesario recordar que quien lo escribió había sido uno de los más respetados y poderosos administradores del reino, y ahora se encontraba encarcelado y estaba a punto de ser ejecutado. No se trata entonces de una fría discusión acerca de lo que sea la felicidad, sino de una verdadera consolación encontrada en una filosofía que en última instancia no es el amor del conocimiento, sino el amor de Dios.

Dijimos antes que el reino ostrogodo también dejó una herencia significativa en el campo de las leyes. Tal herencia fue el *Código de Teodorico*, inspirado principalmente en el *Codex Theodosianus* y en el *Breviario de Alarico*, ambos discutidos en capítulos anteriores. Este código, escrito en latín, tenía el propósito de corregir un sistema legal doble, en el que los godos seguían sus propias tradiciones, y los romanos seguían la larga tradición del derecho romano. Al principio mismo del *Código de Teodorico*, se afirma claramente que a partir de entonces no habría dos sistemas legales diferentes, uno para los godos y otro para los romanos, sino uno solo.

Este código incluye 154 capítulos, títulos o leyes. Como muestra de su contenido, podemos mencionar el capítulo 27, que establece que quien dañe a un obispo será castigado con una pena doble de la que correspondería si la víctima fuese una persona común. Esto nos interesa al menos por dos razones. Una de ellas es que esta ley no distingue entre arrianos y nicenos. El código todo no tiene el propósito de favorecer a unos u otros, sino más bien de crear leyes justas para todos. Pero la segunda razón por la que este capítulo en particular resulta interesante es que aquí vemos, en lo que parece una lista de leyes al estilo romano, la presencia del principio del *Wergeld* característico de la tradición germánica: un obispo vale el doble que un laico cualquiera y, por tanto, quien lo dañe deberá pagar el doble de lo que pagaría si el damnificado fuera otro.

Los bizantinos

Teodorico dejó como heredero a su nieto, el hijo de su hija. Esta última sería la regente en lugar del pequeño, hasta que este alcanzara la mayoría de edad. Pero la sucesión se complicó. Algunos se quejaban de que la hija de Teodorico se inclinaba demasiado hacia las costumbres romanas. El niño rey murió en el 534. Un año después, la anterior regente fue ejecutada por orden de un primo que se proclamó rey.

Eran los tiempos del emperador Justiniano en Constantinopla, quien se había hecho el propósito de reconquistar las tierras del antiguo imperio que estaban ahora en manos de los pueblos invasores. Ya lo hemos visto enviar al general Belisario al norte de África, a cargo de un ejército que le puso fin al reino de los vándalos. También vimos a los bizantinos establecer bases en el sur de España, aunque no con el mismo éxito. Ahora la situación caótica del reino ostrogodo en Italia puso en manos de Justiniano la motivación o excusa necesaria para emprender la conquista de ese reino.

Belisario había regresado poco antes a Constantinopla, donde fue recibido como un héroe, se celebró un triunfo en su honor a la usanza de la antigua Roma, y se le dio el título (ya caído en desuso) de "cónsul ordinario". Buena parte de sus tropas estaban todavía en África, muchas de ellas en Cartago, prácticamente frente a Sicilia. Por tanto, era lógico embarcar esas tropas en dirección a Sicilia para una campaña contra los ostrogodos, y ponerlas bajo el mando de Belisario. En el año 535, Belisario invadió y tomó posesión de Sicilia. Al año siguiente, ya en la península italiana, sitió y tomó la ciudad de Nápoles. De allí pasó a Roma, que también se rindió. Los ostrogodos intentaron sitiarlo allí, pero no lograron cortar las líneas de abastecimiento de los bizantinos, y levantaron el sitio. Belisario marchó hacia Rávena, la capital del reino godo, que también se vio obligada a capitular ante las tropas bizantinas.

La campaña bizantina se interrumpió cuando Belisario recibió órdenes de acudir en apoyo de los bizantinos en su guerra contra Persia, y el rey godo Totila encabezó una década de victorias y avances godos. Pero al final de ese período el emperador Justiniano mandó refuerzos a Italia y, tras ser derrotados en el campo de batalla, los ostrogodos se rindieron en el 554.

Poco después, casi toda Italia vino a ser parte del Imperio bizantino, buena parte de ella bajo el nombre de "Exarcado de Rávena". Los godos desaparecieron como pueblo, pues algunos de los sobrevivientes se mezclaron con el resto de la población y otros fueron reclutados como soldados al servicio de Bizancio.

Todo ese proceso tuvo dos consecuencias principales. Una de ellas fue la destrucción casi total de la economía italiana, con la consecuente disminución de la población, particularmente en las ciudades. Se calcula que Roma, que en el siglo primero tendría millón y medio de habitantes, hacia fines del siglo sexto tendría menos de cincuenta mil —y según otros cálculos, no contaba con más de veinticinco mil—. La otra consecuencia de mayor importancia fue la reintroducción al Occidente del griego y de las tradiciones griegas, lo que largos siglos más tarde sería una de las fuentes del Renacimiento.

Los longobardos y los francos

Los bizantinos no fueron los últimos invasores de Italia en aquellos aciagos tiempos. Unos quince años después de completada la victoria de los bizantinos sobre los ostrogodos, un nuevo pueblo invadía la península, siguiendo la misma ruta que antes habían seguido otros invasores. Los que ahora llegaban eran principalmente longobardos, otro pueblo germánico que, tras servir como *foederati* del Imperio bizantino —defendiéndolo contra otros invasores en los Balcanes—, decidió adueñarse de Italia. Tras concluir la guerra contra los ostrogodos, las tropas bizantinas se hallaban diezmadas, tanto por la redistribución de efectivos hacia otras regiones como por el azote de las epidemias. La victoria de los longobardos fue rápida. Tomaron varias de las principales ciudades del norte de Italia y establecieron un reino cuya capital era Pavía; duraría allí desde el año 568 hasta el 774. Los bizantinos retuvieron el sur de la península, así como —por un tiempo— las ciudades de Rávena y Roma, y la isla de Sicilia. Esa división del territorio no era estable, pues los longobardos continuaban su avance. En el año 751, la capital de los bizantinos, Rávena, pasó al poder de los longobardos.

Cuando cruzaron los Alpes, los longobardos profesaban el arrianismo. Sin embargo, el contacto prolongado con la población local propició que muchos de sus líderes se convirtieran al catolicismo niceno, mientras que el grueso del pueblo longobardo permaneció fiel a la doctrina arriana. Los papas veían todo esto, y el constante avance de los longobardos, como una amenaza. Pelagio II (579–590) tuvo que pagar tributo a los longobardos para alejarlos de Roma, y pidió auxilio de los francos contra ellos, pero quienes respondieron a su petición se dedicaron al saqueo de los territorios longobardos, y se retiraron sin haber hecho más por Roma que distraer a sus enemigos.

Gregorio el Grande (590–604) tuvo una experiencia parecida cuando acudió a los francos y, por tanto, prefirió negociar directamente con los longobardos. Esas negociaciones llevaron al pago de tributo a los longobardos con los fondos de la iglesia. Tanto estos papas como los que los siguieron solicitaron también ayuda de los bizantinos, quienes en teoría gobernaban sobre Roma; pero fue poco lo que recibieron. En el 754, el papa Esteban II acudió en persona a entrevistarse con el franco Pipino el Breve, quien dirigió una campaña contra los longobardos, haciéndolos retroceder de las cercanías de Roma. Pipino también le donó al papa el gobierno de Roma, lo cual fue un paso importante en la creación de los Estados Pontificios, bajo el gobierno y la posesión de los papas.

En el 772, el rey longobardo Desiderio volvió a amenazar Roma. El papa Adriano I apeló a Carlomagno, quien aplastó a los longobardos, tomó posesión de Pavía, que era la capital de este pueblo, depuso a Desiderio, se proclamó rey de los longobardos, y confirmó la donación de Roma al papado que Pipino había hecho. Los longobardos dejaron de existir como entidad política y fueron asimilados por el resto de la población.

A grandes rasgos, podemos decir que Italia quedó dividida políticamente en tres grandes regiones: al norte, los longobardos, bajo el régimen de los carolingios, con su capital en Pavía; al centro, en torno a Roma, los Estados Pontificios, que se extendían desde la costa del Tirreno hasta la del Adriático; y al sur los territorios bizantinos, que incluían también las islas de Sicilia y Cerdeña. En cuanto a los longobardos, aunque dejaron de existir como reino independiente, sí continuaron muchas de sus costumbres y de su identidad, que todavía hoy se refleja en la región de Italia llamada “Lombardía”.

10
El monaquismo benedictino

Tanto en los tres tomos anteriores de esta serie, como en varios capítulos del presente, hemos hecho referencia al monacato y a la vida ascética. Hemos mencionado casos en los que esa vida fue llevada a un extremo tal que la iglesia en general la rechazó, como aconteció con el encratismo que vimos particularmente en los hechos apócrifos de los apóstoles. Hemos visto también que originalmente la palabra "monje" quería decir "solitario" y que, por tanto, los primeros monjes eran ermitaños. Con el correr del tiempo surgió el monacato llamado "cenobítico", es decir, la vida monástica en comunidad. Hemos señalado que, cuando las persecuciones terminaron como resultado de las acciones de Constantino, hubo multitudes que se apartaron a la vida en los desiertos de Siria y de Egipto para allí vivir como "atletas de Cristo", en buena medida como reacción a lo fácil que ahora se había hecho la vida cristiana. El monacato y la vida ascética existían en diversas religiones aun antes del advenimiento de la fe cristiana, y también dentro de la iglesia misma casi desde sus albores.

Los orígenes del monacato occidental

La porción occidental de la iglesia —es decir, las regiones del Imperio romano en las que la lengua franca era el latín— no abrazó la vida ascética con el mismo fervor y entusiasmo de su contraparte oriental. En el Oriente, casi podríamos decir que la idea misma de ser "atletas de Cristo" llevó a actitudes comparables con las competencias atléticas de nuestros días. En buena parte de aquel monaquismo oriental el propósito de la ascesis parecía ser la ascesis misma, sufrir por Cristo, no por razón de la enemistad de los poderes del mundo (como había sido el sufrimiento de los mártires); por el contrario, se elevaba el sufrimiento mismo como una virtud, y como una armadura contra las acechanzas de las milicias espirituales en los aires. Así, hubo quien se subió a una columna o a un árbol para allí pasar el resto de sus días, y hubo quien andaba en cuatro patas, buscando entre los pedregales yerbas que comer.

Todo aquello no era bien visto en el Occidente, donde predominaba la tradición romana de la moderación, reforzada por la forma que había tomado el estoicismo en escritos como los del emperador Marco Aurelio. Allí, el propósito de la vida ascética no era el sufrimiento, sino el dominio propio, la moderación y el servicio.

Los ejemplos que ilustran lo anterior son muchos. Uno de ellos es el grupo organizado por Marcelina, hermana mayor del obispo Ambrosio de Milán. Ambos se criaron en Tréveris, pero se trasladaron a Roma, donde Marcelina decidió consagrarse a una vida célibe dedicada a la oración y al servicio de los necesitados. A esa vida la consagró el obispo de Roma, Liberio, en una ceremonia pública, pues al menos desde el siglo segundo había vírgenes y viudas oficialmente consagradas para ese estilo de vida y servicio. Cuando Ambrosio fue inesperadamente elegido como obispo de Milán, Marcelina se trasladó a esa ciudad, y allí dirigió un grupo de "vírgenes", mujeres dedicadas a una vida de celibato, oración, ayuno y servicio. Aquellas mujeres, quienes por razón de su posición social habían recibido un alto nivel de instrucción, veían el estudio como parte de su vocación. Practicaban la *lectio divina*, la lectura de las Escrituras y de otros textos religiosos, no tanto para obtener información como para ser formadas por lo que leían. El tratado en tres libros *De las vírgenes* fue escrito por Ambrosio a petición de Marcelina, como material para la instrucción e inspiración de la comunidad femenina que Marcelina dirigía.

También cabe notar que ese tratado, dirigido a Marcelina y a sus compañeras, incluye la nota de moderación que sería característica del monaquismo occidental. Refiriéndose a lo que dijo Liberio en la consagración de Marcelina, Ambrosio aconseja a su hermana que no lleve las cosas a un extremo. Primero le dice que ha sobrepasado lo que Liberio le mandó y lo que es costumbre de los clérigos: «A nosotros se nos manda ayunar solo algunos días; tú, multiplicando noches y días, pasas largos períodos sin alimento» (*De las vírgenes*, 3.4.15; NPNF2 10, p. 383). Con un pragmatismo característicamente romano, casi enseguida le recuerda que la moderación y la adaptación a nuevas circunstancias también son virtudes:

> Tales luchas convienen a la juventud, mientras madura el cuerpo con las canas de la edad; pero cuando una virgen ha conquistado su propio cuerpo y ha alcanzado el triunfo sobre él, debe moderar su esfuerzo, para conservarse como maestra de una edad más joven. La vid, cargada con ramas fecundas y maduras, pronto se quiebra si no se la poda de tiempo en tiempo. Pero mientras es joven, déjala crecer con vigor; cuando envejece, pódala, para que no se convierta en un bosque de sarmientos ni muera privada de vida por un exceso de fruto. Un buen labrador, cuidando el suelo, mantiene la vid en excelente estado, la protege del frío y la resguarda de los ardores del sol del mediodía. Y trabaja su tierra por turnos; o, si no la deja en barbecho, alterna sus cultivos, para que los campos descansen con el cambio de frutos. Así también tú, veterana en la virginidad, siembra al menos los campos de tu pecho con semillas diversas: unas veces con moderado alimento, otras con ayunos sobrios, con lectura, trabajo y oración, para que la variedad del esfuerzo te sirva de tregua y descanso. (*De las vírgenes*, 3.4.16; NPNF2 10, pp. 383-84)

En Galia, sabemos que cuando Martín de Tours abandonó la carrera militar fundó una comunidad monástica con el apoyo del obispo Hilario de Poitiers. Después de ser electo obispo a pesar de la oposición de quienes lo consideraban demasiado desgarbado, conocemos sobre Martín lo siguiente:

> Lleno por igual de dignidad y de cortesía, conservaba adecuadamente la posición de obispo, pero de tal manera que

> no abandonaba los propósitos ni las virtudes de un monje. Por consiguiente, utilizó durante algún tiempo la celda anexa a la iglesia; pero después, al ver que le era imposible soportar el bullicio ocasionado por la multitud de los visitantes, fundó para sí un monasterio a unas dos millas fuera de la ciudad. (Sulpicio Severo, *Vida de san Martín*, 10; NPNF2 11, p. 9)

En las líneas que siguen, Sulpicio Severo da a entender que lo que Martín buscaba al principio era la soledad de un ermitaño. No obstante, al continuar su narración vemos que —cualquiera que haya sido su propósito inicial— lo que Martín fundó fue lo que hoy entendemos como una comunidad monástica:

> En total había ochenta discípulos, que eran instruidos según el ejemplo del santo maestro. Nadie allí tenía cosa alguna que pudiera llamarse propia; todo se poseía en común. No se permitía comprar ni vender nada, como acostumbran muchos monjes. No se practicaba ningún arte, salvo el de los copistas, y aun este trabajo se confiaba a los hermanos más jóvenes, mientras los ancianos dedicaban su tiempo a la oración. Raramente salía alguno de su celda, salvo cuando se reunían en el lugar de oración. Todos tomaban el alimento juntos, una vez pasada la hora del ayuno. Nadie usaba vino, a menos que la enfermedad lo hiciera necesario. La mayoría vestía túnicas de pelo de camello. Cualquier prenda que se acercase a la suavidad era allí considerada una falta grave, y esto debe parecer tanto más digno de admiración cuanto que muchos de ellos pertenecían a lo que se considera rango noble. Estos, aunque educados de un modo muy distinto, se habían rebajado voluntariamente hasta ese grado de humildad y de paciente austeridad; y hemos visto a no pocos de ellos después ser elevados al episcopado. (*Ibíd.*)

Aquí vemos entonces una comunidad monástica dedicada principalmente a la ascesis, la oración y la copia de manuscritos. A la postre era también productora de numerosos obispos, por lo que tomaba la función de centro de preparación para clérigos. Esto se asemeja a lo que vimos anteriormente en el caso de san Agustín, quien hubiera preferido vivir tranquilamente en medio de la comunidad que había fundado en Tagaste, pero cuando fue hecho obispo reprodujo aquella comunidad, dándole ahora la tarea de servir para la preparación de clérigos.

Del Oriente llegaban también influencias. Por los mismos años en que Agustín estaba experimentando con la vida monástica y adaptándola a su nueva condición de obispo, Juan Casiano viajó con un amigo desde su tierra natal, en lo que hoy es Bulgaria, a Belén, donde se unió a un monasterio. Pero de allí viajó a Egipto, donde vivió por unos cinco años entre los monjes del desierto. Tras otros viajes, incluso a Constantinopla, donde conoció a Juan Crisóstomo, Casiano llegó al sur de Francia, cerca de Marsella, y allí fundó un monasterio para varones y otro para mujeres. Pronto sus *Colaciones*, o *Conferencias sobre los padres*, se volvieron lectura común en los monasterios que iban surgiendo en Galia y otras regiones cercanas.

Por la misma fecha Honorato, más tarde obispo de Arlés, fundó un monasterio en una isla frente a la costa sur de Francia. Aquel monasterio, comúnmente conocido como el monasterio de Lerins, vino a ser asimismo un centro no solamente de devoción, sino también de estudios bíblicos y teológicos, y de preparación de futuros pastores. Esto se ve en el caso de su propio fundador, Honorato, quien fue sacado de allí y consagrado como obispo contra su preferencia.

Otra influencia notable que venía del Oriente, pero tenía mucho de occidental, fue el ejemplo de Jerónimo y sus acompañantes en Belén. Allí Jerónimo era el principal maestro de dos monasterios, uno femenino y otro masculino, cuyos habitantes eran de origen occidental. Entre las mujeres, Paula y su hija Eustoquia eran no solamente discípulas, sino también colegas de Jerónimo en sus estudios bíblicos. Las noticias que de allá llegaban al Occidente, en parte reflejo del genio de Jerónimo, contribuyeron a difundir el ideal de una vida dedicada a la disciplina monástica, el estudio y la devoción.

Todo esto —así como numerosos otros casos— nos ayuda a delinear algunas de las características y algo de la evolución del monaquismo occidental. La primera característica notable es que el Occidente veía a los ermitaños con cierta suspicacia. Mientras en el Oriente se admiraba a los grandes atletas del ascetismo que pasaban la vida en lo alto de una columna (llamados "estilitas") o de un árbol (los "dendritas"), en el Occidente quienes gozaban de mayor aprecio eran los fundadores y directores de comunidades monásticas. Para los occidentales, con pocas excepciones, la vida santa e ideal fue siempre vida en comunidad.

En segundo lugar, esos mismos ejemplos muestran que en Oriente se valoraba un ascetismo llevado a extremos heroicos y extraordinarios. En Occidente, en cambio, se insistía más en la moderación y el buen orden que en la santidad heroica o en el sufrimiento innecesario y autoimpuesto como signo de devoción.

Tercero, al estudiar los orígenes y propósitos de diversos monasterios occidentales, vemos que algunos de ellos —como el de san Agustín, antes de ser obispo— se proponían ser centros de estudio y meditación, con tiempo dedicado a las conversaciones entre intelectuales y estudiosos. Otros no estaban tan interesados en el estudio y la conversación intelectual, sino más bien en una vida de disciplinada santificación. Algunos veían la copia de manuscritos como un acto de devoción y dominio de las pasiones, mientras en otros ni siquiera se menciona la existencia de una biblioteca.

Por último, es necesario señalar la diversidad de propósitos entre un monasterio y otro, y la evolución convergente de esos propósitos. Algunos monasterios, fundados como lugares donde apartarse del mundanal ruido, se volvieron centros para la preparación de pastores y obispos. Otros, se dedicaron a labores misioneras que sus fundadores ni siquiera habían soñado. A la postre, la inmensa mayoría de los monasterios occidentales serían a la vez lugares de retiro y de misión, centros de estudio, de copia e iluminación de manuscritos, de investigaciones y debates teológicos, de servicio a la comunidad, y mucho más. Esto se debió en buena medida a la obra de san Benito y sus seguidores.

San Benito

Los primeros años y el primer monasterio

Casi todo lo que sabemos acerca de la vida de san Benito, particularmente en su juventud, se lo debemos a un monje benedictino a quien hoy conocemos como el papa Gregorio el Grande, de quien nos ocuparemos en el próximo capítulo. En sus *Diálogos*, dedica todo el segundo libro a contar la vida y hechos de Benito. La falta de más documentos no se debe solamente a que en términos generales los testimonios de este tipo de aquel siglo sexto escasean, sino también a que, desde el punto de vista de sus contemporáneos, Benito no hizo mucho digno de mención: no participó en grandes controversias; no escribió tratados teológicos; no hizo grandes milagros; no fue como misionero a tierras lejanas. Si algo hizo que pudiera causar asombro en la sociedad de su tiempo, eso sería lo que de él cuenta Gregorio acerca de un encuentro con el rey ostrogodo Totila, que bien puede no ser más que una leyenda:

> En tiempo de los godos oyó decir el rey Totila que el santo varón [Benito] gozaba del espíritu de profecía; y encaminándose a su monasterio, detúvose a poca distancia de él y le anunció su llegada. Cuando se le trasmitió enseguida aviso de que podía llegarse al monasterio, él, pérfido de espíritu como era, quiso cerciorarse de si en realidad tenía el varón de Dios espíritu profético. A cierto amigo suyo, que se llamaba Rigo, le prestó su calzado, hízole vestir con la indumentaria real, y le ordenó comparecer ante el varón de Dios como si fuese él mismo en persona [...]. Cuando Rigo llegó al monasterio ostentando las vestiduras reales y rodeado de numeroso séquito, estaba el varón de Dios sentado a considerable distancia. Viéndole llegar, cuando ya pudo hacerse oír de él, gritó diciendo: «Quítate, hijo, quítate eso que llevas; no es tuyo». Rigo cayó al instante en tierra y quedó sobrecogido de temor por haber tenido la audacia de burlarse de tan gran varón; y todos los que con él habían ido a ver al hombre de Dios

> cayeron consternados en tierra. Al levantarse no se atrevieron a acercársele, sino que, volviéndose a su rey, le contaron temblando la rapidez con que habían sido descubiertos.

Gregorio continúa la narración:

> Entonces el rey Totila fue personalmente a ver al hombre de Dios; y viéndole a lo lejos sentado, no se atrevió a acercarse, y postróse en tierra. El varón de Dios le dijo dos y tres veces que se levantara, pero como no osara aquel hacerlo en su presencia, Benito, siervo de Jesucristo, dignóse acercarse por sí mismo al rey que permanecía postrado; le levantó del suelo y le reprendió por sus desafueros, y en pocas palabras le anunció de antemano todas las cosas que habían de sucederle, diciendo: «Hacéis mucho daño, mucho has hecho; ya es hora de poner coto a tu iniquidad. Entrarás ciertamente en Roma, atravesarás el mar, reinarás durante nueve años y el décimo morirás». Quedó visiblemente aterrado el rey al oír tales palabras, y pidiéndole sus oraciones, se retiró de su presencia. (*Diálogos*, 2.14-14; BAC 115, pp. 191-193)

Benito había nacido alrededor del año 480 en la municipalidad de Nursia, unos cien kilómetros al nordeste de Roma. Por lo que de él dice Gregorio, su familia parece haber tenido cierta distinción en aquel lugar relativamente remoto. Era la época de las grandes invasiones que en el norte de Italia se sucedían como tempestuosas ráfagas. Cuando las invasiones parecían amainar, las disensiones internas entre los últimos conquistadores continuaban el vendaval. En medio de esas condiciones caóticas, la región estaba sembrada de pequeños monasterios donde muchos buscaban refugio. Sabemos los nombres de algunos de los monjes más distinguidos, y es posible que el joven Benito haya conocido a algunos de ellos, pero no hay documentos ni otros indicios que lo comprueben.

Benito sería todavía un adolescente de unos doce o trece años cuando los ostrogodos se apoderaron del norte de Italia. Los tiempos mismos, aun aparte de sus invasiones, eran difíciles e inseguros. Pero una vez que los godos se aseguraron del poder, su rey Teodorico hizo cuanto pudo por restablecer el orden. Ya nos hemos referido a él como el rey que tuvo por consejeros y ministros a Casiodoro —a quien permitió abandonar sus cargos políticos y retirarse a la vida monástica y a los estudios— y a Boecio —a quien hizo ejecutar—.

Mientras Teodorico emprendía la reorganización de sus territorios, Benito estaría estudiando en Roma. Algunos historiadores, basándose en lo que parece ser el trasfondo de la *Regla* de Benito, sugieren la posibilidad de que algunos de esos estudios hayan incluido las leyes y el derecho; pero tal cosa no puede afirmarse sino como una posibilidad. Tampoco sabemos cuánto tiempo Benito permaneció en Roma, pues lo que Gregorio dice al respecto es ambiguo. Lo que sí podemos afirmar con certeza es que la vida que veía en Roma hizo que temiera caer en pecados indecibles y que huyó de ella.

Esa fuga de la tentación llevó al joven Benito —quizás todavía adolescente, pero probablemente ya no— a la vida solitaria de un ermitaño. Huyó de Roma, quizás sin saber hacia dónde iría. Tras algún tiempo, se encontró con un monje que le impuso el hábito monástico que lo identificaría como monje.

Benito encontró entonces, en un lugar llamado Subiaco, una cueva oculta entre la maleza, y decidió vivir allí a solas con Dios. No tenía otro contacto humano que el de aquel monje que le había impuesto el hábito monástico, y quien, cuando podía, le hacía llegar pan y otras necesidades. Para respetar la soledad del joven ermitaño, el monje que lo abastecía llevaba una campanilla que anunciaba su llegada.

Allí, en aquella cueva de Subiaco, Benito pasó unos tres años. Su biógrafo cuenta que a veces tuvo que enfrentarse a tentaciones casi incontrolables. Para evitarlas, dice Gregorio, se despojó de sus vestimentas y fue a revolcarse entre zarzas y ortigas, de modo que el ardor en la carne lo librara de las tentaciones de esta. La experiencia fue tal, que después les decía a sus seguidores que a partir de entonces aquellas tentaciones cesaron.

Al principio —como antes había sucedido con los monjes en el desierto egipcio— los discípulos o imitadores de Benito no vivían con él, sino en cuevas u otros lugares vecinos. La fama de aquel ermitaño se extendía. Un día, los monjes de un monasterio cercano vinieron a él pidiéndole que se uniera a ellos como su abad. Benito hubiera preferido continuar su vida de solitaria devoción, pero la insistencia de los monjes fue tal que, a la postre, accedió.

Aquel experimento fue un fracaso. Benito insistía en observancias estrictas, y los monjes lo veían como tirano implacable. Según cuenta Gregorio, la tensión llegó a tal punto que algunos de los monjes decidieron envenenarlo. Cuando Benito bendijo la vasija en la que le entregaban la bebida mortal, la vasija se quebró. Aquello le hizo saber del complot y decidir que aquel no era el sitio donde debía estar. Perdonó a quienes habían intentado matarlo y volvió a su interrumpida soledad.

Sin embargo, el aislamiento completo se le hacía inalcanzable. Los jóvenes que buscaban dirección en la vida monástica acudían en tal número que Benito los organizó en grupos de doce. Con ello siguió el modelo de lo que Pacomio había hecho en Egipto dos siglos antes, que parece haber aprendido de otros monjes en los alrededores de Subiaco. Según Gregorio cuenta los hechos, un clérigo vecino, lleno de envidia, levantó tal oposición que Benito decidió irse a otro lugar y comenzar un nuevo monasterio en el que pudiera aplicar, desde el principio mismo de su fundación, lo que la experiencia le había enseñado.

Montecasino y la Regla

Acompañado por un grupo de monjes fieles, Benito marchó hacia el sur, en dirección a Nápoles. Llegó a Casino, un antiquísimo poblado en Etruria, ocupado y fortificado primero por los etruscos, y luego también por los romanos. Junto al poblado había una montaña en cuya cima se veían todavía las ruinas de una vieja fortaleza y de un templo pagano. Allí —al monte de Casino, *Montecasino*— subieron Benito y sus acompañantes, y allí se instalaron.

Uno de los primeros pasos que aquellos monjes dieron, siguiendo las instrucciones de Benito, fue construir una sola casa para que sirviera de residencia común. En ello se apartaban de la práctica de los monasterios pacomianos, que se dividían en "casas". En Montecasino, todos vivían, comían, trabajaban, dormían, oraban, recitaban los Salmos como una sola comunidad, durmiendo bajo un mismo techo y labrando las mismas tierras. Lo importante no era producir santos solitarios, sino más bien una comunidad santa, una comunidad que por su propia vida fomentara y fortaleciera la santidad de todos sus miembros.

En sus *Diálogos*, Gregorio no se ocupa detalladamente de la *Regla*, pues su propósito es más bien contar las milagrosas hazañas de Benito. Pero sí le dice a su interlocutor Pedro lo siguiente:

> Grato me sería, Pedro, contar muchas más cosas todavía de este venerable padre, pero algunas de ellas de intento he querido silenciarlas, porque tengo prisa en desarrollar los hechos de otros. Sin embargo, no quiero que ignores que el varón de Dios, entre tantos milagros con que resplandeció en el mundo, brilló también de una manera no menos admirable por su doctrina; porque escribió una regla para monjes, notable por su discreción y clara en su lenguaje. Si alguien quiere conocer más profundamente su vida y sus costumbres, podrá encontrar en la misma enseñanza de las reglas todas las acciones de su ministerio, porque el santo varón en modo alguno pudo enseñar otra cosa que lo que él mismo vivió. (*Diálogos*, 2.36; BAC 115, p. 235)

Como instrumento necesario para la vida en comunidad que se proponía fomentar, Benito compuso esa regla, probablemente en el año 529. Su principal fuente literaria parece haber sido la *Regula magistri* o *Regla del maestro*, un escrito anónimo aparecido unas pocas décadas antes que la *Regla* de Benito. Es un documento largo y detallado, cuya extensión es aproximadamente el triple de la *Regla* benedictina, y que trata de determinar la pena adecuada para cada pecado, lo que se ha de hacer en las horas de oración común, y mucho más. Ambas reglas eran típicamente romanas por su énfasis en la moderación y el rechazo de los extremos y de las exageraciones, incluso en la vida ascética, en el trabajo y en el culto común. La *Regla* de Benito retuvo el énfasis que su predecesora había puesto en una distribución adecuada del tiempo. Este estaba repartido entre las oraciones, las labores necesarias para el sostén y la vida física de la comunidad, las lecturas de inspiración, y el sueño. Pero en esta nueva regla se deshizo de las penas excesivas por los pecados o errores, y del intento de hacer listas detalladas de los posibles pecados con sus penalidades correspondientes.

En cuanto a la autoridad del abad como jefe del monasterio, la *Regla* de Benito no deja lugar a dudas: el abad representa a Cristo en la administración y dirección del monasterio. Pero también está claro que no ha de ser un tirano, y que su régimen no ha de ser caprichoso, sino que, por encima del abad y de toda la comunidad, está la *Regla*. Utilizando una comparación anacrónica, podríamos decir que el régimen que la *Regla* establece es semejante al de una monarquía constitucional: el abad es juez último en todo lo que se refiere a la vida de la comunidad, pero el abad tiene que sujetarse a la *Regla*.

No es solamente el abad quien ha de sujetarse a la *Regla*, sino que esta gobierna toda la vida de los monjes. Los campanazos que marcan las horas son también órdenes que los monjes han de obedecer, según la hora que sea. En consecuencia, si al terminar la oración un toque de campana indica que es tiempo de ir a trabajar en los campos, y alguien decide continuar orando en lugar de obedecer, lo que hace no es virtud, sino pecado, pues al desobedecer la *Regla* socava la comunidad. La *Regla* da instrucciones acerca de la alimentación y del ayuno, y quien ayuna por cuenta propia, como queriendo sobrepasar la santidad de los demás, no es por eso más santo, sino que se lo reprenderá por desobediente. Hay tiempo para orar, tiempo para trabajar, tiempo para dormir, etc.

Desde su primer capítulo, la *Regla* de Benito señala una de sus principales preocupaciones. Tras hablar de tres clases de monjes, llega a los que más parecen preocuparlo, los monjes andariegos o giróvagos:

> El cuarto género es el de los monjes que llaman giróvagos, que a lo largo de su vida se hospedan tres o cuatro días por diversas regiones, en distintos monasterios, siempre vagabundos y nunca estables, sirviendo a sus propias voluntades y a los deleites de la gula [...]. De la misérrima vida de todos los cuales es mejor callar que hablar. (*Regla*, 1.10-12; BAC 115, p. 313)

Tras esa introducción siguen varios capítulos acerca de la vida en el monasterio, particularmente de lo que se ha de hacer al respecto de las horas o períodos estipulados para la oración y la salmodia en común. De ahí pasa a una breve discusión acerca de los monjes que persisten en conductas indebidas:

> Si algún monje contumaz, o desobediente, o soberbio, o murmurador, o contrario en algo a la santa *Regla* o a los preceptos de los ancianos, obrase así por menosprecio, este tal, según el precepto de nuestro Señor, sea amonestado secretamente por sus decanos primera y segunda vez. De no enmendarse, repréndasele públicamente delante de todos. Y si ni aun así se corrigiere, incurra en excomunión, con tal que comprenda qué pena es esta. Mas, si es obstinado, sométasele al castigo corporal. (*Regla*, 23; BAC 115, pp. 465, 467)

Es importante notar que la mayoría de los castigos por faltas graves y consuetudinarias consisten en apartar a la persona de la comunidad. Benito establece que «el monje que es reo de una culpa más grave sea excluido de la mesa y también del oratorio». Luego da más detalles: «Tome a solas su refección en la medida y a la hora que el abad juzgare convenirle. Nadie le bendiga al cruzarse con él, ni se bendiga tampoco el manjar que se le da» (*Regla*, 25.5-6; BAC 115, pp. 471, 473).

En cuanto a los giróvagos, Benito sigue su propio consejo que ya hemos citado: de ellos «es mejor callar que hablar». No hay en su regla un capítulo dedicado a los tales, pero sí hay todo un conjunto de pasajes y de procedimientos que subrayan la importancia de hacer todo lo contrario a las prácticas giróvagas: la permanencia o estabilidad de los monjes en sus propios monasterios. Ya hemos visto que uno de los peores castigos que un monje benedictino puede recibir según la *Regla* es ser apartado de la comunidad, no poder comer con los demás, no ser bendecido por ellos, y otras medidas parecidas. Que tal aislamiento sea una consecuencia que temer muestra la importancia que se le daba al hecho de pertenecer a esa comunidad. Otra señal de esto es la sorprendente instrucción que dice: «Si alguno del orden sacerdotal solicitare ser admitido en el monasterio, no se acceda a ello demasiado pronto». Si insiste, se le ha de explicar que no tendrá privilegio alguno en la vida del monasterio por el hecho de ser ordenado, sino solamente en aquellas cosas como la celebración de la misa, en las que su ordenación le da una función particular. Pero, excepto en tales circunstancias, «atienda al lugar que le corresponde según su ingreso en el monasterio, no al que se le concedió por reverencia al sacerdocio» (*Regla*, 1.10-12; BAC 115, p. 313).

El capítulo 61 trata específicamente de los monjes peregrinos que, viniendo de lejanas tierras, piden hospedaje. Los tales recibirán una explicación acerca de la vida en el monasterio y se les indicará que para poder residir allí tendrán que ajustarse a esa vida. Si más tarde deciden permanecer en el monasterio como residentes permanentes, se tomará en cuenta su conducta durante su estadía provisional. Pero si resulta que es exigente mientras está en el monasterio como huésped, «no solo no debe asociarse a la corporación del monasterio, sino díganle cortésmente que se vaya, no sea que con su miseria se contagien los demás» (*Regla*, 61.1, 6-7; BAC 115, pp. 633, 635).

En fin, bien puede decirse que la *Regla* es una adaptación del monaquismo a una mentalidad romana. Esto se ve en un énfasis en el buen orden y en la moderación. Se trata de una moderación que los romanos siempre habían visto como virtud, y que ya vimos a Ambrosio aconsejarle a su hermana Marcelina más de cien años antes de la *Regla* benedictina.

Mucho más podría decirse acerca de ese documento y del género de vida que se propone y exige de los monjes. La *Regla* señala los cargos y obligaciones que corresponderán a cada cual: el abad, los cocineros, los lectores, el portero, y mucho más. En todo ello se ve el principio fundamental que siglos más tarde alguien cuyo nombre no sabemos acuñó con las palabras *ora et labora*. La vida monástica, según la concibe toda la tradición benedictina, consiste en un ritmo en el que tanto la oración como el trabajo tienen su lugar, y lo uno es contraparte de lo otro.

Hasta aquí hemos enfocado nuestra atención en la organización del monasterio, las responsabilidades de cada cual, y temas semejantes. En otras palabras, el enfoque ha estado en el *labora*. Pasemos entonces, aunque sea brevemente, al *ora*.

La liturgia de las horas

Los capítulos 8 al 20 de la *Regla* se ocupan del culto y la devoción de los monjes. De esos trece capítulos, solamente el último, el 20, se dedica a la oración privada. No es necesario decir más para comprobar que, para Benito y para la tradición monástica que fundó, el culto, la devoción y la oración no son en primera instancia cuestión privada, sino que son acciones comunitarias.

Esta porción de la *Regla* puede resultar confusa para quien no conozca la estructura fundamental de las horas o tiempos de oración a los que Benito se refiere, pues la *Regla* no empieza diciendo cuáles son ni cuál es su orden. Por tanto, aunque Benito no exprese una disposición particular de estas, hagamos un brevísimo resumen de las horas de oración tal como se conciben implícitamente en la *Regla*. Pero, aun antes de eso, se nos hace necesaria una aclaración: cuando aquí se habla de "horas", eso no se refiere a períodos de sesenta minutos, sino al momento durante el día o la noche en que corresponde hacer algo. Así, cada una de estas "horas" es en realidad un período de oración comunitaria en cierto momento de la jornada.

La costumbre de establecer ciertas horas o tiempos específicos para la oración es antiquísima, pues es parte de la herencia que el judaísmo nos ha legado. Esa costumbre aparece repetidamente en el Nuevo Testamento. Más adelante, el hecho de orar en ciertas horas específicas, cada cual donde se encontrase en ese momento, expresaba y fortalecía el vínculo entre los creyentes, aun cuando no estuvieran físicamente juntos. De allí pasó a la tradición monástica. En sus *Instituciones*, Juan Casiano relata la variedad de costumbres entre los monjes de Egipto, Mesopotamia y Siria. Concluye reconociendo que, mientras el origen de las siete horas tradicionales no fue precisamente ese, las palabras del salmista le dan fundamento bíblico:

> Y esta forma [la añadidura de una séptima hora], aunque pueda parecer que surgió por casualidad y que fue establecida en tiempos recientes, [...] sin embargo cumple claramente, según la letra, aquel número que el bienaventurado David señala (aunque también pueda entenderse espiritualmente): «Siete veces al día te alabo a causa de tus justos juicios» [Sal 119:164]. Porque, con la adición de este oficio, ciertamente celebramos estas asambleas espirituales siete veces al día, y así se muestra que cantamos alabanzas a Dios siete veces en ellas. Finalmente, aunque esta misma forma, nacida en oriente, se ha difundido con gran provecho hasta estas regiones, todavía en algunos monasterios antiguos de oriente —que no toleran la menor alteración de las antiguas reglas de los padres— parece que nunca fue introducida. (*Instituciones*, 3.4; NPNF2 11, p. 215)

En algún momento, que es difícil de determinar, a esas siete horas se añadió una octava, sobre la base de las palabras del mismo salmo: «A medianoche me levanto para alabarte por tus justos juicios» (Sal 119:62). En consecuencia, la *Regla* de San Benito incluye instrucciones bastante detalladas para la observancia de ocho horas litúrgicas. Algunas de ellas son horas mayores, en las que todos los monjes han de procurar estar presentes. Otras requieren solamente que cada cual donde esté —sea trabajando en los campos, en la cocina, o en cualquier otro lugar— se detenga y eleve a Dios las mismas oraciones que el resto de la comunidad está elevando. Para cada una de las horas se asignaban lecturas y Salmos específicos.

El día benedictino comenzaba entonces con las "vigilias", que tenían lugar en medio de la noche. Todos los monjes debían levantarse, como se prescribe en el Salmo 119:62, para un servicio comunitario bastante extenso, que incluía lecturas bíblicas y patrísticas, oraciones y recitación salmódica. Era así como comenzaba el día, como dice Benito, «para que se descanse hasta un poco más de medianoche y se levanten ya reparados». Entonces, «lo que restare después de las vigilias, lo invertirán los hermanos que tengan necesidad de ello en el estudio del salterio y de las lecciones» (*Regla*, 8.2-3; BAC 115, pp. 395, 397).

A esto seguía el oficio de "laudes", al amanecer, para agradecer la dádiva de un nuevo día, terminando con la recitación del padrenuestro. Las próximas cuatro horas llevaban el nombre de la hora en que se celebraban: "prima", aproximadamente a las seis de la mañana; "tercia", a media mañana; "sexta", al mediodía; y "nona", a media tarde. Unas pocas horas más tarde, al ponerse el sol, tenían lugar las "vísperas", en las que se daba gracias por lo hecho durante el día. Todo el día cerraba con las "completas", un servicio breve después del cual debía guardarse silencio absoluto hasta levantarse de nuevo para las oraciones del próximo día.

Entre estas ocho horas, tres eran "mayores" tanto por su duración como por la importancia que se les daba, reuniendo a toda la comunidad para observarlas en conjunto: vigilias, laudes y vísperas. Prima, tercia, sexta y nona eran horas "menores", momentos en los que se dejaba lo que se estuviera haciendo para orar y alabar a Dios al unísono, aunque sin tener que reunirse físicamente. Las completas eran también brevísimas, pero sí eran una hora de oración en conjunto, entregándose todos a Dios antes de acostarse a dormir.

Las instrucciones para esas horas de oración son bien detalladas. La *Regla* dedica todo el capítulo 18 a prescribir los Salmos que se han de recitar cantando, con la consecuencia de que tras unos pocos meses la mayoría de los monjes habría memorizado todo el Salterio. Al final de ese capítulo 18, Benito permite cierta flexibilidad en los Salmos para cada ocasión, pero, en todo caso, el recitar el Salterio completo cada semana será obligación ineludible:

> Sobre todo, advertimos que, si por ventura a alguno [llegara a] no gustarle esta distribución de salmos, la ordene de

> otro modo, si le pareciere mejor; con tal que, en todo caso, se atienda a que cada semana se recite íntegro el salterio de ciento cincuenta salmos, de modo que se empiece siempre de nuevo por el primero en las vigilias del domingo: porque demasiada flojedad muestran en el servicio de su devoción los monjes que en el decurso de una semana recitan menos de un salterio con los cánticos acostumbrados, cuando leemos que nuestros santos Padres cumplían animosamente en un solo día lo que ojalá nosotros, tibios, ejecutemos en toda una semana. (*Regla*, 18.23-25; BAC 115, pp. 439, 441)

El monaquismo como restauración de lo que se perdía

Cuando vemos todo esto a la luz de la historia de la iglesia en aquellos siglos, vemos que en cierto modo lo que hizo el monaquismo —particularmente el benedictino— fue restaurar algo de lo que antes practicaba la iglesia toda, pero haciéndolo ahora, no ya práctica común de todos los creyentes, sino más bien de un grupo selecto de "atletas de Cristo". Esto se manifiesta de tres modos.

Uno de ellos fue que la visión de la iglesia, como comunidad sacerdotal que tenía la misión de orar tanto por ella misma como por quienes no oraban, empezó a perderse. Por ello, vino a ser tarea particular de los monjes. En el culto del común de los cristianos, esto se manifestó en el declive y hasta la desaparición de la "oración de los fieles", que antes había sido parte importantísima del culto —tan importante que solamente los bautizados participaban de ella—. Ahora esa oración intercesora vino a ser tarea específica de los monjes, y no de la iglesia toda.

Algo semejante sucedió con el catecumenado. Como vimos anteriormente, hacia fines del siglo segundo, ese período de preparación e instrucción en los principios doctrinales y éticos de la fe cristiana duraba hasta dos años, o a veces más. Tras las acciones de Constantino, el catecumenado se fue abreviando, a la postre prácticamente desapareciendo o transformándose en preparación para la primera comunión, de la que ya no se participaba, como antes, inmediatamente después del bautismo. Ahora el noviciado vino a ser un período de preparación, instrucción y práctica previo a la admisión definitiva a la comunidad monástica, tal como antes el catecumenado había sido prerrequisito para la admisión a la iglesia mediante el bautismo.

Por último, lo que leemos en el libro de Hechos —acerca de cómo los creyentes compartían todo lo que todos tenían— se fue mitigando paulatinamente (aunque no tan rápido como algunos piensan), y a la postre vino a ser característica de la vida monástica.

En resumen, según el monaquismo fue desarrollándose y expandiéndose, surgió una iglesia en la que había dos niveles de práctica y devoción. El pueblo cristiano en general debía ser dadivoso y devoto. Pero había una sección de la iglesia, la monástica, dedicada a una devoción más ferviente, a una oración más constante y a una vida compartida más intensa.

Expansión y evolución

En vida de San Benito, su monasterio en Montecasino fue respetado y admirado. Sin embargo, tanto ese monasterio como la *Regla* que lo gobernaba no parecían tener mucho de extraordinario, pues ya hemos dicho que toda la región estaba sembrada de monasterios, cada uno de ellos con sus prácticas, tradiciones y reglas, algunas de ellas tácitas más bien que escritas. La suerte inmediata de Montecasino no fue feliz. Benito murió en el 547, y treinta años más tarde los longobardos arrasaron el monasterio de Montecasino y sus residentes se dispersaron. Muy lentamente, la *Regla* de Benito se fue abriendo paso en Italia, y después en Galia. Además de los muchos monasterios que tenían sus propias reglas y costumbres, semejantes a las de Benito, empezaba a aparecer en el continente europeo otra tradición monástica: la que ya hemos visto surgir en Irlanda.

Entre los monasterios benedictinos y los irlandeses había enormes diferencias. Los irlandeses habían surgido en una isla que nunca había sido parte del Imperio romano, y que empezaba entonces a unificarse y a cobrar conciencia de su identidad. Los benedictinos surgieron en medio del caos de las invasiones, de las luchas internas en pos del poder, de la incertidumbre. Los unos nacieron donde no había grandes ciudades, y pronto se volvieron centros de la vida social, religiosa y cultural; los otros fueron creados como refugio de condiciones de inseguridad, conflictos y desorden. En resumen, los primeros monasterios irlandeses vivían de cara al mundo circundante, mientras el atractivo de los benedictinos estaba en no ser parte del caos que los rodeaba. Por razón de esos orígenes, los primeros monasterios irlandeses fueron centro de expansión misionera, mientras los benedictinos se enfocaban principalmente en su propia vida interna.

La evolución más notable del monaquismo benedictino durante sus primeras décadas fue la importancia que el estudio fue adquiriendo. En la *Regla* no hay mención alguna del estudio como vocación monástica. Lo que más se le aproxima es la *lectio divina*, la lectura de pasajes bíblicos o patrísticos de cara a Dios, como diálogo con Dios —y, por tanto, como práctica de devoción, pero no como estudio en el sentido de examinar o producir textos nuevos, y mucho menos en el sentido de ser centros educativos—. Aquello empezó a cambiar gracias a las necesidades implícitas, pero originalmente insospechadas, en la *Regla* misma. Si los monjes debían recitar los Salmos, memorizar pasajes, leer textos antiguos, era necesario abastecerse de manuscritos para el uso litúrgico, para la *lectio divina*, para los fundadores de nuevos monasterios. Se hacía necesario copiar libros, y para ello era necesario tener libros que copiar. Así, se fueron creando en los monasterios sistemas para copiar manuscritos, y bibliotecas con manuscritos que copiar. La copia de manuscritos vino a ser un acto de devoción, una nueva forma de *lectio divina*. Esa evolución, resultado de necesidades implícitas en la *Regla*, fue rápida.

El próximo paso en la evolución del monaquismo benedictino, que le llevó a su preponderancia como la forma típica del monaquismo occidental, comenzó con la elección al papado de quien hoy conocemos como Gregorio el Grande, a quien dedicaremos buena parte del próximo capítulo. Por lo pronto, baste decir que Gregorio, formado él mismo en un monasterio benedictino, y el biógrafo de san Benito a quien hemos citado repetidamente en este capítulo, se valió del monaquismo benedictino como aliado e instrumento en sus labores pontificias. Gregorio envió monjes benedictinos como consejeros suyos, como misioneros a tierras lejanas, como legados y diplomáticos. Los monasterios se volvieron centro de estudio y preparación para misioneros y fundadores de otros monasterios, particularmente en Italia y en tierras bajo el dominio de los francos.

Esto último nos lleva a otro impulso que se unió al de Gregorio para continuar la expansión del monaquismo benedictino. En el capítulo anterior, al tratar sobre Italia, vimos algo de la creciente alianza entre los carolingios, que gobernaban en buena parte de lo que hoy son Francia y Alemania, y los papas, que se veían amenazados por los longobardos. Al tiempo que los francos defendían al papado ante la amenaza de los longobardos, los papas fortalecían el monaquismo benedictino en tierras francas. Los gobernantes de esas tierras veían con buenos ojos la creciente uniformidad dentro del monaquismo que la *Regla* de San Benito producía. Aquella alianza se afianzó cuando el papa declaró emperador a Carlomagno.

Cuando los carolingios se propusieron fomentar los estudios en sus territorios, y acudieron a Alcuino de York para dirigir esa tarea, Alcuino —quien no era monje, pero era admirador de la *Regla* de Benito— fomentó el monaquismo benedictino en todo el imperio carolingio. Otro monje benedictino, Benito de Aniano, se unió a esos esfuerzos, y como resultado de sus gestiones, un sínodo reunido en Aquisgrán, la capital imperial, en el 816, decretó que todos los monasterios del reino debían seguir la *Regla* de San Benito. En resumen, el monaquismo benedictino se expandió ciertamente por el valor intrínseco de la *Regla* benedictina, pero también porque tanto los papas como los reyes carolingios —y pronto otros reyes y personajes de influencia— lo apoyaron y fomentaron.

11
Gregorio el Grande

En el capítulo anterior mencionamos la importancia del papa Gregorio el Grande para la difusión y evolución del monaquismo benedictino. Sobre eso volveremos más adelante en el presente capítulo; pero, a pesar de la importancia que Gregorio tiene en la historia del monaquismo, eso no es sino una de las dimensiones de su vasto alcance e impacto.

De la cuna al monasterio

Se calcula que Gregorio debe haber nacido alrededor del año 540, en el seno de una familia romana de alta alcurnia y abundantes bienes. Eran tiempos difíciles, lo usual en la repetidamente invadida península italiana.

La guerra a la que ya nos hemos referido entre los bizantinos y los ostrogodos llevaba ya varios años, y se prolongaría hasta el 555. Alrededor de la fecha del nacimiento de Gregorio, el reino ostrogodo —y, por ende, la guerra entre ese reino y los bizantinos— quedó en manos del rey Totila. El nuevo monarca rápidamente atacó a los bizantinos, venciéndolos en una batalla tras otra. Marchó hacia el sur, donde cercó la ciudad de Nápoles, obligándola a rendirse en el 542. De allí se tornó de nuevo hacia el norte, donde sitió la ciudad de Roma, a la que entró victorioso a fines del 546. Según algunas fuentes, Totila había prometido hacer de Roma un pasto para el ganado, pero alguien lo persuadió de no hacerlo. La ciudad fue sometida a saqueo por las tropas de Totila, que también destruyeron parte de la muralla para asegurarse de que, en caso necesario, la ciudad no pudiera defenderse.

Gregorio tendría entonces unos siete u ocho años. No tenemos documentos que lo afirmen, pero bien podemos imaginar la huella que dejaría en la mente de aquel niño ver su casa invadida por soldados desaforados, sus pertenencias destruidas o tomadas como botín de guerra, y su familia humillada. En todo caso, cuando más adelante lo veamos oponerse firmemente al arrianismo, cabe pensar que las razones de tal oposición no serían puramente teológicas, sino que también quedaría en ella el espectro de aquella dolorosa memoria.

En el año 552, Totila murió a consecuencia de heridas sufridas en el campo de batalla. Años más tarde, Gregorio contaría el episodio de la humillación de Totila por parte de san Benito, y de cómo el santo predijo la muerte del rey. Unos pocos años tras la muerte de Totila, los godos de Italia perdieron su identidad política, pues vinieron a ser el Exarcado de Rávena, parte del Imperio bizantino. A la postre, los ostrogodos fueron absorbidos por el resto de la población, y quedaron pocos recuerdos de sus pasadas glorias.

Como vimos en el capítulo 9, aquello no trajo paz y tranquilidad, pues casi inmediatamente los longobardos invadieron la península, donde permanecerían y repetidamente amenazarían tanto a Roma como a la fe nicena, pues eran arrianos. A la postre, serían conquistados y subyugados por los francos, aliados de los papas. Pero eso sería bastante después de la muerte de Gregorio.

Durante todos esos años, el joven Gregorio había estado preparándose para una carrera en el servicio civil, y dando los primeros pasos en ella. Su ascenso fue rápido, pues llegó a ser prefecto de Roma. Aunque la fecha exacta es incierta —como lo es también la de su nacimiento—, la opinión más común es que debe haber llegado a la prefectura alrededor del año 573 o antes, lo que quiere decir que tendría, como mucho, unos 35 años. En sus escritos no dice exactamente lo que le llevó a abandonar esa exitosa carrera civil para ser monje. Sí dice repetidamente que no le interesaban las glorias del mundo, o que su trabajo administrativo interrumpía su vida contemplativa. Y también, siendo ya obispo de Roma, se quejaría al verse de nuevo excesivamente involucrado en asuntos administrativos que interrumpían sus devociones y sus tareas pastorales.

Lo que sí sabemos es que, alrededor del año 574, cuando no llevaba mucho tiempo en la prefectura de Roma, renunció a ese puesto y se hizo monje. Gregorio no da detalles acerca de las razones que lo llevaron a tal decisión. Posiblemente el pasaje en que más se acerca a dejarnos ver su motivación interior sea la carta que escribió a su amigo Leandro de Sevilla —a quien ya mencionamos en el capítulo 2— dedicándole una de sus obras. Allí Gregorio le cuenta sobre su decisión de abandonar la carrera civil y abrazar la vida monástica:

> Ahora se me abría el amor a la eternidad. ¿Qué buscaría? Pero una costumbre desconocida me había obligado a no cambiar mi adoración externa. Cuando mi mente aún me obligaba a servir al mundo presente como si fuera en apariencia, muchas cosas comenzaron a crecer contra mí debido a la preocupación del mismo mundo, de modo que ya no me retenía en él, no en apariencia, sino, lo que es más grave, en mente. Por lo cual, finalmente, huyendo de todo ansiosamente, busqué el puerto del monasterio y, abandonando las cosas del mundo, creí que en vano, entonces escapé desnudo del naufragio de esta vida. (*Moralia*, Epístola dedicatoria, 1; PL 75, p. 511)

Al hacerse monje, no siguió, sin embargo, la ruta común de unirse a un monasterio ya existente. Por el contrario, tomó un antiguo palacio de los muchos que su familia poseía y lo convirtió en monasterio. Hizo lo mismo con otras seis propiedades en Sicilia. El de Roma, al que se unió, se llamaba monasterio de San Andrés en el monte Celio, una de las siete colinas de la antigua Roma. Frecuentemente se dice, que al fundar esos monasterios, Gregorio siguió la *Regla* benedictina. No obstante, algunas de sus más antiguas biografías —en particular la de Juan el Diácono— dicen más bien que, obligados a abandonar su monasterio en Montecasino por la violencia circundante, dos monjes benedictinos —Constancio y Simplicio— llegaron a Roma. Según esa versión, Gregorio aprendió de la *Regla* benedictina cuando esos dos monjes, quienes huían de Montecasino, donde la amenaza de los longobardos era inminente, llegaron al monasterio de Gregorio. Impresionado por la *Regla* que esos monjes le dieron a conocer, Gregorio la instituyó tanto en el monasterio en el que vivía como en los otros que había fundado en Sicilia. Sea o no cierto que fue así que se enteró de ella, el hecho es que Gregorio abrazó la *Regla*, no solamente para los monasterios que fundó personalmente, sino también como modelo para la vida monástica en toda la iglesia occidental. Cuando llegó a ser papa, su entusiasmo por esta regla ayudó a propagarla en Italia y tan lejos como pudo.

Nostalgia por la vida del monasterio

Poco tiempo había pasado Gregorio en la vida monástica cuando fue arrancado de ella. La situación en Roma era difícil. El caos creado por los longobardos y sus incursiones, y por la peste y las interrupciones en los abastecimientos de la ciudad requería respuesta inmediata, pero sabia y organizada. El papa sabía que el antiguo prefecto de la ciudad, Gregorio, vivía ahora como monje en el convento de San Andrés, y lo nombró su diácono administrativo (*diaconus regionarius*). Esto lo ponía a cargo no solamente de buscar solución para los problemas inmediatos de la ciudad, sino también de todos los otros asuntos administrativos del papado. Gregorio aceptó porque la obediencia se lo requería, pero de mala gana.

Su gestión en ese puesto le ganó tal confianza del papa Pelagio II (579–590), que lo nombró su apocrisiario (embajador) ante la corte en Constantinopla. No olvidemos que técnicamente Roma y buena parte de Italia eran parte del Imperio bizantino. El representante oficial del gobierno constantinopolitano era el virrey, con su corte en Rávena. Luego, la tarea que se le encargaba al monje Gregorio no era fácil, pues tendría que apelar directamente a la corte imperial, sin desairar al virrey y sus autoridades. Tenía que tratar con las autoridades imperiales reconociendo que Roma era parte de ese imperio, pero al mismo tiempo, sabiendo que esas autoridades no se ocuparían mucho de los problemas de Roma. Por tanto, en ocasiones tendría que actuar como si Roma fuera un Estado independiente. El punto en el que todas esas circunstancias se cristalizaban era la necesidad de ayuda ante las amenazas y los estragos de los longobardos. Lo que dificultaba la tarea de Gregorio al respecto de los longobardos era que, mientras los bizantinos pensaban que el único modo de detenerlos era mediante la fuerza militar —fuerza que los bizantinos no estaban en condiciones de aplicar—, Gregorio pensaba que había que tratarlos con respeto —como a cristianos que, descarriados por el arrianismo, debían volver al seno de la iglesia—.

Puesto que eso era lo que se le mandaba, Gregorio se trasladó a Constantinopla. Como remedio, hasta que pudiera volver a San Andrés, llevó consigo un número de monjes, con el fin de poder continuar el régimen de devoción comunitaria que había establecido en ese monasterio. Mientras estuvo en Constantinopla, no aprendió el griego, que era la lengua de los bizantinos, pero sí se percató de las intrigas de palacio, y sobre todo de lo que le parecía la sumisión de la iglesia a los emperadores y sus representantes. Como diplomático que era, Gregorio no adoptó una actitud de corrección ni de amonestación, pero sí se convenció de que la solución de los problemas de Roma no vendría de los bizantinos.

Cumplida su misión diplomática, Gregorio regresó a Roma y al monasterio de San Andrés en el 385 o el 386, dispuesto a reanudar su vida monástica. Allí siguió sirviendo como consejero y administrador al servicio de Pelagio II, ocupándose siempre de que sus responsabilidades administrativas no lo arrancaran de la vida monástica que se había propuesto. En el 389, hubo una serie de inundaciones seguidas —como es común en tales casos— de una epidemia mortífera. Gregorio se ocupó de organizar plegarias, letanías y ayuda para los enfermos y damnificados, al tiempo que observaba la disciplina monástica, siguiendo la *Regla* benedictina.

Pero la tranquilidad que procuraba en el convento le estaba vedada. A principios del 590, Pelagio II murió. Como era costumbre, su sucesor fue elegido por el pueblo y el clero de Roma; la selección cayó sobre Gregorio. Por razón de las condiciones políticas que ya hemos descrito, era costumbre solicitar ratificación de tal elección del emperador. Según algunas fuentes antiguas, Gregorio se dirigió secretamente al emperador Mauricio, pidiéndole que no confirmara su elección, pero el prefecto de Roma interceptó la carta, impidiendo que llegara a su destino. Si tal carta existió, no se conserva, pues el epistolario de Gregorio que hoy tenemos incluye solamente las cartas escritas cuando ya ocupaba el papado. Lo que sí tenemos es una carta que Gregorio dirigió a Theoctista, hermana del emperador Mauricio, casi inmediatamente después de haber sido electo papa. En ella le dice:

> Bajo el pretexto del episcopado, he sido devuelto al mundo, y estoy ahora envuelto en tan grandes cuidados terrenales como no recuerdo haber sufrido siquiera en el Estado laico.
>
> He perdido las profundas alegrías de mi quietud y parezco haber ascendido exteriormente mientras caigo interiormente. Por eso me duele hallarme desterrado, lejos del rostro de mi Creador [...].
>
> Pues está verdaderamente elevado sobre las alturas de la tierra aquel que, mirando desde lo alto con la mente, pisa bajo sus pies incluso las cosas del mundo presente que parecen sublimes y gloriosas.
>
> Pero, habiendo sido súbitamente derribado de esa cumbre por el torbellino de esta prueba, he caído en temores y temblores; porque, aunque no tengo temor por mí mismo, temo grandemente por aquellos que me han sido encomendados.
>
> Por todas partes me azotan las olas de los asuntos y me hunden las tempestades. (*Reg.*, 1.5; NPNF2 12, pp. 74-75)

Tal fue siempre su actitud. Hacia fines del año 599, Gregorio se dirigió a Leandro de Sevilla, de quien nos ocupamos más arriba, en el capítulo 4. Lo había conocido cuando ambos estaban en Constantinopla involucrados en gestiones diplomáticas. Ahora le escribe con palabras de alegría, de consejo y de queja. La alegría se debe a la conversión del rey Recaredo. El consejo es la cuestión de la triple fórmula bautismal, de la que ya hemos tratado. Y la queja es lo que aquí nos interesa:

En verdad, me hallo en este lugar sacudido por tales olas de este mundo, que de ningún modo puedo dirigir hacia puerto la vieja y carcomida nave cuya guía he asumido por el oculto designio de Dios. Unas veces las olas se precipitan de frente; otras, a un costado, se levantan montañas de mar espumoso; o, desde atrás, me sigue la tempestad. Y, turbado en medio de todo esto, me veo obligado unas veces a gobernar la nave enfrentando directamente las aguas contrarias; otras veces, a girarla de lado para evitar las amenazas de las olas que vienen de través.

Gimo, porque siento que, por mi negligencia, aumenta el agua sucia de los vicios; y, cuando la tormenta embiste violentamente a la nave, las tablas carcomidas ya suenan a naufragio. Con lágrimas recuerdo cómo he perdido la plácida orilla de mi descanso, y con suspiros contemplo la tierra que, mientras soplan contra mí los vientos de los negocios, no puedo alcanzar.

Si, pues, me amas, queridísimo hermano, tiéndeme en medio de estas olas la mano de tu oración, para que, al ayudarme en mis trabajos, tú mismo, en pago del beneficio, te fortalezcas más en los tuyos. (*Reg.*, 9.43; NPNF2 12, pp. 87-88)

Escritos de Gregorio

Homilías e interpretación bíblica

Para estudiar la obra de Gregorio el Grande conviene empezar por sus propios escritos. La razón de esto no es que Gregorio haya sido un autor prolífico, o que su teología haya sido innovadora, sino más bien que esos escritos son la principal fuente que tenemos para conocer el enorme alcance de su labor administrativa y pastoral. En consecuencia, en las páginas que siguen nos referiremos repetidamente a esos escritos; y por eso es necesario decir algo acerca de ellos antes de adentrarnos en la obra misma de Gregorio.

Antes de llegar a ser papa, e inmediatamente después, Gregorio predicaba con cierta frecuencia. Se conservan unas cuarenta homilías suyas, aparentemente predicadas mientras algunos taquígrafos tomaban notas que luego transcribieron. Según una tradición que no es posible confirmar, algunas otras homilías tienen la particularidad de haber sido escritas por Gregorio, pero no predicadas por él, pues estaba enfermo.

En el capítulo 10, al tratar sobre san Benito y su obra, hemos citado los *Diálogos* de Gregorio, pues el segundo de los tres libros que componen esa obra es la más antigua biografía de Benito que tenemos. La obra en su totalidad, más que una reseña histórica, es una colección de milagros atribuidos a diversos personajes, entre los cuales predomina Benito. La principal obra de Gregorio sobre la Biblia misma es una extensa *Exposición del libro de Job*, comúnmente conocida como *Moralia*, en treinta y tres libros. Gregorio la comenzó durante su estadía en Constantinopla, a recomendación o petición de Leandro de Sevilla, pero no la terminó sino años después, cuando ya era papa. Más que un comentario bíblico, es un tratado sobre los niveles más avanzados de la ascesis y sobre la vida monástica. El propio Gregorio dice en el prefacio que en su obra da a conocer sentidos místicos que no todos entenderán, y añade que es como el caso de los buenos alimentos, que algunos no son capaces de digerir, sino que se enferman con ellos.

La Regla pastoral

Probablemente la más leída obra de Gregorio durante los primeros siglos tras su muerte haya sido su *Regla pastoral*. Esta obra merece especial atención porque fue escrita casi inmediatamente después de la elección de Gregorio al papado, y viene a ser entonces la primera y más general instrucción que Gregorio dirige a quienes han de servir a la iglesia como pastores.

La ocasión y el propósito explícito de la *Regla pastoral* es responder a Juan de Rávena, obispo de la capital del Exarcado, quien había criticado «el que yo [Gregorio] hubiera querido rehuir, ocultándome, de las cargas del gobierno pastoral»

(*Regla pastoral*, prólogo, 1; BAC 170, p. 107). En ese mismo prólogo, Gregorio anuncia que va a dividir lo que escribe en cuatro partes. La primera trata acerca de las cualidades necesarias para ser un buen pastor o prelado. La segunda continúa el tema de la primera, ocupándose de lo que ha de ser la vida de tal pastor. La tercera, que es en realidad el meollo de toda la obra y su parte más influyente, se ocupa de los diversos modos en que se ha de enseñar y de exhortar a los fieles según las circunstancias de cada cual. La cuarta, más que brevísima, advierte acerca de la tentación a la soberbia que bien puede deshacer toda la labor pastoral. Puesto que esa supuesta cuarta parte —a pesar de ser poco más de una página— revela el espíritu de Gregorio y la importancia que para él tiene la humildad, nos atrevemos a empezar nuestra discusión de toda la *Regla pastoral* con las palabras finales de la respuesta que Gregorio dirige a Juan de Rávena:

> Aquí tienes, santo varón, que cuando, impelido por necesidad que yo tengo de ser reprendido, apelo cuidadoso a mostrar cuál debe ser el pastor, pintor feo, he dibujado un hombre hermoso; y yo, que todavía me veo envuelto en medio de las olas de los delitos, encamino a otros a las playas de la perfección.
>
> Pero te ruego que en el naufragio de esta vida me sostengas con la tabla de la oración, para que, ya que el propio peso me sumerge, la mano de tu mérito me levante. (*Regla pastoral*, parte 4, capítulo único; BAC 170, p. 233)

Si volvemos entonces al principio de la obra, veremos que, inmediatamente después de su dedicatoria a Juan de Rávena, Gregorio señala la necesidad de una buena preparación para poder practicar fielmente la labor pastoral:

> Sabido es que no hay arte alguno que pueda ser enseñado sin antes haberlo aprendido tras diligente reflexión. Por tanto, con gran temeridad toman los indoctos el magisterio pastoral, siendo como es, el régimen de las almas, el arte de las artes; porque ¿quién no sabe que las enfermedades

> del alma están más encubiertas que las enfermedades de las entrañas? Y, no obstante, con frecuencia los que jamás han conocido las reglas del espíritu no temen profesar de médicos del corazón, cuando los que desconocen la virtud curativa de las plantas se avergüenzan de ser tenidos por médicos del cuerpo. (*Regla pastoral*, 1.1.3; BAC 170, p. 108)

Como anunció antes en el prólogo, lo que sigue trata principalmente acerca de las características que debe tener quien ha de ocuparse de la tarea pastoral. En esa tarea, será necesario soportar muchos obstáculos y adversidades; pero más peligrosa que las dificultades es la prosperidad, que puede llevar a la soberbia —que a fin de cuentas contradice lo bueno que se hace—. Por otra parte —y aquí Gregorio parece referirse a su propia experiencia y tentación—, hay quienes han recibido todos los dones necesarios para la tarea pastoral, pero se niegan a aceptar el llamado a emplear esos dones en la tarea para la que le fueron dados. Quienes tal hacen, aunque lo hagan para poder dedicarse más de lleno a la contemplación y la devoción, corren el riesgo de perder los dones que les fueron dados con un propósito que ellos mismos rehúsan. Lo mismo es cierto de las virtudes, que son don de Dios, no solamente para el bien de quien las recibe y practica, sino de todo el cuerpo de Cristo.

Esa referencia a las virtudes nos lleva a la segunda parte de la *Regla*, que trata acerca del género de vida que han de llevar quienes son designados para la tarea pastoral. En esto es necesario un equilibrio que refleja lo que hemos visto en la *Regla* benedictina, y que es parte del legado de la cultura romana. Gregorio advierte que quien recibe la vocación pastoral no ha de ser como «quien por desear la hermosura de Dios abandona el cuidado del prójimo, o por cuidar de los prójimos se entibia en el amor divino» (*Regla pastoral*, prólogo, 2.2.16; BAC 170, p. 126). Igualmente es necesaria la virtud del discernimiento para saber cuándo guardar silencio y cuándo hablar; para no permitir que las cosas exteriores le impidan ocuparse de lo interior, y tampoco que la vida interna lo lleve a descuidar lo externo; para no buscar ser agradable a todos y al mismo tiempo saber cómo y cuándo ser agradable; para desenmascarar los vicios disfrazados de virtudes.

La tercera parte —que es en realidad el centro de toda la obra— consta de 40 capítulos, casi todos dedicados a mostrar la importancia que tiene en la labor pastoral la condición de las personas con quienes se trabaja. El primer capítulo, además de hacer una lista de los temas de los siguientes treinta y cinco capítulos, indica que la amonestación pastoral a los varones debe ser diferente de la amonestación a las mujeres. Los siguientes treinta y cuatro capítulos siguen el mismo patrón: «De un modo se debe amonestar a los pobres y de otro a los ricos»; «de un modo se debe amonestar a los alegres y de otro a los tristes»; y así con los súbditos y los prelados, los siervos y los amos, los sabios y los rudos, etc.

Los últimos capítulos de esta tercera parte tratan sobre cuestiones relacionadas con lo anterior. El capítulo 36 plantea el tema —de actualidad todavía hoy— de la necesidad, al predicar a una audiencia diversa, de decir algo que sea pertinente para todos, y al mismo tiempo para cada cual. El 37 plantea otra cuestión pertinente todavía hoy: la necesidad y dificultad de predicarse a sí mismo al tiempo que se le predica a una audiencia. El capítulo que sigue señala la necesidad de no preocuparse demasiado por algunos vicios o males menores, para así poder enfocar la atención en otros más graves. El penúltimo (el 39) advierte que la predicación debe tener en cuenta el nivel espiritual de quienes escuchan, pues no debe «el predicador traer al ánimo de su oyente más de lo que alcancen las fuerzas de este, no sea que la cuerda del alma, por decirlo así, tendiéndola más de lo que resiste, se rompa» (*Regla pastoral*, 3.39.99; BAC 170, p. 227).

El epistolario

Como veremos ampliamente en el resto de este capítulo, uno de los grandes dones de Gregorio era su capacidad administrativa y organizadora. Cuando llegó al papado reorganizó la curia, y parte de esa reorganización fue instituir un registro de documentos. Es gracias a eso que hoy tenemos uno de los más extensos y detallados epistolarios de la Antigüedad: un *Registro* de la correspondencia de Gregorio, en catorce libros, con un total de 854 cartas, generalmente ordenadas según el año en que fueron escritas. Por ello, si al tratar de la vida y acciones de Gregorio antes de su pontificado nuestra principal dificultad fue la escasez de datos precisos, la dificultad a partir del año 590 es todo lo contrario: una sobreabundancia de datos que es imposible resumir en unas pocas páginas. Por tanto, en el resto de este capítulo, en lugar de pretender lo imposible, trataremos de organizar algunos de esos datos en secuencias que mostrarán otras tantas razones por las que Gregorio merece el título que comúnmente se le da: "el Grande".

La teología de Gregorio

Tradicionalmente, Gregorio se cuenta entre los cuatro grandes "doctores de la iglesia occidental", en compañía de Ambrosio, Agustín y Jerónimo. No cabe duda de que Gregorio fue un papa de excepcionales dotes que sirvió fielmente a la iglesia, y que por muchas otras razones fue indudablemente grande. Pero bien podemos decir que esa grandeza no se debe a su teología. Las obras de Gregorio son más bien consejos acerca de las virtudes —sobre todo la humildad—, la vida contemplativa y, muy especialmente, la práctica pastoral. Este último tema se manifiesta particularmente en su *Regla pastoral*. Tanto en sus *Diálogos* como en su obra acerca de Job, lo que más le interesa son los milagros de cada personaje, las visiones, los ángeles, los demonios y cuestiones semejantes. En términos generales, su teología refleja la de Agustín de Hipona, pero también la época en la que le tocó vivir, en la que había innumerables cuestiones urgentes a las que era necesario atender, y quedaba poco tiempo para el estudio o la investigación.

Esto se manifiesta en el modo en que lo que para Agustín había sido sugerencia, en Gregorio se vuelve certeza. El purgatorio o lugar en que los difuntos permanecen hasta que sus pecados sean expiados, que para Agustín era una posible respuesta a la cuestión del destino inmediato de los muertos, en Gregorio se vuelve doctrina fuera de toda duda: «Hay que creer que, respecto de faltas más leves, existe un fuego purificador [*purgatorius ignis*] antes del juicio» (*Diálogos*, 4.39; PL 77, p. 395). Su entendimiento de la relación entre el pecado original y la necesidad del bautismo llevó a la interpretación de ese sacramento en términos individuales, de modo que dejó de ser sacramento de unión o injerto al cuerpo de Cristo y vino a ser instrumento para el perdón de los pecados de cada persona. Su énfasis en la misa como repetición del sacrificio de Cristo fue una de las razones que hicieron de la Eucaristía no ya una celebración de la resurrección de Jesucristo, sino más bien un acto de contrición por los pecados de los creyentes que llevaron a la crucifixión de Jesús.

Como teólogo, la función histórica de Gregorio fue hacer llegar a los primeros siglos del Medioevo una versión simplificada, popularizada y en cierta medida osificada de la teología de san Agustín. Por siglos, la cristiandad occidental leyó a Agustín a través de los lentes de Gregorio. Todo eso, sin embargo, no es razón para negarle a Gregorio el título de "el Grande", muy merecido por las razones que inmediatamente consignaremos, y muchas otras para las que no disponemos de espacio.

Reorganización de la curia

Como hemos visto, Gregorio llegó al papado en tiempos de desastrosos desórdenes tanto en Roma como en buena parte de Europa. Como papa, heredó una burocracia —la curia papal— que había surgido en siglos pasados tomando como modelo los sistemas administrativos del ya desaparecido Imperio romano. Tan pronto como llegó al papado, Gregorio emprendió la reorganización de la curia. El *Registro* fue parte de esa reorganización; el propósito era que todo quedara por escrito, de modo que las decisiones futuras pudieran tener en cuenta lo antes decidido o prometido. Puesto que las posesiones papales más allá de las cercanías de Roma eran extensas —muchas de ellas en el sur de Italia y en Sicilia—, buena parte de la curia administraba lo que esas posesiones producían, no para suplir las necesidades de los pobres, sino como oportunidad para enriquecerse. Gregorio se deshizo de los administradores corruptos. Nombró "defensores de la iglesia" para cada región en la que había posesiones papales, encargándoles, no la defensa de los derechos de la iglesia como tal, sino más bien la defensa de los derechos de los pobres. Gregorio se mostró firme y exigente en cuanto al bienestar de los necesitados. Un buen ejemplo —entre otros— son las siguientes palabras dirigidas a cierto Juan, quien estaba a cargo de propiedades papales en Sicilia:

> Hemos sabido que los campesinos de la iglesia se hallan gravemente afligidos a causa del precio del trigo, porque en tiempos de abundancia la suma que se les exige pagar no guarda la debida proporción. Queremos, pues, que en todos los tiempos —sean mayores o menores las cosechas de trigo— la medida de proporción se mantenga según el precio corriente del mercado.
>
> También queremos que el trigo perdido por naufragio sea plenamente justificado en las cuentas; pero a condición de que no haya negligencia por tu parte en su envío, no sea que, por dejar pasar el tiempo oportuno para despacharlo, se produzca pérdida por tu culpa.
>
> Además, hemos comprobado que es sumamente injusto e incorrecto que se reciba de los campesinos de la iglesia algún pago en concepto de impuestos o que se les obligue a emplear un *modio* mayor que el que se usa en los graneros de la iglesia.[1]
>
> Por tanto, ordenamos con esta advertencia que nunca se reciba trigo de los campesinos de la iglesia en modios de más de dieciocho sextarios; salvo, tal vez, aquello que

1 Un "modio" era una medida de grano. Luego, lo que Gregorio condena es la práctica de usar modios mayores, obligando así a los campesinos a dar más grano por el mismo precio.

> los marineros suelen recibir como ración suplementaria, de cuyo consumo a bordo ellos mismos den testimonio.
>
> Hemos sabido también que en algunas propiedades de la iglesia se practica una exacción sumamente injusta, porque los arrendatarios cobran tres modios y medio por cada setenta —cosa vergonzosa de decir. Y aun esto no les basta, sino que además se exige algo más según una costumbre de muchos años. Esta práctica la detestamos por completo y deseamos que sea totalmente extirpada del patrimonio. (*Reg.*, 1.44; NPNF2 12, pp. 88-89)

La carta continúa con varias páginas en el mismo tono. En ellas, el papa condena una larga lista de abusos que tienen lugar en cuestiones de herencias, matrimonios y otros servicios de la iglesia que aparentemente Juan estaba usando para enriquecerse.

Restauración de Roma

Gregorio fue electo papa a raíz de la muerte de Pelagio II. Un año antes, el Tíber se había desbordado violentamente, destruyendo buena parte de la infraestructura material de la ciudad de Roma y causando la peste que, entre numerosos muertos, se llevó también a Pelagio II. Lo peor del caso era que aquello no fue un desastre excepcional, sino un ejemplo más de las consecuencias del descuido en que había caído la infraestructura de la ciudad. En sus tiempos de gloria, la ciudad había contado con once acueductos; ahora prácticamente todos habían caído en desuso por falta de reparaciones a tiempo. Solamente dos funcionaban todavía, y tampoco como debían.

Gregorio, tomando las riendas de la ciudad como si todavía fuera su prefecto, ordenó y supervisó la restauración de los acueductos necesarios para el bienestar de los habitantes. Lo mismo hizo al respecto de los canales de desagüe que los antiguos romanos habían empleado para desecar los pantanos que había en los alrededores de las famosas siete colinas. A lo largo de los años, esos canales se habían tupido con escombros, sedimentos y malezas. Los antiguos pantanos volvieron a serlo, y su aire contaminado, supuestamente, producía frecuentes pestilencias.[2] También de eso se ocupó Gregorio, desecando los pantanos con obreros pagados con fondos papales, y así mejorando la higiene de la ciudad.

Aunque las reparaciones de los acueductos y canales fueron las obras más notables en cuanto a la restauración de la ciudad, Gregorio también se ocupó de las reparaciones necesarias en las calles de Roma, en los techos de varios edificios públicos —incluso en el de la antigua basílica de San Pedro— y en las murallas de la ciudad. De igual manera, se aseguró del abastecimiento de cereales y de otros productos alimenticios, organizando sistemas de transporte que suplían lo que Roma necesitaba; sobre todo, trigo procedente de Sicilia.

La diplomacia de Gregorio

Como hemos dicho, bastante antes de ser papa, Gregorio fue enviado a Constantinopla como legado o embajador papal. Su gestión allí no tuvo gran éxito, y dejó en él una buena medida de suspicacia al respecto de las políticas bizantinas —sobre todo en relación con las autoridades eclesiásticas y lo que le parecía su actitud servil ante las autoridades imperiales—. Además, puesto que estaba convencido de la primacía pontificia sobre toda la iglesia, le molestaba que el patriarca de Constantinopla se diera el título de "patriarca ecuménico", literalmente "patriarca de toda la tierra habitada". Sobre esto se dirigió tanto al patriarca Juan de Constantinopla como al emperador, pero sin mayores resultados. Aun así, sus relaciones tanto con el patriarcado como con la corte de Constantinopla siempre fueron relativamente cordiales y respetuosas; esas otras autoridades, por su parte, respondieron de igual manera.

2 Hoy sabemos que eran los mosquitos los que transmitían las enfermedades. Entonces se pensaba que era el aire pestilente de los pantanos, y es de ahí que proviene nuestra palabra "malaria", supuestamente producto del "mal aire".

Más interesante es la relación de Gregorio con los longobardos. Estos eran arrianos, y constantemente amenazaban a Roma. El Imperio bizantino, y sus representantes en Rávena como gobernantes del Exarcado de Rávena (que ahora ocupaba buena parte de Italia), estaban convencidos de que los longobardos eran salvajes violentos y sin remedio. Por su parte, Gregorio no pretendía que las diferencias teológicas no tuvieran importancia, y reconocía los destrozos de los longobardos; sin embargo, estaba dispuesto a tratar con ellos como personas dignas de respeto, y como cristianos errados que, a pesar de su error, eran potenciales miembros de la iglesia. Cuando los longobardos amenazaban con lo que podría ser una desastrosa invasión, Gregorio estableció contacto directo con ellos y negoció un pago a cambio de que detuvieran sus planes. Todo esto causó fricciones entre Gregorio y las autoridades imperiales, tanto en Rávena como en Constantinopla, pues se suponía que, en lo civil, Gregorio y Roma se supeditarían a Constantinopla y a su representante en Rávena. Pero la verdad era que los bizantinos no tenían la posibilidad ni la intención de resistir militarmente al poderío longobardo, por lo que las gestiones de Gregorio y de sus representantes eran indispensables.

Además de los territorios bizantinos, Gregorio intervino de una manera u otra en varias otras regiones. De esas intervenciones, la más famosa es su envío a Inglaterra de una misión dirigida por Agustín, quien llegaría a ser arzobispo de Canterbury —que no debe confundirse con el famoso teólogo de Hipona, quien vivió dos siglos antes—. Puesto que ese es un buen punto para concluir el presente capítulo, lo pospondremos por un momento, para señalar algo del impacto de Gregorio en otras regiones.

De entre esas otras regiones, el caso más notable es el del reino visigodo en España. Hasta donde sabemos, Gregorio no hizo contacto directo con el rey Recaredo, pero sí siguió de cerca las gestiones de Leandro de Sevilla y de otros obispos nicenos en España —que a la postre llevaron a la conversión de Recaredo del arrianismo a la fe nicena—. Asimismo, ya hemos citado algo de la correspondencia entre Gregorio y Leandro. Sin lugar a duda, la actitud respetuosa de Gregorio contribuyó al resultado final, la conversión de Recaredo y, tras él, de todo el reino visigodo.

Algunas de las cartas de Gregorio iban dirigidas a obispos en Galia, donde aparentemente la práctica de vender y comprar cargos eclesiásticos (la simonía) era común. También escribió varias epístolas a los reyes merovingios entre los francos, solicitando su ayuda en la reforma de la iglesia dentro de sus territorios y en la obra misionera. En otra se dirige al recién nombrado prefecto de África, felicitándolo por sus nuevas responsabilidades y dándole consejos acerca de cómo prevenirse contra los males de la buena fortuna. Otro de sus corresponsales, también en África, fue el obispo de Cartago, Dominico, a quien escribió en tiempos de pestilencia, ofreciendo palabras de consuelo y esperanza. Sin embargo, entre toda esa correspondencia ninguna despierta nuestro interés como la que sostuvo con Agustín de Canterbury.

Gregorio y la misión de Agustín a Inglaterra

Entre las muchas leyendas acerca de Gregorio, una de las más famosas es la que cuenta el Venerable Beda acerca del interés de Gregorio por los anglos, un pueblo germánico que se había establecido en lo que hoy llamamos Inglaterra (es decir, tierra de los anglos). En su magna *Historia eclesiástica del pueblo anglo*, Beda dice:

> No debo pasar en silencio lo que hemos recibido por tradición de nuestros mayores: que el varón de Dios Gregorio, cuando aún era monje, cierto día vio que una multitud de mercaderes recién llegados a la ciudad conducía sus mercancías al mercado de los esclavos. Mientras examinaba las cosas que allí se vendían, vio entre ellas a unos muchachos expuestos a la venta, de cuerpo blanco y hermoso rostro, y de cabellos de notable belleza.

> Al mirarlos, preguntó de dónde o de qué región habían sido traídos; y le respondieron que de la isla de Britania, cuyos habitantes eran de esa apariencia. Preguntó de nuevo si aquellos isleños eran cristianos o si todavía vivían en el error de los ídolos. Le dijeron que eran paganos. Entonces suspiró con piadoso dolor del corazón y exclamó:
>
> «¡Ay, qué tristeza, que hombres de tan luminoso semblante estén sometidos al autor de las tinieblas, y que la hermosura de un rostro tan gracioso carezca de gracia interior!».
>
> Volvió a preguntar cómo se llamaba aquel pueblo, y le respondieron que se llamaban *anglos*.
>
> Dijo entonces: «Bien está, porque tienen rostro *angelical*, y conviene que sean coherederos con los *ángeles* en el cielo».
>
> Preguntó de nuevo cómo se llamaba la provincia de donde habían sido traídos; le dijeron que se llamaba *Deira*.
>
> Respondió: «Bien, pues serán sacados *de ira* y llamados a la misericordia de Cristo».
>
> Preguntó también quién era el rey de aquella provincia; le respondieron que se llamaba *Aelli*.
>
> Y él, jugando con el nombre, dijo: «¡*Alleluya*! conviene que se cante en aquellas tierras la alabanza de Dios, el Creador».
>
> Así pues, se acercó al pontífice de la sede romana y apostólica —pues él mismo aún no era pontífice— y le rogó que enviara a la nación de los britanos algunos ministros de la palabra, por medio de los cuales pudieran convertirse a la fe de Cristo. No obtuvo entonces el permiso; pero encendido en el ardor de su piadoso deseo, más tarde, hecho pontífice, llevó a cabo lo que había anhelado. (Beda, HE, 2.1; PL 95, pp. 80-81)

Hoy prácticamente todos concuerdan en que lo que cuenta Beda es una leyenda, que más tarde otros autores embellecieron con más detalles, igualmente imaginarios. Pero las buenas leyendas surgen de alguna base histórica. La base de la leyenda acerca de Gregorio y los jóvenes esclavos anglos es la historia de la misión de Agustín y sus acompañantes a Inglaterra, enviados por Gregorio. De esa base histórica sí hay documentos que la comprueban y nos revelan algunos de sus episodios. Los más importantes de esos documentos son la correspondencia que aparece en el epistolario de Gregorio, de cuya autenticidad no cabe duda. Hay además —particularmente en la *Historia eclesiástica* de Beda— algunos fragmentos de otra correspondencia, y el texto —con algunas posibles interpolaciones— de las respuestas de Gregorio a las preguntas de Agustín, citado por Beda.

Como hemos dicho, a principios del siglo cuarto los romanos, fuertemente presionados por las incursiones e invasiones germánicas, empezaron a retirar sus legiones de Gran Bretaña. Aquello causó graves dificultades a la iglesia de aquella isla, pero no llevó a su desaparición. Una prueba de la existencia de una iglesia britana es la historia de Patricio, quien nació y se crio en medio de esta, en la que su padre fue diácono, y su abuelo, sacerdote. Además, casi medio siglo antes de la llegada de Agustín y sus acompañantes a Inglaterra, los monjes irlandeses se habían establecido en Iona, frente a Escocia, desde donde más tarde —después de la misión de Agustín— se extenderían hacia el reino de Northumbria, en lo que hoy es Inglaterra.

Como veremos en nuestro próximo capítulo, tras una serie de invasiones anglosajonas, lo que hoy llamamos Inglaterra se dividía en varios reinos. El de Kent, en el sudeste de la isla, era uno de los más poderosos. Su rey, Etelberto, tenía por esposa a Berta, una princesa de entre los francos. Puesto que los francos, anteriormente paganos, se habían convertido a la fe nicena o católica aproximadamente un siglo antes, Berta llevó su fe consigo, así como a un obispo de entre los francos, quien celebraba cultos cristianos para ella y su séquito. Por tanto, bastante antes de que Agustín llegara a Kent, ya había cristianos en aquel reino, unos descendientes de cristianos que permanecieron en Gran Bretaña cuando las legiones romanas se retiraron, y otros, en torno a Berta y su séquito.

La historia toda de la misión a Inglaterra tiene dos facetas que nos interesan aquí. Una de ellas es la historia de las acciones de Agustín y sus acompañantes, de su viaje, de sus preguntas y prácticas, y de la iglesia que resultó de sus labores. Todo eso corresponde más bien a nuestro próximo capítulo, en el que enfocaremos la atención en Inglaterra, en lo acontecido en la misión misma y en sus resultados. La otra faceta de esa historia que nos interesa aquí es la participación de Gregorio el Grande. Puesto que este capítulo se propone presentar un perfil de la vida y obra de Gregorio, esta faceta de la misión a Inglaterra, como proyecto de Gregorio, requiere nuestra atención.

Descontando la leyenda que Beda cuenta acerca de Gregorio y los jóvenes esclavos anglos, los primeros indicios que tenemos del propósito de Gregorio de enviar misioneros a Inglaterra aparecen en cartas escritas cuando el proyecto estaba ya en marcha. Beda, escribiendo bastante después, nos dice sencillamente que Gregorio,

> movido por inspiración divina, en el decimocuarto año de aquel mismo emperador [Mauricio], y alrededor del ciento cincuenta después de la llegada de los anglos a Britania, envió al siervo de Dios Agustín, y con él a varios otros monjes que temían al Señor, para predicar la Palabra de Dios a la nación de los anglos. (Beda, HE, 1.23; PL 95, p. 53)

Por otras fuentes sabemos que Agustín era prior del monasterio de San Andrés en el monte Celio —el que Gregorio había fundado al dedicarse a la vida monástica—. El hecho de que Gregorio estuviera dispuesto a arrancar de ese monasterio al prior y a un contingente de monjes es índice de la importancia que le daba al proyecto de la misión a Inglaterra.

Aunque en el próximo capítulo nos ocuparemos más directamente de Agustín y de su obra entre los anglos, no debemos terminar este capítulo sin subrayar el apoyo continuo que Gregorio le prestó. Esto se ve claramente en sus cartas a diversos personajes de importancia —obispos y gobernantes— en Galia, aprovechando toda oportunidad para solicitar su ayuda en la misión entre los anglos. Al responder al obispo de Lyon, quien aparentemente le había solicitado cierto reconocimiento de prioridad, basándose en la antigüedad de las labores de Ireneo en esa ciudad, Gregorio aprovechó la oportunidad para solicitar ayuda para un contingente de monjes enviados para unirse a Agustín:

> Además, que tu fraternidad se cuide de tener por recomendados en todos los aspectos a los monjes que enviamos a nuestro hermano y correligionario en el episcopado, Agustín; y, por amor de Dios, demuestra tu caridad hacia ellos. Concurre, pues, con ellos con fervor sacerdotal, y apresúrate a ayudarlos con tu apoyo para que prosigan su viaje; de modo que, no existiendo en tu región motivo alguno de demora que los retenga, puedan continuar su camino con mayor prontitud, y tú halles recompensa por lo que hayas hecho en favor de ellos. (*Reg.*, 11.56; NPNF2 13, p. 70)

Prácticamente las mismas palabras aparecen en su carta a otro obispo galo, de nombre Aregio, felicitándolo por su victoria sobre ciertas dificultades y por su celo en suprimir la simonía. Lo mismo solicita en una carta circular enviada a los obispos de las principales ciudades de Francia.

En cuanto a los gobernantes, en el epistolario de Gregorio hay una carta a Teodorico II, quien gobernaba en Austrasia; otra a Teodeberto II, rey de Borgoña; una a Cloratio II, rey de Neustria; y dos a Brunehilda, quien sirvió de regente de Austrasia y Borgoña mientras Teodorico y Teodeberto eran demasiado jóvenes para asumir el gobierno. Todos estaban emparentados, y a cada uno de ellos se dirige Gregorio, a veces por otros asuntos, pero siempre recomendando a Agustín y su misión, o agradeciendo el apoyo ya prestado.

Cuando leemos esas cartas en conjunto, vemos que, salvo algunos consejos particulares, todas se dedican más bien a consejos acerca del uso del poder, de la labor de los gobernantes y otros temas bastante generales. Lo que tienen en conjunto es, primero, que en todas ellas Gregorio está tratando de establecer buenas relaciones con los francos, lo que bastante después de la muerte de Gregorio resultaría en la intervención de los francos para detener a los longobardos y su amenaza al papado. Pero la impresión que esas cartas dejan si se leen en conjunto es que Gregorio escribe para reconocer la ayuda que los gobernantes de los reinos francos han prestado a la empresa misionera de Agustín, y para así reforzar el interés de esos personajes en esa empresa.

Un nuevo orden

Mucho más podría añadirse a las diversas razones que justifican el título de "el Grande" que la posteridad le ha dado a Gregorio. Dio pasos importantes para unificar la liturgia. Bajo su inspiración, y comenzando en su tiempo, se fue desarrollando lo que hoy conocemos como "canto gregoriano", que con razón lleva su nombre, aunque no fuera obra suya. Su apoyo a la *Regla* de san Benito estabilizó y le dio cierta uniformidad a la vida monástica, tanto de mujeres como de varones, en toda la iglesia occidental.

Aunque todo esto fue parte de su grandeza, no es ante todo por eso que merece el título de "el Grande", sino más bien porque, en tiempos en que todo se derrumbaba, supo construir un nuevo orden, que subsistiría por casi un milenio, y que contribuiría a la formación de lo que hoy llamamos "civilización occidental".

12
Inglaterra

El trasfondo

De manera semejante a lo ocurrido en Italia, varios pueblos germánicos se establecieron en Inglaterra. A diferencia de aquel caso, estos asentamientos se concentraron en un mismo periodo histórico y no se sucedieron en oleadas claramente diferenciadas. Además, no se trató de una invasión masiva, sino de un proceso gradual de asentamiento.

Hay indicios de que ya en el siglo tercero pequeñas bandadas de sajones y jutos —así como de anglos, aunque quizás un poco más tarde— empezaron a conducir rápidas incursiones armadas que llegaban a Gran Bretaña, se apoderaban de lo que podían y regresaban a sus tierras en Jutlandia (Dinamarca) o en lo que hoy es territorio que pertenece a Alemania. Puesto que Inglaterra era parte del Imperio romano, quienes la defendían contra tales incursiones y saqueos eran los romanos. Estos siguieron en Inglaterra la misma política que hemos visto repetidamente en el continente europeo: reclutaban de entre los vecinos germánicos tropas que los apoyaran contra otros vecinos también germánicos. Al retirarse de Inglaterra las legiones romanas, los mercenarios reclutados entre los anglos, sajones y jutos vinieron a ser un elemento importante en la defensa de la isla contra saqueadores de esos mismos tres pueblos.

Así, a fines del siglo cuarto ya había en Gran Bretaña anglos, sajones y jutos, además de la población celta original y de los romanos. A esto se iban sumando pequeños grupos que venían a asentarse en Gran Bretaña, unas veces pacíficamente, y otras mediante las armas. Tras esos asentamientos —en algunos casos para defenderlos— fueron llegando oleadas más grandes de jutos, anglos y sajones que a la postre crearon sus propios reinos.

El cronista Beda nos ofrece un resumen o atisbo de lo complicado que fue todo aquello, que incluía leyendas (como la que declaraba que los reyes anglos eran descendientes del dios Wodin):

> Llegaron entonces gentes de los tres pueblos más poderosos de Germania: de los sajones, de los anglos y de los jutos.
>
> De la estirpe de los jutos proceden los habitantes de Kent y los de Wight; es decir, la gente que posee la isla de Vecta y la que hasta el día de hoy, en la provincia de los sajones occidentales, se llama "la nación de los jutos", situada frente a la misma isla de Wight.
>
> De los sajones —es decir, de la región que hoy se llama la de los "sajones antiguos"— vinieron los sajones orientales, los sajones meridionales y los sajones occidentales.
>
> Por su parte, de los anglos —procedentes de aquella patria que se llama Angulus, la cual, según se dice, permanece desierta desde entonces entre las tierras de los jutos y los sajones— nacieron los anglos orientales, los anglos del interior, los mercianos y toda la progenie de los northumbrios, es decir, aquellos pueblos que habitan al norte del río Humber; así como los eotas y los huidi.
>
> La nación de los anglos fue llevada a la isla ya mencionada (Britania), según afirman las historias de aquel pueblo, a invitación de Vortigerno, rey de los britanos, bajo la guía de Hengisto y Horsa, hermanos, que eran hijos de Wictgils, cuyo padre fue Vecta, cuyo padre fue Wodin, de cuya estirpe surgió la línea regia de muchas provincias. (Beda, HE, 1.15; PG 65, p. 43)

Casi inmediatamente Beda nos da lo que parece ser un ejemplo de lo acontecido en varios otros casos, en que los invitados como aliados de los britanos se volvieron contra ellos:

Entonces los britanos llamaron en su auxilio al pueblo de los anglos o sajones; los cuales, según se dice, trajeron tres largas naves y arribaron a la parte oriental de la isla. Y el mismo Vortigerno les concedió un lugar en la región para que habitaran. Aquellos que, como se ha dicho, habían llegado, al principio rechazaron a los enemigos vecinos y libraron a los britanos del grave temor a los bárbaros.

Pero pronto su número comenzó a aumentar, como es evidente, y ellos mismos, que al principio habían venido por invitación, empezaron poco a poco a dejar de prestar servicio militar, y comenzaron a atacar hostilmente a los britanos que los habían llamado.

Finalmente rompieron el pacto establecido con ellos, y ocuparon toda la isla con tan gran destrucción y matanza, que la gente de los britanos, atormentada por la espada y el fuego, tomó armas contra aquellos paganos que habían sido llamados para ayudarles; pero en vano. Porque los sajones, una vez que hubieron entrado en la isla, y al multiplicarse su número por todas partes, reclamaban toda la tierra para sí. (Beda, HE, 1.15; PG 65, p. 43)

La misión de Agustín

Todo esto significa que, aunque cuando Agustín y sus acompañantes llegaron a Gran Bretaña todos los reyes y gobernantes en lo que hoy llamamos Inglaterra eran paganos, en toda la región había cristianos de tradición grecorromana, restos de la antigua iglesia que existía cuando el país era parte del Imperio romano, y también empezaban a abrirse paso influencias irlandesas. Esto es importante, porque Agustín traía consigo tradiciones y costumbres que primero entrarían en conflicto con las de los cristianos grecorromanos y, después, con las de los cristianos convertidos por los monjes irlandeses que iban a Inglaterra como misioneros. A la postre, bastante después de Agustín, la iglesia inglesa tendría que resolver los conflictos resultantes.

Pero antes de llegar a ese punto debemos detenernos a considerar la misión de Agustín. Ya hemos dicho algo acerca de esa misión al tratar acerca de Gregorio el Grande, quien fue el principal promotor de la empresa de Agustín y sus acompañantes. Pero en aquella ocasión (en el capítulo 11) contamos acerca de ella desde el punto de vista de Gregorio, de lo que hizo para promoverla, y de su correspondencia con reyes y obispos; ahora debemos contar sobre las dudas y preguntas de Agustín, y lo que sucedió una vez que este partió de Roma.

Según Beda, cuando Agustín dejó Roma, Gregorio había preparado el camino dirigiéndose a los obispos de Galia con un aviso acerca de lo que se proponía y solicitando su ayuda. Esto se debía a que, camino a Inglaterra, los misioneros tendrían que pasar por Galia. Esa carta no aparece en el *Registro* de Gregorio, y no sabemos de ella más que lo que nos dice Beda.

Agustín y los otros monjes que lo acompañaban (no sabemos cuántos eran, pero se estima que serían unos cuarenta) partieron en su misión. Beda nos cuenta que, aparentemente al meditarlo mejor, se atemorizaron, pensando en la larga distancia que tendrían que andar, porque no conocían la lengua de la tierra a la que iban, y porque se decía que los habitantes de aquel país eran feroces. Por otros indicios, es posible concluir que habían llegado a Galia cuando ese temor los asaltó. Con ese estado de ánimo, enviaron a Agustín de regreso a Roma, para que le pidiera a Gregorio que desistiera de esa misión a lugares tan lejanos y desconocidos.

Gregorio insistió en lo que les había ordenado, y les escribió una carta que Beda cita o resume. Empieza diciéndoles que, «puesto que sería mejor no emprender una buena obra que pensar en abandonarla una vez emprendida, os corresponde, mis hijos amados, completar la obra que habéis emprendido con la ayuda de Dios». Además, les ordena que no se dejen amedrentar por la distancia, ni por lo que cuentan los malvados. Cuando regrese Agustín, a quien ha nombrado abad del grupo, han de obedecerlo en todo, lo cual será de provecho para sus almas (Beda, HE, 1.23; PG 95, p. 53).

Prácticamente todo lo que sabemos de los inicios de aquella misión a Gran Bretaña es resumido por Beda en unas pocas palabras acerca de sus primeros pasos y de la conversión del rey Etelberto, cuya esposa, como dijimos en el capítulo 11, era la princesa franca y cristiana Berta. Después de contar acerca del temor de los misioneros y del mandato reiterado que les hizo Gregorio, Beda continúa:

> Ellos, obedeciendo las órdenes del pontífice, regresaron al camino que habían emprendido, y partieron con ánimo fortalecido para llevar a cabo la obra de la predicación.
>
> Y llegaron a Bretaña, llevando consigo, según se dice, la ayuda que el rey de los francos les había concedido, tanto en intérpretes como en lo necesario para el viaje.
>
> Cuando se aproximaron a la región del rey Etelberto, este les ordenó permanecer en un lugar que estaba a cierta distancia de donde él se encontraba, y allí les permitió que anunciasen la palabra de vida a todos los que quisieran escucharla.
>
> De allí pasaron a la ciudad que se llama Canterbury, y comenzaron a imitar los modos de vida de los apóstoles: oraban, velaban, ayunaban; predicaban la palabra de vida a cuantos podían; despreciaban todo lo que del mundo podían recibir; vivían en conformidad con lo que enseñaban; y estaban siempre dispuestos a sufrir cualquier adversidad, e incluso a morir por la verdad que proclamaban.
>
> Se dice que el rey, al ver cómo vivían, admiraba su vida santa y la sencillez de sus costumbres, y se alegraba grandemente al escuchar las palabras de su predicación. Pero aun así, no se apresuraba a abrazar su religión, prefiriendo conservar las costumbres que había recibido de sus antepasados. Sin embargo, permitía a sus súbditos convertirse, si querían, y favorecía a los creyentes con protección amistosa.
>
> Dicen que en aquella época recibió al propio obispo Agustín en su casa, y le concedió el uso de una antigua iglesia en Canterbury, que se dice había sido edificada en honor de san Martín cuando vivían allí los romanos, en la cual la reina, venida de entre los francos, solía orar. Allí también Agustín comenzó a reunirse con sus compañeros, a celebrar los oficios divinos, a cantar los Salmos, a orar, a celebrar la misa y a predicar.

> Y como el rey, al fin, movido por el ejemplo virtuoso de su vida y por el poder de sus milagros, creyó y fue bautizado, un número creciente de otros también se unió a ellos y escuchó la palabra; y al creer, fueron bautizados. Y se dice que en un solo día fueron bautizadas más de diez mil personas. (*Ibíd.*)

Agustín se había asentado en Canterbury, y fue allí que el rey Etelberto y una multitud de sus súbditos recibieron el bautismo. Aparentemente, Agustín viajó poco después a Arlés, en Galia, donde fue consagrado como obispo de Canterbury, título que recibe hasta hoy el primado de la Iglesia de Inglaterra. Decimos "aparentemente" porque hay dudas acerca de lo que Beda dice al respecto, y algunos eruditos hoy sostienen que Agustín ya había sido consagrado como obispo anteriormente.

No es necesario discutir aquí todos los pasos de los misioneros, o más bien, desenredarlos, pues es difícil determinar la fecha o el orden cronológico de los muchos datos con los que contamos. Sí debemos, sin embargo, ver algo de las preocupaciones de los líderes de aquella primera misión, y luego resumir lo que aconteció después de la muerte de Agustín.

Agustín pide instrucciones

En el año 601, Agustín envió a Gregorio una serie de consultas que fueron respondidas por este detalladamente, en una epístola cuya extensión es tal que se la conoce comúnmente como el *Libellus Responsionum* (*Folleto de respuestas*). El texto más completo no es parte del *Registro* de Gregorio, sino que es citado por Beda en su *Historia eclesiástica*. La variedad misma de las preguntas es significativa, pues nos da un atisbo de cuán diversas eran las actividades de los misioneros, y de las decisiones que se requerían de ellos. Veámoslas por orden (siguiendo la lista tal como aparece en la *Patrología latina*, pues hay más de una versión de esta lista).

La primera pregunta de Agustín es doble, pues se refiere por una parte a la vida de los clérigos, y por otra a la administración y uso de las ofrendas. En cuanto a lo primero, Agustín quiere saber si los clérigos han de vivir con los obispos, en vida comunitaria; y, en cuanto a lo segundo, cómo se han de distribuir y emplear las ofrendas. Gregorio le contesta que, puesto que Agustín y sus acompañantes son monjes, han de continuar ese estilo de vida en Inglaterra. En cuanto a las ofrendas, estas se han de dividir en cuatro partes: una, para el obispo y su casa, de modo que el obispo pueda practicar la hospitalidad; otra, para el sostén del clero; la tercera, para los pobres; y la cuarta, para la reparación y mantenimiento de edificios.

La segunda pregunta de Agustín se refiere a lo que pronto sería una de las cuestiones más discutidas entre los cristianos en Inglaterra —aunque llamativamente Agustín no la plantea en términos de la iglesia en Inglaterra, sino más bien sobre la base de lo que ha visto en Galia—: «Si hay una sola iglesia, ¿cómo es que sus usos son tan diferentes, pues la misa se celebra de un modo en la iglesia en Roma, y de otro modo en las iglesias de Galia?» (Gregorio, *Ep.* 64; NPNF2 13, p. 75).

La respuesta de Gregorio es sabia, pues sugiere escoger lo que haya de bueno en otras costumbres y emplearlo entre los anglos:

> La Sagrada Escritura da testimonio de que en una misma fe nada debe ser rechazado de lo que, por razón de piedad, se practica de manera diversa en distintos lugares; porque, siendo una la fe que se ha de mantener, pueden existir diversos modos de vivir rectamente. Por tanto, cuando en la iglesia romana, o en las Galias, o en cualquier otra iglesia, encuentres algo que pueda agradar más a Dios omnipotente, debes escogerlo con diligencia y establecerlo como norma principal en la iglesia de los anglos, que es todavía nueva en la fe.
>
> En efecto, las cosas no deben juzgarse por los lugares, sino por los modos de vida y por las acciones. Así pues, toma de cada iglesia aquellas cosas que sean piadosas, religiosas y rectas, y depositálas, como si las recogieras en un haz, en la costumbre y las mentes de los anglos. Porque tu fraternidad, que se esfuerza por convertir al pueblo de los anglos recién llegados a la fe, no debe reprobar aquello que

> en esta materia no es reprensible, sino enseñar más bien lo que pueda ser agradable para su culto. Pues una cosa es convivir en el mundo con los infieles, y otra muy distinta es vivir en perfecta caridad con los fieles en todas las cosas.
>
> Por esto el apóstol Pablo, lleno del Espíritu Santo, no rehusó comer carne sacrificada a los ídolos, y sin embargo en otra parte dice: «Si mi hermano se escandaliza por la comida, no comeré carne jamás». Porque quiso evitar todo aquello que pudiera escandalizar. De ahí que diga acertadamente: «Me he hecho todo para todos, para ganarlos a todos», y también: «Todas las cosas son puras para los puros». (Beda, HE, 1.27; PL 95, pp. 58-59)

Agustín pregunta entonces qué se ha de hacer en el caso de quien hurta algo de la iglesia. La respuesta de Gregorio refleja lo que le vimos decir en su *Regla pastoral*: hay que tener en cuenta las condiciones y necesidades de quien cometió el hurto. Si lo hizo por avaricia, no es lo mismo que si lo hizo por necesidad. Por esa razón, las penalidades han de variar, según la motivación, y siempre con el fin de que quien lo cometió sea corregido.

A esto siguen varias preguntas que nos interesan no tanto por la respuesta de Gregorio como porque reflejan las condiciones en las que se iba formando la nueva iglesia, y las preocupaciones o dudas de quienes trabajaban en la misión. Posiblemente estas preguntas se refieran a condiciones, prácticas e ideas con las que Agustín y sus colegas se habían topado en sus labores misioneras y pastorales, y a las que no habían tenido que enfrentarse anteriormente. La primera de esas preguntas —la cuarta de toda la serie— es si dos hermanos pueden contraer matrimonio con dos hermanas, siempre que no haya otro parentesco cercano. La quinta es semejante: ¿hasta qué grado de parentesco está prohibido el matrimonio?

En la sexta pregunta, Agustín vuelve a cuestiones del orden eclesiástico. Lo que le preocupa es que no hay otros obispos cercanos, y Agustín quiere que Gregorio le diga si él tiene autoridad para ordenar por sí solo a otros obispos. Gregorio no le da tal autoridad, sino que le sugiere que tenga candidatos aceptados y preparados para el obispado, y que entonces, cuando vengan algunos obispos de Galia, ordene con ellos a esos candidatos. Le dice, además, que se asegure de que esos nuevos obispos sean suficientes para que de entonces en adelante no sea necesario acudir a los obispos de Galia. Puesto que más adelante trataremos sobre las tensiones y diferencias entre los cristianos y las iglesias producto de la misión de Agustín y los que estaban allí desde antes, debemos señalar aquí que ya había en Gran Bretaña obispos a quienes Agustín pudo haber acudido. No obstante, Gregorio no le sugiere que vaya a ellos, sino que emplee más bien obispos de Galia. Este es un buen ejemplo de las políticas centralizadoras de Gregorio.

Lo anterior se relaciona con la próxima pregunta de Agustín: «¿Cómo han de ser tratados los obispos de las Galias y de Bretaña?». La respuesta de Gregorio está ligada a lo que vimos en su réplica a la consulta previa, pues establece una conducta al respecto de los obispos de las Galias, que están supeditados a Roma, y otra al respecto de los de Gran Bretaña, que no lo están:

> En cuanto a los obispos de las Galias, tu fraternidad ya conoce la costumbre vigente: pues desde mi predecesor, de santa memoria, Gregorio, el obispo de la ciudad de Arlés, recibió el palio [una franja de lana que simbolizaba autoridad recibida del papa], y queremos que sea llamado metropolitano por razón de este honor.
>
> Por tanto, debes saber que, si se diera el caso, te corresponde acudir a él; porque en los obispos de las Galias no debe cambiarse nada respecto a sus antiguas costumbres.
>
> Pero con los obispos de Bretaña se ha de proceder de un modo muy distinto, porque en la isla de los anglos —donde, con la ayuda de Dios, por tu predicación ya has fundado la iglesia— queremos que tú solo tengas la autoridad. De este modo, aquellos deberán anular lo que hayan hecho indebidamente, establecer lo que es recto, y los que obran perversamente deben ser corregidos por tu autoridad. (Beda, HE, 1.27; PL 95, pp. 61-62)

La octava pregunta de Agustín, según el texto de Beda que vamos siguiendo, es si una mujer embarazada puede ser bautizada, por cuánto tiempo después de dar a luz debe apartarse de la iglesia, y varias cuestiones semejantes. La respuesta de Gregorio, además de ocuparse de cuestiones parecidas, deshace tales prohibiciones:

> Me parece que tu fraternidad ya ha preguntado acerca de esto, y creo que ya te he dado respuesta. Pero supongo que lo que tú mismo has podido decir y pensar deseas que sea confirmado con mi respuesta.
>
> En efecto, ¿por qué no debe ser bautizada una mujer embarazada, si la fecundidad de la carne no es ante los ojos de Dios todopoderoso ninguna culpa? Pues, cuando nuestros primeros padres pecaron en el paraíso, por justo juicio de Dios perdieron la inmortalidad que habían recibido. Como Dios todopoderoso no quiso destruir por completo al género humano por su culpa, quitó al hombre la inmortalidad por razón de su pecado y, sin embargo, por la bondad de su piedad le conservó la fecundidad de la prole.
>
> Por tanto, ¿cómo podría prohibirse la gracia del santo bautismo a aquello que ha sido conservado en la naturaleza humana por don de Dios omnipotente? En aquel misterio en el que toda culpa queda totalmente borrada, sería muy necio pensar que el don de la gracia pudiera ser contradicho. (Beda, HE, 1.27; PL 95, p. 62)

La próxima pregunta de Agustín —la novena y última— es la contraparte masculina de la anterior: «Si después de la polución que suele ocurrir por un sueño se puede recibir el Cuerpo del Señor, o si, siendo sacerdote, se puede celebrar los sagrados misterios». La respuesta de Gregorio refleja el espíritu de su propia *Regla pastoral* (tener en cuenta las condiciones de cada cual). Esto se ve en las observaciones con las que inicia su respuesta:

> Pero en esa misma polución es muy necesaria la discreción, que debe sopesarse con sutileza según la causa por la

cual sobreviene a la mente que duerme. A veces ocurre por embriaguez; a veces por exceso natural y debilidad; a veces por la misma imaginación.

Y, ciertamente, cuando ha ocurrido por exceso natural o por debilidad corporal, de ningún modo debe temerse esta polución, porque el alma que no lo sabe lo sufre más bien que lo hace, y debe dolerse por haberlo padecido más que considerarse culpable de haberlo cometido.

Pero cuando el apetito de la gula se deja arrastrar desmedidamente en la toma de alimentos, y por ello se cargan los humores del cuerpo, el alma tiene en eso cierta culpa; pero no hasta el punto de prohibir la recepción del santo misterio o la celebración de las solemnidades de la misa, si quizá así lo exige el día festivo o la necesidad obliga a recibir el misterio porque falta otro sacerdote en el lugar. [...]

Pues hay algunos a quienes, con frecuencia, les sobreviene tal polución que su ánimo, aun estando el cuerpo dormido, no se mancha con imágenes torpes. En este caso se muestra solo una cosa: que la misma mente es culpable, aunque no libre según su propio juicio, ya que, aunque el cuerpo dormido nada recuerda haber visto, sin embargo, cuando está despierto recuerda haber caído en la gula.

Pero si la polución del que duerme surge de un pensamiento torpe mientras está despierto, es clara para el alma su propia culpa; pues ve de qué raíz ha procedido aquella impureza, porque lo que pensó conscientemente, eso mismo lo sufrió inconscientemente. Sin embargo, se debe examinar ese mismo pensamiento: si ocurrió por simple sugestión, o por delectación, o —lo que es mayor en el pecado— por consentimiento. (Beda, HE, 1.27; PL 95, pp. 66-67)

En conjunto, lo que se observa tanto en esta correspondencia como en otras relaciones entre Gregorio el Grande y Agustín de Canterbury es una preocupación a la vez pastoral y administrativa, en la que ambas dimensiones de la labor episcopal no se disocian. Lo administrativo se apoya —o pretende apoyarse— en fundamentos teológicos y pastorales, y lo pastoral se reafirma y se manifiesta a través de lo administrativo. Es por razón de esa visión que las diferencias entre la iglesia traída por Agustín y sus acompañantes, y los restos de la antigua iglesia que todavía sobrevivía, eran tan importantes. Incluso en cuanto a cuestiones que desde nuestro punto de vista parecen nimias, esas diferencias eran cruciales y hasta urgentes para los creyentes. Como veremos más adelante, esas condiciones llevaron a serios conflictos que fue necesario resolver.

Sin embargo, antes de pasar a ese tema, es preciso detenernos para bosquejar la expansión de la misión iniciada por Agustín de Canterbury.

La misión se complica y se expande

Como hemos dicho, la misión de Agustín se facilitó porque Berta, la esposa de Etelberto, rey de Kent (en el sudeste de Gran Bretaña), era una princesa franca, y el reino franco se había convertido al cristianismo más de un siglo antes. Aunque el bautismo de Etelberto y de buena parte de sus súbditos nos parezca hoy el triunfo de la misión, la realidad es bastante más complicada. Etelberto murió en el 616. Su sucesor, Eabardo, se casó con su madrastra —lo que la iglesia tenía prohibido— y abandonó la fe cristiana, volviendo a la religión tradicional de los anglos. Muchos de sus súbditos lo siguieron.

No es posible saber exactamente lo que sucedió a continuación. Los benedictinos fueron expulsados o se vieron obligados a huir. Justo, uno de los llegados con el primer grupo de misioneros que acompañaron a Agustín, era ahora obispo de Rochester, la segunda ciudad de Kent, y tuvo que huir a Galia. El impacto de la política de Eabardo se hizo sentir más allá de las fronteras de Kent. Un poco al norte de Kent, en el cercano reino de Essex, el obispo de Londres, Melito, quien había sido parte del primer grupo de benedictinos llegados a Inglaterra, también tuvo que refugiarse en Galia. Entonces, según cuenta Beda, tuvo lugar un cambio inesperado cuyo protagonista fue Laurencio, entonces sucesor de Agustín como arzobispo de Canterbury.

Beda cuenta lo siguiente:

Cuando ya Melito y Justo se habían marchado y Laurencio, disponiéndose a seguirlos, estaba a punto de abandonar Britania, ordenó que aquella misma noche le dispusieran un lecho en la iglesia de los bienaventurados apóstoles Pedro y Pablo [...].

Allí, después de derramar ante el Señor muchas oraciones y lágrimas por la situación de la iglesia, se acostó para descansar, y habiéndose dormido, se le apareció el beatísimo príncipe de los apóstoles, y durante buena parte de la noche silenciosa lo apremió con fuertes azotes y le preguntaba con severidad apostólica por qué abandonaba el rebaño que él mismo le había confiado, o a qué pastores dejaba las ovejas de Cristo rodeada de lobos, cuando él mismo huía: «¿Acaso has olvidado mi ejemplo, cuando por los pequeñuelos de Cristo que él me había encomendado como señal de su amor, soporté cadenas, azotes, cárceles, aflicciones y, finalmente, la misma muerte —la muerte de cruz— padecida junto con Cristo, extendido en el madero por infieles y enemigos de Cristo?».

Con estos azotes del bienaventurado Pedro y con sus exhortaciones, el siervo de Cristo Laurencio, animado, fue al amanecer ante el rey. Y, descubriéndose la vestidura, le mostró cuán gravemente había sido desgarrado por los golpes.

El rey, sorprendido y preguntando quién se había atrevido a infligir tales heridas a un hombre tan ilustre, cuando oyó que el obispo había sufrido tormentos y azotes por causa de la salvación de él mismo, se llenó de temor y, anatematizando todo culto idolátrico y abandonando su unión ilegítima, aceptó la fe de Cristo, y fue bautizado.

Desde entonces procuró ayudar y favorecer en todo cuanto pudo a los asuntos de la iglesia.

También envió mensajeros a la Galia y mandó llamar de vuelta a Melito y Justo, ordenándoles que regresaran a sus iglesias para restablecerlas libremente y organizarlas de nuevo. Ellos, pues, después de un año de haberse marchado, regresaron. (Beda, HE, 2.6; PL 95, p. 91)

Las consecuencias de las políticas de Eabardo más allá de los confines de su reino de Kent continuaron por algún tiempo en las zonas cercanas. Pero la recuperación fue lenta, como se ve en el hecho de que Melito, invitado a regresar por el rey de Kent, no fue restaurado al obispado de Londres, en el cercano reino de Essex.

A pesar de esos restos de oposición, a partir de entonces la situación fue mejorando. Los creyentes mismos de Kent revitalizaron su iglesia. Roma les envió más misioneros. Kent volvió a ser un centro para las misiones benedictinas y, por tanto, también un punto para la expansión de una iglesia supeditada a Roma. Melito fue consagrado como arzobispo de Canterbury, para suceder a Laurencio. Más tarde, Justo sucedería a Melito.

En otro de los antiguos reinos de Inglaterra, el de Essex, al norte de Kent, la historia fue muy diferente. Allí, el paganismo continuó floreciendo por varias décadas, y no fue sino a mediados del siglo séptimo, en buena medida bajo el influjo de Northumbria, que el cristianismo cobró nuevas fuerzas.

La misión de los benedictinos penetró el reino de Northumbria cuando el rey Edwin se casó con la princesa Aetelburga, del reino de Kent. Con ella vino el obispo Paulino, uno de los primeros compañeros de Agustín. Dos años después, Edwin se convirtió, y muchos de sus súbditos también recibieron el bautismo. Empero, cuando Edwin murió en una batalla, hubo un renacimiento del paganismo que duró unos dos años, hasta que el rey Osvaldo, en el 635, invitó al monje irlandés Aidán a establecerse en el reino. Aidán fundó un monasterio en la isla de Lindisfarne, y de allí salieron misioneros que se distribuyeron por todo el reino.

El reino de Anglia oriental también recibió misioneros procedentes de Kent y, por tanto, de origen benedictino y proponentes de la autoridad del papa y de costumbres semejantes a las que se seguían en la iglesia occidental bajo la dirección de Roma.

A Wessex, directamente al oeste de Essex, el papa Honorio I (625–638) envió una misión encabezada por Birino, de quien se sabe muy poco, pues no sabemos siquiera si era monje, como Agustín de Canterbury. En todo caso, también allí vemos el impacto de Northumbria, pues el rey de Wessex, Cinegils, hizo una alianza con Osvaldo de Northumbria, a quien ya hemos mencionado, y quien fue padrino de Cinegils en su bautismo.

En Mercia, a principios del siglo séptimo, el rey Penda, aunque seguía siendo pagano, permitía la misión cristiana en sus territorios. Prácticamente todos los territorios colindantes con Mercia eran oficialmente cristianos, o al menos tenían una población mayormente cristiana. En el 653 Paeda, hijo de Penda, contrajo matrimonio con una hija del rey de Northumbria y —siguiendo el ejemplo de ese otro reino— hizo venir a Mercia misioneros procedentes de Lindisfarne. Luego, la iglesia en Mercia se inclinaba hacia las tradiciones irlandesas representadas por Lindisfarne más bien que hacia las tradiciones romanas representadas por la misión de Agustín y de sus sucesores.

Por último, llegamos a Sussex. Uno de sus reyes fue bautizado alrededor del 675; pero eso no afectó a la mayoría de la población. Fue más de una década más tarde que, en uno de los muchos giros de la política en Northumbria, el obispo Wilfrido se vio obligado a refugiarse en Sussex. Rápidamente se percató de la miseria en que el pueblo de Sussex vivía, y se dedicó a enseñarles nuevos métodos de agricultura y de pesca. Esto le ganó tal fama y simpatía que multitudes acudían a él para aprender no solamente de sus técnicas para producir alimentos, sino también de su religión. Pronto hubo bautismos en masa, y prácticamente todo el reino se hizo cristiano. Wilfrido prefería las costumbres romanas y de los benedictinos por encima de las irlandesas, a pesar de (o quizás por) haberse formado en un monasterio irlandés. Luego, la iglesia que surgió en Sussex también prefería las costumbres y tradiciones romanas por encima de las irlandesas.

Diferentes tradiciones y costumbres

Esa complicada historia que acabamos de resumir resultó en tres comunidades cristianas con diversos orígenes, tradiciones y prácticas. Cronológicamente, los primeros eran los cristianos descendientes de los antiguos britanos que habían abrazado la fe cuando Inglaterra era parte del Imperio romano. Eran pocos y se concentraban en el oeste de la isla, principalmente en las regiones que hoy son Gales y áreas occidentales de Inglaterra. Después llegaron, en el 597, los misioneros enviados por Roma, particularmente el contingente benedictino dirigido por Agustín de Canterbury; estos tenían su base en el sudoeste de la isla, particularmente en Kent y Essex. Por último, los monjes misioneros irlandeses, que se establecieron en Lindisfarne en el 635, habían reclutado conversos particularmente en Northumbria, el reino colindante con Escocia.

Las diferencias entre esos grupos eran muchas. Los cristianos britanos no parecen haber tenido una estructura eclesiástica centralizada. Los que vivían en Gales no tenían interés alguno en convertir a los anglos, a quienes consideraban sus conquistadores y opresores.

Tanto los que eran resultado de las misiones irlandesas —a los que en el resto de este capítulo llamaremos sencillamente "irlandeses"— como los que provenían de la misión romana —a los que llamaremos "romanos", aunque no lo fueran— fundaban monasterios como parte de su misión. Pero había diferencias notables. En cuanto a lo administrativo, la principal diferencia era que los misioneros irlandeses —y la iglesia resultante de esa misión— no procuraba ajustarse a las prácticas y tradiciones del resto de la iglesia, mientras que un elemento esencial en la misión de Agustín, y luego de sus sucesores, era asegurarse de que la iglesia en Inglaterra siguiera las costumbres romanas y se supeditara a la autoridad papal.

Había también diferencias que reflejaban las condiciones en las que cada una de las tradiciones se había formado. Una de ellas era que los monjes irlandeses viajaban constantemente de un lugar a otro, unas veces fundando monasterios y otras abandonando sus monasterios, en parte para buscar nuevos lugares de misión, pero también porque la peregrinación misma era para ellos un acto de devoción, y a veces también de penitencia. En contraste, los romanos, guiados por la *Regla* y por toda la tradición benedictina, pensaban que los monjes debían establecerse permanentemente en un monasterio y no marchar a otros lugares sino bajo el mandato de sus abades. Lo contrario era ser monje "giróvago", lo cual era prácticamente lo mismo que no ser monje.

Además, en cuanto a los monasterios y su lugar en la evangelización, habían surgido diferencias no por intención deliberada, sino debido a las circunstancias mismas. En Irlanda, donde no había grandes ciudades ni capitales de reinos, los monasterios mismos venían a ser centros de actividad en torno a los cuales aumentaba la población y surgían ciudades. En Inglaterra, los irlandeses siguieron el mismo patrón. Pero los benedictinos, puesto que venían con propósitos evangelizadores, se establecieron principalmente en las capitales o poblados importantes de los diversos reinos. Luego, en lo administrativo, mientras en la tradición irlandesa la autoridad eclesiástica descansaba principalmente en el abad del monasterio, en las misiones benedictinas esa autoridad era el obispo. Tanto en un caso como en el otro había abades que eran también obispos, y obispos que eran también abades. Pero se daba el caso de obispos irlandeses —o que seguían la tradición irlandesa— que eran parte de una comunidad monástica y estaban bajo la autoridad del abad. En breve, los obispos que reflejaban la tradición irlandesa tenían funciones sacramentales más bien que administrativas, en contraste con los de la tradición romana y benedictina, cuya autoridad era a la vez sacramental y administrativa —aunque frecuentemente, como en el caso de Agustín de Canterbury, los obispos eran reclutados de entre los monjes—.

Todo esto llevó a otra diferencia significativa: los romanos, asentados en las capitales de los reinos, tendían a iniciar su labor evangelizadora dirigiéndose principalmente a los reyes y otras personas cercanas al trono, como las reinas, los consejeros reales y la nobleza en general. En contraste, los irlandeses, asentados en zonas rurales, evangelizaban principalmente entre los plebeyos o "comunes".

En todo caso, podemos imaginar que las diferencias más obvias para los creyentes en general serían las que tenían que ver con el culto, con el calendario eclesiástico, o con la apariencia de los monjes. En cuanto al culto, Gregorio el Grande y sus sucesores se empeñaban en darle uniformidad a la liturgia, de modo que quien viajara de un lugar a otro encontrara una iglesia con un culto semejante al que había conocido en casa. Por tanto, los misioneros romanos seguían las directrices de Roma, mientras los irlandeses seguían otras liturgias. En lo que se refiere al calendario, los irlandeses y los romanos no concordaban en cuanto a la fecha en que debía celebrarse la Pascua de resurrección. Para muchos cristianos hoy, esto podrá parecer de poca importancia, pero para los cristianos de Gran Bretaña en aquellos tiempos tenía serias consecuencias. La vida cotidiana se gobernaba en buena medida por el calendario eclesiástico. Si había un desacuerdo en cuanto a la fecha de la Pascua, esto significaría que unos creyentes estarían ayunando en preparación para la resurrección mientras otros estaban ya de fiesta, lo cual también tendría repercusiones en los mercados, los días de feria y mucho más.

En cuanto a la apariencia de los monjes, lo más significativo era la tonsura. Los romanos se afeitaban la coronilla, como hoy es común. Los irlandeses se afeitaban desde la frente hasta los oídos, llevando cabellera solamente en la parte trasera de la cabeza. Los britanos tenían otra forma de tonsura, aunque los documentos existentes no nos permiten determinar en qué se distinguía de la de los irlandeses.

Aunque todo esto hoy no nos parezca de gran importancia, en aquellos tiempos llevó a serios conflictos, llegando al punto en que algunos declaraban a otros herejes y los excomulgaban.

El Sínodo de Whitby

Esas diferencias, presentes en todos los reinos anglosajones, se hicieron más agudas en Northumbria, donde los misioneros procedentes de Iona y de Lindisfarne habían llevado las tradiciones irlandesas. El rey de Northumbria, Oswy, decidió que era tiempo de resolver esas diferencias que amenazaban con debilitar su reino y convocó un sínodo que debía reunirse en el monasterio de Santa Hilda, en Whitby, en el 664. Según Beda cuenta la historia, lo que precipitó el conflicto fue un debate acerca de la fecha de la Pascua de resurrección entre el escocés de tendencias romanas Ronán y el obispo de Lindisfarne y defensor de la tradición irlandesa Colmán.

Además, es muy probable que la decisión de Oswy de convocar el sínodo se haya debido en parte a su esposa, la reina Eanfleda, oriunda de Kent, reino que había sido el centro de las actividades de Agustín de Canterbury y sus acompañantes. En todo caso, no se trataba de un sínodo en el sentido de una reunión de obispos para tratar algún asunto, sino más bien de una reunión en la que cada uno de los dos bandos —romanos e irlandeses— presentaría y defendería su postura, pero al fin sería el rey quien tomaría una decisión. Beda resume lo ocurrido como sigue:

> El rey Oswy, después de una introducción, afirmó que convenía que aquellos que servían juntos a Dios siguieran una misma regla de vida y que no difirieran en la celebración de los sacramentos celestiales, siendo así que todos esperaban un mismo reino en los cielos. Por ello ordenó que se investigara más bien cuál tradición era la más cercana a la verdad, y que esta fuera seguida en común por todos.
>
> Mandó entonces hablar primero al obispo Colmán, para que dijera cuál era el rito que él seguía y de dónde tenía su origen.
>
> Colmán respondió diciendo: «Esto que hago lo recibí de mis mayores y de aquellos que me enviaron aquí como obispo, y es bien sabido que todos nuestros padres, varones amados de Dios, fueron conocidos por marchar hacia el cielo siguiendo esta misma práctica. Y para que a nadie parezca cosa despreciable o digna de reproche, es lo mismo que se lee que celebraba el bienaventurado evangelista Juan, el discípulo especialmente amado del Señor, junto con todas las iglesias sobre las que presidía».

Tras esas palabras de Colmán en defensa de la tradición irlandesa, Wilfrido, defensor de la postura de los romanos, respondió:

> La Pascua que nosotros celebramos la hemos visto celebrar en Roma, donde vivieron, enseñaron, padecieron y fueron sepultados los bienaventurados apóstoles Pedro y Pablo. La hemos visto celebrarse por todos allí, y lo mismo en Italia, en Galia —países que hemos recorrido por deseo de aprender o de orar— y por todos la hemos visto celebrarse. Lo mismo en África, en Asia, en Egipto, en Grecia y en todo el mundo dondequiera que la iglesia de Cristo está difundida entre diversas naciones y lenguas. Todos celebran la Pascua en un único y no diverso orden de tiempo.

A esto siguió un debate entre Wilfrido y Colmán. La última intervención de Wilfrido terminó con el pasaje en Mateo en el que Jesús le promete a Pedro las llaves del reino. En ese momento, Oswy inició un diálogo con Colmán que llevó a la decisión final:

> El rey preguntó:
>
> —¿Es cierto, Colmán, que estas palabras fueron dichas por el Señor a Pedro?
>
> —Ciertamente, rey, es verdad.
>
> A lo cual añadió Wilfrido:
>
> —¿Tenéis vosotros algo que muestre que a vuestro Columba le haya sido otorgado un poder tan grande?
>
> —Nada —respondió Colmán.
>
> Añadió de nuevo el rey:
>
> —Entonces, ¿ambos estáis de acuerdo sin controversia alguna en que estas palabras fueron dichas principalmente a Pedro, y que a él le fueron entregadas por el Señor las llaves del reino de los cielos?
>
> Ellos respondieron:
>
> —Sí, ciertamente.
>
> Entonces el rey concluyó:
>
> —Y yo os digo que este es el portero a quien no quiero contradecir. Y en cuanto sé y puedo, deseo obedecerle en todas sus disposiciones. No quiero que, cuando llegue yo a las puertas del reino de los cielos, no haya quien me las abra, dado que está probado que este es quien tiene las llaves. (Beda, HE, 3.25; PL 95, pp. 159-163)

Ante esa decisión de Oswy, Colmán renunció como obispo de Lindisfarne y, tras una breve estadía en Iona, partió para Irlanda —lo que también hicieron otros que no concordaban con lo decidido en Whitby—. Wilfrido, quien había sido el principal defensor de la causa romana en Whitby, más tarde llegó a ser obispo de York, desde donde dirigió todo un movimiento de reforma y reorganización con el propósito de llevar a la iglesia en toda Inglaterra a las prácticas, costumbres y organización de la iglesia del continente europeo y, por tanto, también a reconocer la primacía romana.

Finalmente, en el 672, un sínodo reunido en Hertfort —en las cercanías de Londres— y presidido por el arzobispo Teodoro de Canterbury, logró que toda Inglaterra confirmara lo decidido en Whitby. Para esa fecha, la misma Irlanda había aceptado el calendario romano en cuanto a la fecha de la Pascua de resurrección.

13
Las encrucijadas antiguas... y las nuevas

Las civilizaciones nacen y mueren

Bien podemos decir que lo que hemos visto en el presente tomo es el ocaso y la muerte de la civilización grecorromana y los primeros procesos de gestación de la civilización occidental. Hemos visto que en ese proceso hubo cambios inesperados y ni siquiera sospechados por quienes vivieron en medio de ellos.

Para la mayoría de los romanos en el siglo quinto, la toma y saqueo de Roma por Alarico y sus godos en el 411 fue una gran tragedia, pero no el fin de una era ni el comienzo de otra. No fue sino bastante después que algunos historiadores, viendo la importancia simbólica de aquel acontecimiento, establecieron esa fecha como el fin de la Antigüedad y el comienzo del Medioevo. La fecha puede discutirse, pues frecuentemente los grandes cambios históricos no son cuestión de una fecha o de un momento, sino más bien de un proceso tan paulatino que pasa desapercibido para sus propios protagonistas.

Lo que no puede discutirse es que, en un proceso que comenzó antes del 410 y llegó a su culminación largos siglos más tarde, la civilización grecorromana siguió el destino de todo lo humano, cediéndole el paso a la civilización occidental, que a su vez les cederá el paso a otras. Naturalmente, la realidad es mucho más compleja. Las civilizaciones, como los humanos, nacen de contactos fertilizadores. Y, como sucede con los humanos, también para conocer y entender las civilizaciones es útil ver lo que ha sucedido con otras anteriores.

Puesto que lo que nos interesa en esta serie es el caminar de la iglesia por los mundos en que la gracia de Dios la ha colocado, lo que ahora nos compete, al terminar este cuarto tomo, es cómo su caminar en lo que para ella era un nuevo mundo —el mundo germánico— afectó la fe y vida de la iglesia. Del impacto germánico en nuestras lenguas y culturas hemos dado ya ejemplos en las muchas palabras que hoy empleamos, incluso en las lenguas derivadas principalmente del latín como la nuestra. Muchos otros ejemplos podrían darse en cuanto a la comida, la bebida y la vestimenta. Pero eso no es lo que nos importa aquí. Lo que nos interesa es ver algo del impacto germánico en la fe y en la iglesia, no solamente en aquellos años de invasiones, de caos y de creación de nuevas lenguas, sino también y sobre todo en nosotros, en nuestros años y en nuestra fe.

La cristianización de los pueblos germánicos

Mirando en conjunto, y con una perspectiva de siglos de distancia, bien podemos decir que lo que este tomo narra es la conversión de los pueblos germánicos al cristianismo. Una multitud de pueblos que no conocían la fe cristiana la abrazaron y se dedicaron a proclamarla entre otros pueblos.

Pero, al resumir lo ocurrido, es necesario comenzar señalando que lo que entonces se entendía por "conversión" no era lo mismo que hoy entiende la mayoría de los creyentes. Para muchos de nosotros hoy, la conversión es cuestión de decisión individual. Unas veces puede ser repentina, como en el caso de quien asiste a una iglesia e inesperadamente se siente impelido por el Espíritu Santo a aceptar a Jesucristo como su Señor y Salvador personal; nótese, en esa frase que frecuentemente usamos, la palabra "personal". Es la persona, por decisión propia, o por el mover del Espíritu, quien toma la decisión. Y esa dimensión personal y hasta individualista está igualmente presente en quien no llega a la fe de una manera repentina e inesperada, sino que nace y crece en el seno de la iglesia. De esa persona también se espera que en algún momento —o quizás en varios momentos— decida ser cristiana.

La conversión de los pueblos germánicos fue muy diferente. Por lo general, no fue cuestión de decisión individual. En muchos casos, eran los reyes quienes decidían abrazar la nueva fe, en varias ocasiones bajo el impulso de sus esposas. Tan pronto como el rey daba ese paso, la nobleza lo seguía; y en unas pocas décadas todo el pueblo era cristiano. Ya en el año 376, aunque había entre ellos algunos cristianos arrianos, todo un contingente godo abrazó esa fe cuando el emperador Valente —quien era arriano— se lo exigió a cambio de su apoyo. Y siguieron siendo fieles arrianos hasta que Recaredo se convirtió a la fe nicena, y toda la nación lo siguió. En otros casos, cuando se trataba de grupos relativamente pequeños en los que se podía llegar a un consenso, la cuestión se discutía hasta arribar a un acuerdo. El mejor ejemplo, aunque más tardío que lo que hemos discutido en este tomo, es el de Islandia, donde una asamblea, tras discutir las alternativas, decidió que todos los islandeses serían cristianos, y el pueblo sencillamente accedió. En algunos casos, la conversión se imponía por la fuerza de las armas, como lo hizo Carlomagno con sus vecinos sajones. Estos, aunque forzados a convertirse, tomaron esa conversión tan en serio que poco después emplearon las armas para convertir a sus vecinos frisones.

Todo esto puede parecernos harto extraño a quienes vivimos en culturas extremadamente individualistas, en las que por lo general pensamos que una decisión cualquiera, si no es individual, no es sincera. Pero tal no era el caso en la cultura de aquellos pueblos, constantemente obligados a defenderse unos de otros y, por tanto, dominados por una mentalidad militar en la que el consenso era necesario para defenderse del enemigo común y, por tanto, para sobrevivir. Dentro de tal contexto, la sinceridad no era cuestión de decisiones individuales, sino de apoyo convencido a las decisiones comunes.

Una visión semejante de la conversión existía al menos entre algunos cristianos visionarios. Tal es el caso de Paulo Orosio, el discípulo y amigo de Agustín de Hipona que lo instó a escribir *La ciudad de Dios*. Orosio, su familia y su pueblo habían sufrido indeciblemente a causa de las invasiones germánicas. Todavía se veía a esos germanos como bárbaros invasores. Pero Orosio se elevaba más allá de esas tragedias y dolores, escribiendo palabras que son dignas de reflexión en estos tiempos en que el temor al extranjero —la xenofobia— parece adueñarse de naciones enteras, y hasta arroparse en un manto supuestamente cristiano. Dice Orosio:

> Pero, también los bárbaros, detestando, después de esto, sus espadas, tomaron a los arados, y ahora aprecian a los romanos como camaradas y amigos de tal manera, que pueden encontrarse entre ellos algunos romanos que prefieren pobreza, pero con libertad, viviendo entre los bárbaros, a sufrir inquietud viviendo entre romanos. Con todo, si se hubiera permitido a los bárbaros la entrada en territorio romano por solo esta razón, porque, en general, las iglesias de Cristo, desde el Oriente hasta el Occidente, estuvieran llenas de hunos, suevos, vándalos y burgundios, además de innumerables naciones de creyentes, la misericordia de Dios hubiera sido digna de alabanza y de ser exaltada, puesto que, aun con nuestra propia destrucción, tantas naciones vendrían a conocer la verdad que indudablemente nunca hubieran descubierto a no ser por esta ocasión. (PO, 339, y PL 31, p. 1128)

La germanización del cristianismo

Por su parte, los germanos también trajeron algo al cristianismo. Nadie llega a la fe cristiana sin traer consigo sus propias experiencias, conocimientos, dolores y sueños. Todo esto se transformará por obra del Espíritu, pero no desaparecerá. Bien empleado, puede ser un don al resto de la iglesia, así como al mundo en general. Mal empleado, puede ser todo lo contrario. Pero lo más común —y lo que aconteció en el caso de la conversión de los pueblos germánicos— es que los nuevos conversos traigan consigo tanto contribuciones valiosas como posibles tergiversaciones de la fe. En cierto modo, eso fue lo que ocurrió cuando los germanos no solamente se hicieron cristianos, sino que también germanizaron la fe que ahora abrazaban.

Del lado positivo, lo primero que notamos es que la presencia germánica sirvió de correctivo a la espiritualidad desencarnada hacia la que se inclinaba el cristianismo en su encuentro con el helenismo. En este último, se le daba gran valor a la vida intelectual, a la contemplación y a las realidades que se pueden conocer mediante esa contemplación. Como hemos visto, una de las razones que llevaron a las controversias cristológicas fue la dificultad de compaginar la encarnación de Dios en un hombre particular con la idea que el cristianismo derivaba del helenismo: un dios concebido en términos de todo lo que no fuera humano. La espiritualidad germánica tradicional no tenía tales problemas. Su esperanza no reposaba en un cielo de contemplación, sino más bien en un cielo de abundancia física. Naturalmente, esto puede llevar a extremos errados en los que el placer físico viene a ser el máximo bien, pero también puede servir para recordarnos que toda la creación, tanto física como espiritual, es obra de un solo Dios, toda igualmente amada por su creador. En cuanto a esto, la tradición germánica sirvió de contrapeso a los excesos de la tradición helenista.

También lo que hemos dicho más arriba, acerca del carácter comunitario prevalente en las culturas germánicas, unido a un énfasis semejante en la tradición romana, sirvió para recordarle a la iglesia su dimensión comunitaria. El éxito del monaquismo benedictino se debe en parte a que fue resultado de la tradición romana, pero también a que su énfasis en la vida comunitaria encontraba ecos en las tradiciones germánicas. Todo eso en conjunto es la razón por la que, mientras en el Oriente se admiraba particularmente a los ermitaños por su vida de contemplación solitaria, en el Occidente se valoraba sobre todo la vida en comunidad de monjes como los benedictinos, al igual que lo que tales comunidades contribuían tanto a la iglesia como al bienestar público.

Todo esto nos lleva a un último punto acerca del impacto positivo —al menos en parte— de la germanización de la fe. Cuando el arrianismo surgió y fue rechazado por los concilios de Nicea y de Constantinopla, en el siglo cuarto, se trataba de una importante cuestión teológica. Aunque siempre hubo factores políticos en juego, lo esencial era la diferencia doctrinal, pues se trataba nada menos que de la divinidad del Verbo que se encarnó en Jesucristo. La generalidad de los pueblos germánicos que se hicieron arrianos lo hizo porque sus primeros contactos con el Imperio romano tuvieron lugar cuando los emperadores —y el imperio mismo— eran arrianos. Sin embargo, cuando más adelante persistieron en el arrianismo, no lo hicieron tanto por divergencias doctrinales como por el deseo de mantener una iglesia no dominada por los romanos ni por otros pueblos sometidos. Un rey godo o longobardo, que gobernaba tanto a su propio pueblo como a los conquistados, difícilmente aceptaría que la iglesia de sus territorios estuviera controlada por obispos ajenos a su grupo. Por ello, la importancia del arrianismo para tales reyes y para sus pueblos no radicaba en lo que se discutió en Nicea y se confirmó en Constantinopla, sino más bien en la importancia de tener una iglesia propia.

La disonancia entre esas dos actitudes es notable cuando leemos los tratados que los nicenos escribían contra el arrianismo de los pueblos germánicos. Lo que parece preocupar a tales lectores es la cuestión doctrinal, por lo que sus tratados son más bien repeticiones de lo que escribieron en el siglo cuarto grandes teólogos como Atanasio, Basilio el Grande y otros. Pero lo que preocupaba a sus presuntos lectores era más bien la necesidad de tener una iglesia gobernada por ellos mismos.

Decíamos que todo esto tuvo sus consecuencias tanto negativas como positivas. En cuanto a lo negativo, es tan obvio que apenas es necesario mencionarlo. Todo cuanto hemos dicho en este tomo acerca de los conflictos entre arrianos y nicenos es una enorme consecuencia negativa de un cristianismo entendido y empleado como medio de defender y proteger la identidad de un pueblo o de una nación. Hoy mismo vemos surgir en diversas regiones del mundo nacionalismos cristianos puestos al servicio de identidades nacionales, y de dictadores y aspirantes a dictadores.

En cuanto a lo positivo, un resultado de ese debate —y en general del influjo germánico— fue afirmar la importancia de la iglesia, no solo como agente o administradora de salvación para los individuos, sino más allá. La apologética cristiana que no se dedicaba a ridiculizar las creencias y dioses paganos se dedicaba a recordarles a los no creyentes de la necesidad de creer para alcanzar la vida eterna. La iglesia era importante como administradora de los sacramentos que llevan a la salvación. Pero la iglesia misma como comunidad de creyentes y expresión colectiva de la presencia y acción de Dios en medio de la sociedad no era tema relevante. Entre los germanos arrianos, la iglesia cobraba esa función a tal punto que esa era una de las principales razones por las que insistían en ser arrianos, y no desaparecer en medio de una iglesia que les era ajena. Es por esto que, según cada pueblo fue creando su identidad propia, y asegurándose de ella, cada uno de ellos fue abandonando el arrianismo para unirse a la iglesia nicena, también llamada "ortodoxa" o "católica". Esto también es de importancia en nuestros días, cuando, al hablar acerca de la unidad cristiana imaginamos que lo que nos divide son únicamente cuestiones doctrinales, y nos dedicamos a ellas, olvidando otras razones tales como diferencias sociales, nacionales y culturales que nos apartan unos de otros al menos tanto como nos apartan las diferencias doctrinales.

La germanización oculta de una doctrina: la expiación

Una herencia oculta

Muchos de esos elementos obvios de nuestra herencia germánica son interesantes y merecen mención. Sin embargo, precisamente por su carácter evidente, su impacto es también limitado. Aunque es interesante, por ejemplo, el hecho de que las palabras "estribo" y "yelmo" nos vengan del godo, eso no afecta lo que pensamos o hacemos cuando vemos un estribo o un yelmo.

En contraste con esas herencias obvias, hay otras que pueden tener consecuencias profundas, desconocidas y hasta insidiosas. Tal es el caso de la relación entre el principio legal germánico del *Wergeld* y lo que pensamos acerca del modo en que Jesús nos salva. Esa relación es tan poco reconocida que afecta toda nuestra fe y hasta nuestro orden social sin que siquiera nos percatemos de lo que ha sucedido.

La obra salvadora de Jesucristo

Lo que decimos acerca de la obra salvadora de Jesucristo es lo que hoy llamamos "doctrina de la expiación". El nombre mismo que le damos a esa doctrina, "expiación", ya nos dice algo acerca de su contenido. "Expiar" es borrar las culpas por medio de algún pago. Es así como se usa cuando se habla de la pena que se le impone a un criminal como expiación. Luego, cuando hablamos de la obra salvífica de Jesucristo, refiriéndonos a ella como la doctrina de la expiación, estamos implicando que Jesucristo salva pagando por nuestros pecados.

Ciertamente, hay numerosos pasajes bíblicos que sirven de base para esa visión de la obra salvadora de Jesucristo. Algunos de los citados con mayor frecuencia son:

> El Hijo del hombre, que vino [...] para dar su vida en rescate por todos. (Mt 20:28 y Mc 14:15)

> Este es el Cordero de Dios, que quita el pecado del mundo. (Jn 1:29)

> ... a quien Dios puso como propiciación por medio de la fe en su sangre. (Rm 3:25)

> Cristo, cuando aún éramos débiles, a su tiempo murió por los impíos. Ciertamente, apenas morirá alguno por un justo; con todo, pudiera ser que alguien tuviera el valor de

> morir por el bueno. Pero Dios muestra su amor para con nosotros, en que siendo aún pecadores, Cristo murió por nosotros. (Rm 5:6-8)
>
> Cristo murió por nuestros pecados. (1 Co 15:3)
>
> Nuestro Señor Jesucristo, quien murió por nosotros para que ya sea que vigilemos, o que durmamos, vivamos juntamente con él. (1 Ts 5:10)
>
> Él mismo llevó nuestros pecados en su cuerpo sobre el madero, para que nosotros, estando muertos a los pecados, vivamos a la justicia. ¡Por su herida habéis sido sanados! (1 Pd 2:24)
>
> Él puso su vida por nosotros. (1 Jn 3:16)

Se podrían citar muchos más. Sin lugar a duda, la gran multitud de pasajes que podemos citar deja bien claro que la idea de un sacrificio expiatorio de Jesús por nosotros tiene abundantes fundamentos bíblicos.

Otras opciones

Pero el problema no está en eso, sino más bien en que, al pensar únicamente en términos de substitución expiatoria perdemos de vista otras dimensiones importantes de la obra salvífica de Cristo. Dejamos fuera también otros modos de entender el pecado. Si el pecado es únicamente desobedecer a Dios y, por tanto, estar en deuda con él, basta con que el salvador pague en lugar nuestro. Pero, ¿no es fundamentalmente bíblica la idea de que el pecado, además de una deuda, es también una esclavitud, un no poder hacer lo que quisiéramos, o un no poder querer lo que deberíamos querer? Cuando el pecado es solamente una deuda, nos desentendemos de pasajes que nos muestran, por ejemplo, la obra de Cristo como vencedor del pecado y libertador del yugo que nos oprimía. Y estos también son muchos, aunque no los veamos porque nuestra visión está limitada a la obra de Cristo como pago. En Efesios 4, por ejemplo, se nos presenta la obra salvadora de Jesús, no como pago, sino más bien como victoria contra el poder que nos tenía oprimidos o cautivos:

> Pero a cada uno de nosotros fue dada la gracia conforme a la medida del don de Cristo. Por lo cual dice: «Subiendo a lo alto, llevó cautiva la cautividad, y dio dones a los hombres».
>
> Y eso de que "subió", ¿qué es, sino que también había descendido primero a las partes más bajas de la tierra? El que descendió es el mismo que también subió por encima de todos los cielos para llenarlo todo. (Ef 4:7-10)

Lo que aquí se dice no es menos importante que lo que se dice en los otros pasajes citados más arriba. Si en aquellos Jesús nos salva pagando nuestra deuda, en este nos salva llevando cautivo a quien nos tenía cautivos, pues «llevó cautiva la cautividad».

En otros pasajes, vemos que Jesús nos salva haciéndonos parte de su cuerpo. Eso se ve en todo el pasaje en Juan 15 acerca de Jesús como la vid verdadera y nosotros como sus pámpanos. El texto dice literalmente que, sin estar injertados en él, como parte de su cuerpo, nada podemos hacer. Dice también que todo pámpano que no lleva fruto será destruido. En consecuencia, Jesús nos salva injertándonos a su cuerpo, y así posibilitándonos para llevar fruto y vivir.

Digámoslo de otro modo: la imagen misma de morir por otro puede tener —y tiene— varios significados. El que casi siempre le aplicamos en el caso de Jesús y nuestra salvación es pagar la deuda de otro. Si, por ejemplo, hay alguien condenado a muerte, y otra persona se hace pasar por el reo y muere en lugar de él, decimos que murió por él. Pero de igual manera, si alguien ve a un niño ahogándose, se lanza al agua para salvarlo, y lo salva, pero él mismo se ahoga, decimos que murió por el niño. Eso no quiere decir que muriera pagando la deuda del niño, sino que de algún modo hizo caer sobre sí el mal que amenazaba al niño. Si alguien hace algo heroico en pro de la justicia, decimos que murió por la justicia. Eso no quiere decir que murió en lugar de la justicia, sino que murió por amor a ella.

Si ahora llevamos todo esto a la frase «Jesús murió por nosotros», vemos que de un modo u otro todos esos sentidos se aplican a lo que Jesús ha hecho y hace por nosotros. Ciertamente, éramos deudores, como el reo a muerte de nuestro ejemplo, y Jesús, hecho uno de nosotros, murió en lugar nuestro. Pero lo que Jesús hace por nosotros es mucho más que morir en lugar nuestro, pagando lo que debíamos. Como quien se lanza al agua para salvar a quien de otro modo se ahogaría, Jesús se introduce en nuestro mundo turbulento para detener el furor de las olas, aunque para calmar ese furor tenga que llegar a la muerte y hasta «los lugares más bajos de la tierra». Y también podemos decir que Jesús murió por nosotros en un sentido semejante a quien muere por amor a la justicia. Dios nos ama de tal manera que «dio a su Hijo unigénito»; y ese amor no es solamente el amor del Padre, sino que es el amor del Padre, del Hijo y del Espíritu Santo. Jesús se hace uno de nosotros, muere por nosotros, y resucita como nosotros resucitaremos, porque nos ama; es también en ese sentido que Jesús muere por nosotros.

Un conjunto de metáforas y su evaluación

Todo esto se puede decir de otro modo. La experiencia de lo que Jesús hizo y sigue haciendo por nosotros es inexpresable e incomprensible. De hecho, todo verdadero amor es incomprensible, pero mucho más lo es el amor divino. No tenemos palabras para describir esto, por lo que nos expresamos en metáforas —todas las cuales son verdad, siempre que no las tomemos como una explicación fría que lo dice todo—. En lugar de eso, tenemos una serie de metáforas que en conjunto apuntan hacia una verdad más allá de toda palabra y de toda explicación.

Cuando así nos acercamos a la cuestión, vemos que lo que la Biblia dice sobre la obra salvadora de Jesucristo es mucho más que pagar por nuestros pecados, y que muchos de los pasajes que leemos solamente en el sentido de pagar una deuda pueden —y en muchos casos deben— entenderse de otro modo. Si en el Nuevo Testamento vemos todas esas metáforas para expresar lo que Jesucristo ha hecho por nosotros, según la fe cristiana fue extendiéndose a diversas regiones y contextos, vemos también la evolución de esos modos de pensar.

Como vimos en nuestra primera encrucijada (es decir, en nuestro primer tomo), el primero de esos contextos fue el judaísmo, tanto en Palestina como en la diáspora judía, particularmente en Siria y Asia Menor. Allí las expresiones del Nuevo Testamento en cuanto a la obra salvadora de Jesús se entenderían a la luz de la tradición hebrea. Por ejemplo, cuando en el Nuevo Testamento se dice que Jesús es «el Cordero que quita los pecados del mundo», y eso se dice particularmente en el contexto de la Pascua, esa expresión se relacionaba inmediatamente con el cordero pascual. Por ello, el acto de quitar el pecado del mundo se relacionaba con la liberación del yugo de Faraón en aquella primera Pascua. Por tanto, ese pasaje llevaba a los creyentes a pensar, no tanto en el pago de una deuda, como en una acción victoriosa semejante a la del cruce del mar Rojo y la salida de Egipto. La obra de Cristo consiste entonces ante todo en vencer los poderes del Maligno. La encarnación es el modo en que Jesús se introduce en un mundo en que el Maligno ejerce su poder. La crucifixión de Jesús es la aparente victoria del Maligno. Por último, la resurrección y ascensión de Jesús son la ruptura de los poderes del mal, como la Pascua y su cordero celebran la ruptura del poder de faraón. Esa fue la herencia que la iglesia desarrolló dentro del contexto del mundo judío.

En cambio, en el mundo helenista (el que nos ocupó en nuestro segundo tomo), la obra salvadora de Jesús se veía de otro modo. Lo que más interesaba en el mundo helenista era el conocimiento, la verdad. Por tanto, en las regiones donde reinaba el helenismo los cristianos tendían a subrayar el carácter de su fe como revelación divina, como el camino para alcanzar el conocimiento de la verdad última e inmutable. Dentro de ese contexto, el problema humano, más bien que una deuda contraída con Dios, o una esclavitud que no nos permite hacer lo que debiéramos, es un desconocimiento, un olvido de lo que en realidad somos. Y la obra salvadora de Jesucristo es darnos a conocer la verdad acerca de Dios y acerca de nosotros.

En tercer lugar, el mundo romano (del que nos ocupamos en nuestro tercer tomo) se interesaba sobre todo en el orden, particularmente el orden legal. Si los orígenes de la filosofía occidental se encuentran en los filósofos griegos, los orígenes de los sistemas legales occidentales se encuentran en el derecho romano. Ese derecho se ocupaba principalmente de cuestiones tales como los derechos de propiedad, los contratos, las herencias y otros temas semejantes. Asimismo, se ocupaba de la organización de la sociedad —es decir, la familia como entidad legal, la institución matrimonial, los derechos del *paterfamilias*, etc.—, además de la organización del Estado —es decir, cuestiones tales como la autoridad y los poderes de los magistrados, la autoridad y los procedimientos del Senado y las asambleas públicas, etc.—. Por último, al tratar acerca de delitos tales como el hurto o el homicidio, no se ocupaba tanto de los castigos debidos como de los derechos de los damnificados. En pocas palabras, el derecho romano se ocupaba principalmente de lo que hoy llamaríamos derecho civil, y mucho menos de lo que hoy conocemos como derecho penal, ya que su interés se centraba más en la reparación del daño que en el castigo del culpable.

Las iglesias más conocidas para la mayoría de nosotros tienen sus orígenes en el Imperio romano de Occidente, donde la lengua franca era el latín, más bien que en el Oriente, donde la lengua más común era el griego. Esto es cierto tanto del catolicismo romano como de las iglesias protestantes e independientes. Todos somos herederos y herederas de aquel mundo romano que discutimos en nuestro tercer tomo. Es por razón de esa herencia que, cuando nos preguntamos cómo es que Jesús nos salva, nuestra respuesta primera e inmediata es que nos salva pagando nuestra deuda.

Resumiendo todo esto en pocas palabras, podemos decir que el modo en que los cristianos entendemos la obra salvadora de Jesús lleva el sello del mundo judío, del mundo helenista y del mundo romano, y que —debido a las tradiciones que hemos heredado— la visión que predomina en muchos de nosotros, formados en el seno de iglesias en las que predomina la tradición occidental, es la visión del mundo romano: el pecado es una deuda que hay que pagar, y Jesucristo es quien la paga.

Cuando llegamos a fines del siglo segundo y principios del tercero, notamos diferentes énfasis entre los principales autores cristianos. La herencia de lo que estudiamos en nuestro primer tomo predomina en Ireneo; la del segundo tomo, en Clemente de Alejandría y en Orígenes; y la del mundo romano, en Tertuliano. A partir de entonces son los teólogos occidentales, desde Tertuliano hasta Gregorio el Grande, quienes más subrayan la obra de Jesucristo como pago de la deuda contraída por razón del pecado. Lo que dicen se asemeja mucho a la visión más común entre nosotros, pero con la importante diferencia de que en los primeros tiempos no se pensaba que el pago era para Dios, sino para el Maligno. Según aquel antiguo entendimiento, a consecuencia del pecado, todos hemos sido vendidos como esclavos de Satanás, y no podemos librarnos de esa deuda sino gracias a Jesús, quien la pagó en nuestro lugar.

No será sino a lo largo de la Edad Media que esa visión se transformará, de modo que quien recibe el pago hecho en la cruz no es ya el diablo, sino Dios. La transición sería lenta, de modo que en Gregorio el Grande, por ejemplo, hay pasajes que pueden entenderse en el sentido de que en la cruz Jesús deshace la deuda que le daba poder al diablo, mientras hay otros que dicen que Jesús murió para cumplir la justicia de Dios. En todo caso, esas posibles interpretaciones de los escritos de Gregorio no son lo que nos interesa en este momento.

Lo pertinente es notar que, puesto que en nuestra tradición occidental predomina la idea de que lo que Jesucristo hace por los creyentes es pagar por su pecado, eso ha llevado a una fe y una piedad enfocadas en la crucifixión, puesto que fue en la cruz que Jesús pagó por nuestro pecado. La encarnación no tiene mayor importancia salvífica, sino que es más bien el punto de partida en el proceso que culmina en la cruz. Y la resurrección de Jesús tampoco tiene importancia salvífica, sino que es más bien la confirmación de que quien murió en la cruz era verdaderamente el Hijo de Dios, y que por tanto la crucifixión tiene el poder de pagar por nuestros pecados.

Impacto en el culto

Esto a su vez ha contribuido a una evolución en el culto cristiano que tiene profundas y enormes consecuencias, pero que pasa desapercibida porque ha sido tan paulatina que ni siquiera la notamos.

Puesto que el culto es a la vez expresión de nuestra fe y factor importante en la formulación de la fe misma, enfoquemos la atención en lo que ha acontecido con el culto en la mayoría de las iglesias occidentales, tanto la católica romana como las protestantes. En el libro de Hechos, se nos dice claramente que, desde fecha tan temprana que aún estaban «cada día en el templo», los discípulos de Jesucristo, «partiendo el pan en las casas comían juntos con alegría y sencillez de corazón, alabando a Dios» (Hch 2:46, 47).

Mucho se ha discutido y escrito sobre la costumbre de los cristianos de reunirse el primer día de la semana, tema que he discutido más detalladamente en otro libro.[1] Basten aquí unas brevísimas palabras acerca de la razón para este día de reunión, que según el modo en que contaban los días empezaba al ponerse el sol el séptimo día de la semana, o sábado. Lo hacían, porque ese era el día de la resurrección del Señor. Por eso lo llamaban "día del Señor" (*dominica* en latín y *kyriaka* en griego).

Esa era la razón fundamental, a la que se añadían otras dos mencionadas con menor frecuencia. La primera de ellas era que, según el Génesis, la primera creación empezó el primer día de la semana; no obstante, la nueva creación en Jesucristo empezó con su resurrección, también en el primer día de la semana. La otra era que el primer día de la semana es también el octavo y es, por tanto, anuncio del día final, del cumplimiento de la esperanza cristiana. Por eso, como vemos ya en

1 *Breve historia del domingo* (El Paso: Mundo Hispano, 2015).

Hechos, el culto cristiano, celebrado el primer día de la semana, era ocasión de alegría y fiesta. Y lo era por varios motivos: la resurrección del Señor, el comienzo de una nueva creación en esa misma resurrección —de modo que todas las cosas viejas pertenecen al pasado— y la promesa del reino de Dios.

El domingo era entonces el punto focal del calendario cristiano, que fue un calendario semanal bastante antes de llegar a ser un calendario anual. Ese calendario semanal tenía dos puntos focales: el primer día y el sexto; el primero, por las razones ya mencionadas, y el sexto, por ser el día de la crucifixión, el día que nos obliga a recordar todas las maldades humanas que la hicieron necesaria. Luego, el viernes era día de arrepentimiento, de dolor y de duelo, mientras el domingo era día de gozo, alabanza y celebración.

Ese contraste era tan marcado que —al menos en algunas iglesias, y en todas por decisión del Concilio de Nicea en el año 325— se podía ayunar y orar de rodillas todos los demás días, pero no el domingo. Los demás días los creyentes podían acercarse a Dios como un humilde peticionario se acerca al trono real: de rodillas, postrados sobre el suelo, rogando como quien no tiene derecho a pedir. ¡Pero no el domingo! El domingo es el día de nuestra adopción. El domingo no nos acercamos a Dios como peticionarios, sino como hijos e hijas del Rey soberano.

Pero cuando la iglesia empezó a entender la obra salvífica de Jesús en términos de un pago que tiene lugar en la crucifixión, el espíritu de dolor y arrepentimiento que antes se enfocó en el viernes fue permeando toda la fe y el culto de los cristianos occidentales.

Hubo además otro factor que contribuyó a ese cambio. En todo este cuarto tomo con el que ahora cerramos esta serie hemos visto constantes invasiones, migraciones de pueblos, saqueos de ciudades, corrupción política, inestabilidad social, guerras fratricidas, plagas y mucho más. En resumen, eran tiempos de caos, tiempos más conducentes al llanto que a la celebración. En consecuencia, parecía más necesario un culto enfocado en el dolor, en el temor de la muerte y en la maldad del mundo. Pero la costumbre era que el día dedicado principalmente al culto era el primer día de la semana, el domingo. El resultado fue que lo que antes se hacía, se decía y se sentía el viernes se trasladó ahora al domingo, y este perdió su dimensión celebratoria. Lo que antes era compartir el pan y el vino como anuncio y anticipo del gran banquete que marcaría el fin de la historia se convirtió ahora en repetición del sacrificio de Cristo. Aquello continuaría por siglos.

Llegó la Reforma protestante en el siglo XVI, y los protestantes nos deshicimos de la visión de la misa como repetición del sacrificio de Cristo, pero no de su espíritu fúnebre. Aunque seguíamos hablando de "celebrar" la comunión, nuestra comunión tenía poco de celebración. Algunos —particularmente en los movimientos carismáticos— redescubrieron el espíritu de gozo implícito en la palabra misma, *ev*angelio, *buenas* nuevas. Pero, puesto que la comunión siguió teniendo connotaciones fúnebres, eso llevó a celebrarla con menos frecuencia, o sencillamente a no celebrarla. No fue sino a mediados del siglo veinte, con el Concilio Vaticano II y con la renovación litúrgica del catolicismo y de muchas iglesias protestantes que tanto la comunión como el domingo mismo han comenzado a restaurar su sentido celebrativo.

El impacto germánico: el Wergeld

Lo que hemos dicho acerca del modo en que el mundo germánico ha dejado su huella en la iglesia occidental va aún más lejos, pues hasta aquí no hemos tenido en cuenta el tema que ha aparecido repetidamente en este tomo, de la importancia del *Wergeld* en los sistemas legales y en la vida cotidiana de los pueblos germánicos. A modo de recordatorio, digamos sencillamente que el *Wergeld* es el valor de una persona, y por extensión el valor de su vida y de sus miembros. Su propósito era determinar lo que algún damnificado o su familia tenían derecho a recibir en compensación para así evitar las venganzas y la espiral de la violencia retributiva. Pero no todas las personas valían lo mismo. Insultar a un rey no era lo mismo que insultar al vecino. El rey tenía derecho a exigir una indemnización mayor que la que podría esperar un vecino. Tras decir eso a modo de repaso, añadamos, ahora a modo de anticipo, que la introducción del *Wergeld* en la doctrina de la expiación ha tenido consecuencias negativas, tanto para esa doctrina en sí misma como para nuestra vida religiosa.

La doctrina de la expiación, según se desarrolló en el Medioevo occidental, culminó en el tratado *¿Por qué Dios se hizo humano? —Cur Deus homo—* de Anselmo de Canterbury, escrito a fines del siglo XI y, por tanto, bastante más tarde que casi todo lo que hemos discutido en este tomo. Expresado muy breve y sencillamente, lo que Anselmo dice allí es que todo cuanto el humano pueda hacer, ya se lo debe a Dios y que, por tanto, nada tiene que ofrecerle a Dios en pago por sus pecados. Lo que es más, dada la infinita grandeza de Dios, el pago por cualquier injuria contra él ha de ser infinito. Esta es una aplicación directa del *Wergeld*: puesto que el *Wergeld* de Dios es infinito, la indemnización tiene que ser infinita. Pero, al mismo tiempo, el pago ha de ser hecho por el ser humano. Luego, es necesario que el pago sea hecho por alguien que es ser humano e infinito. Es por eso que Dios se encarna, porque solamente Dios encarnado cumple el requisito de ser humano e infinito.

Ese argumento, tal como lo expresó Anselmo a finales del siglo XI, o al menos ecos de él, es lo que todavía encontramos a principios del siglo XXI tanto en obras apologéticas como en sermones evangelizadores. Lo repetimos como si fuera lo que dice la Biblia acerca de la salvación en Jesucristo, sin reconocer sus raíces en sistemas de privilegio, y sin ver lo que implica para la fe y la piedad cristianas.

En lo civil y político, ese argumento tiende a justificar la práctica, todavía presente en tribunales y juicios, de considerar el supuesto valor de una persona cuando se trata de imponer retribuciones civiles o sentencias criminales. Si se trata de indemnizar a una persona supuestamente más valiosa, la indemnización aumenta. Si se trata de imponer penalidades a esa misma persona, el castigo es menor.

Pero también en lo religioso y teológico ese mismo argumento tiene graves consecuencias. La más grave de ellas es que nos lleva a pensar en Dios Padre como exigente y justiciero, y en el Hijo como compasivo y perdonador. El Padre exige que se le pague; el Hijo tiene compasión y paga. Cuando vemos eso a la luz de lo que hemos discutido en esta serie, vemos que tiene un cariz de marcionismo. La diferencia está en que, mientras Marción contraponía la justicia y el amor atribuyéndoselos a dos dioses distintos, esa misma contraposición entre la justicia y el amor se coloca ahora en el seno mismo de Dios, atribuyéndole la justicia al Padre y el amor al Hijo. Eso nada tiene de bíblico, pues nos lleva a adorar a un Dios en conflicto consigo mismo.

Unas palabras finales

Todo lo dicho en esta serie pesa sobre nosotros, particularmente porque las cuatro grandes encrucijadas que hemos discutido en estos cuatro tomos no son sino unas pocas de entre muchas que la historia ofrece. Si nos limitamos a las de mayor impacto, aun así habría muchas otras que mencionar después del fin de nuestra narración: las invasiones musulmanas, las cruzadas, la Reforma protestante, el racionalismo, las revoluciones políticas, la Revolución Industrial, las nuevas tecnologías, la crisis ecológica y muchas más.

Pero no es cuestión de desalentarnos ni de culpar a las generaciones que nos precedieron. Es más bien cuestión de reconocer las encrucijadas a las que nos enfrentamos hoy, y al responder a ellas usarlas como oportunidades para corregir los males y confirmar las virtudes del pasado. Las encrucijadas de hoy bien pueden ser obstáculos en nuestro camino, pero también oportunidades para corregir errores del pasado: invitaciones a volver al mejor camino.

Hoy en muchos lugares los políticos se declaran cristianos, no para servir al Señor de los cristianos, sino para servirse del voto de los cristianos. Esto se nos presenta como una encrucijada que nos obliga a escoger entre los mentirosos que dicen verdades y los que dicen verdades que no son populares. Esto no es solamente un reto, sino que es también una oportunidad para corregir los errores que han resultado de malas decisiones ante encrucijadas semejantes.

Hoy los medios de comunicación nos dicen repetidamente que lo importante en la vida es tener. Si no aceptamos esa premisa, se nos tendrá por necios o por locos. Pero esta es también una encrucijada que nos ofrece la oportunidad de contrarrestar los errores que la iglesia cometió cuando, ante encrucijadas semejantes —cuando en medio del Imperio romano y gozando de su favor—, optó por alinearse con los que tenían más bien que con los que necesitaban.

Hoy algunos se enfrentan a encrucijadas que quieren obligarlos a escoger entre una fe sin conocimiento y un conocimiento sin fe. Para responder a ella bien podemos volver a la encrucijada a la que se enfrentó la iglesia en el mundo helenista de antaño.

Hoy nos enfrentamos a encrucijadas entre un moralismo deshumanizante y una humanidad sin otra moral que la del poder y el abuso.

Hoy, gracias a Dios, las encrucijadas son muchas. Y digo *gracias a Dios* porque las encrucijadas son opciones. Gracias a Dios porque las encrucijadas son la palestra de la responsabilidad. ¡Gracias a Dios porque —como ejemplo de lo que es ser verdadero padre y verdadera madre— nos ama con un amor que no depende del camino que tomemos en cada encrucijada de la vida.

¡Gracias a Dios, nuestro eterno acompañante en nuestros caminos y en nuestras encrucijadas!

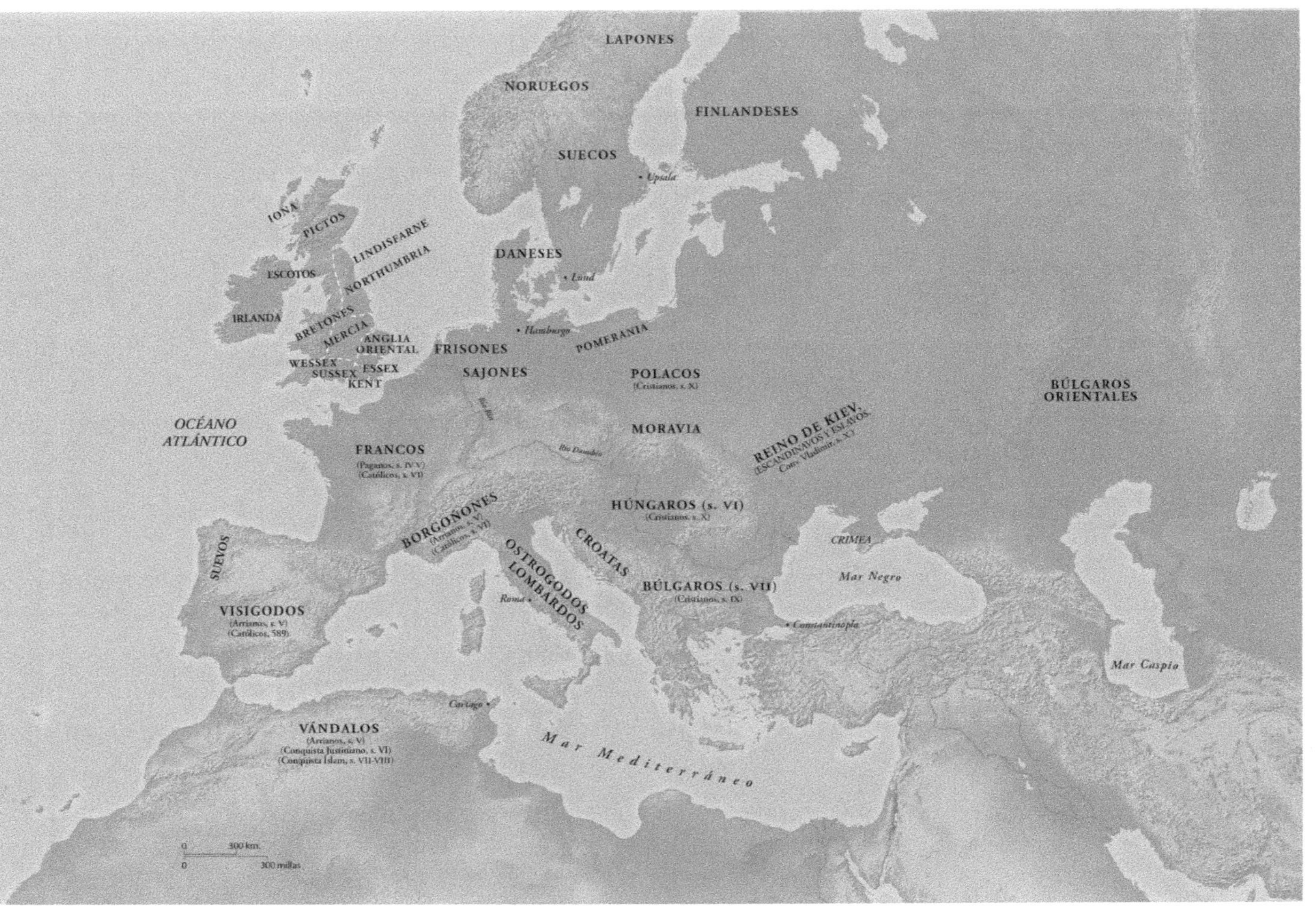

Imperio germánico.

OTROS LIBROS
DE LA SERIE

ENCRUCIJADAS
EN LOS CAMINOS
DE LA FE

La fe en un mundo judío

La fe en un mundo helenista

La fe en un mundo romano